国家级实验教学示范中心
高等医药院校基础医学实验教学系列教材

总主编　余华荣

生物化学与分子生物学实验

第3版

主　编　卜友泉

副主编　刘先俊　姚　玲　马旭升　宋　娜

编　委　（按姓氏笔画排序）

卜友泉（重庆医科大学）
马旭升（新疆第二医学院）
王　营（重庆医科大学）
王义涛（重庆医科大学）
王婷婷（重庆医科大学）
邓小燕（重庆医科大学）
朱慧芳（重庆医科大学）
刘　莉（重庆医科大学）
刘　展（新疆第二医学院）
刘先俊（重庆医科大学）
李　轶（重庆医科大学）
李　娜（首都医科大学附属北京同仁医院）
李　梨（重庆医科大学）
宋　娜（新乡医学院）
张　莹（重庆医科大学）
张春冬（重庆医科大学）
张春蕾（黑龙江中医药大学佳木斯学院）
陈巧云（黑龙江中医药大学佳木斯学院）
陈全梅（重庆医科大学）
易发平（重庆医科大学）
郑天润（重庆中医药学院）
单琳琳（新乡医学院）
赵　蕾（哈尔滨医科大学大庆校区）
姚　玲（重庆中医药学院）
高正君（重庆医科大学）
黄　雪（重庆医科大学）
阎江洪（重庆医科大学）
蒋　雪（重庆医科大学）
舒朝忠（重庆医科大学）
David P.Molloy（重庆医科大学）

学术秘书　王婷婷

科 学 出 版 社

北　京

内 容 简 介

本教材是为适应高等医学院校基础医学实验教学改革和发展的需要而编写的一本生物化学与分子生物学实验教材。本教材分为基本实验操作及常用仪器使用、经典验证性实验、综合性实验和英文版实验共四篇。在基础理论知识方面，对生物化学与分子生物学的经典研究技术、基本实验操作和常用仪器使用均进行了详细介绍。在实验项目设置上，包括蛋白质定量、电泳、酶学、糖与脂质、核酸分离纯化、PCR、分子克隆、分子杂交等经典实验和综合性实验。教材内容新颖，体系完整，有所侧重，便于选择。

本教材可供医学院校临床医学等各专业本科生和研究生使用，也可供相关专业的科研、教学和技术人员参考。

图书在版编目(CIP)数据

生物化学与分子生物学实验 / 卜友泉主编 .--3 版 . 北京：科学出版社，2025. 2. --(国家级实验教学示范中心高等医药院校基础医学实验教学系列教材 / 余华荣总主编). ISBN 978-7-03-080630-7

Ⅰ. Q5-33；Q7-33

中国国家版本馆 CIP 数据核字第 2024JL7592 号

责任编辑：王　颖 / 责任校对：宁辉彩

责任印制：赵　博 / 封面设计：陈　敬

科学出版社 出版

北京东黄城根北街 16 号

邮政编码：100717

http://www.sciencep.com

三河市骏杰印刷有限公司印刷

科学出版社发行　各地新华书店经销

*

2008 年 6 月第　一　版　开本：787×1092　1/16

2025 年 2 月第　三　版　印张：13

2025 年 7 月第十三次印刷　字数：326 000

定价：55.00 元

（如有印装质量问题，我社负责调换）

高等医药院校基础医学实验教学系列教材

编写指导委员会

序

为了整合完善现代医学实验室功能和管理，提高医学实验教学质量，2008年，在科学出版社的大力支持下，高等医药院校基础医学实验教学系列教材编委会以重庆医科大学为主体，协同全国多所高等医学院校相关专业的专家教授共同编写了一套适合中西部地区高等医学院校医学教育的整合实验教学系列教材。2013年，编委会对本套教材进行完善和修订。近几年，随着现代教育与数字网络技术的发展，现代医学实验方法和技术也有了较大的发展，尤其是虚拟仿真教学等成为辅助教学的重要手段。为适应现代医学实验教学的发展，时隔9年，我们又一次对本套教材做进一步的修订再版，全套共7本，包括《人体大体形态学实验（系统解剖学分册）》《人体大体形态学实验（局部解剖学分册）》《人体显微形态学实验》《人体机能学实验》《病原生物学与免疫学实验》《生物化学与分子生物学实验》《医用化学实验》。本系列实验教材的编写理念是契合医学实验技术的发展，遵照国家级实验教学示范中心的新要求，并借鉴国外同类实验教材的编写模式，力求做到体系创新、理念创新及内容创新，将虚拟仿真实验等新进展纳入编写内容。

本系列教材使用对象以本科临床医学专业学生为主，兼顾麻醉、影像、口腔、全科、精神、基础、法医、预防、药学、检验、护理等专业学生。各层次学生可按照本专业培养特点和要求，通过结合不同板块的必选实验项目和自选实验项目，选修相应的实验课程。

由于基础医学实验教学模式尚存在地区和校际间的差异，加上我们的认识和编写水平有限，本系列教材在编写过程中难免存在不足之处，还请同行们批评指正。

高等医药院校基础医学实验教学系列教材编委会

2022年3月

前　　言

实验教学是高等医学教育的重要内容,是培养学生实践能力和创新精神的重要环节。生物化学与分子生物学实验技术是生物医学诸多学科的重要研究手段,也是医学类各专业、各层次学生必修的一门基础实验课程。为适应高等医学院校基础医学实验教学改革和发展的形势,我们编写了这本实验教材。

本教材共分为四篇。第一篇是基本实验操作及常用仪器使用,重点介绍了一些目前常用的生物化学与分子生物学研究技术、常用仪器的使用方法及基本的实验操作要求,目的在于使学生对生物化学与分子生物学的研究技术有一个系统的认识。第二篇是经典验证性实验,开设了一些经典的生物化学与分子生物学实验,这些实验均经过长期的实验教学实践证明有助于学生巩固理论知识和培养学生基本的实验操作能力。第三篇是综合性实验,每个实验均涉及多种实验技术的使用,通过相对系统地使用多种实验技术来解决一个问题或达到一个研究目的,以培养学生的综合性逻辑思维能力,对科学研究有一个初步的认识。第四篇是英文版实验,以用于双语实验教学或全英语实验教学。外籍专家 David P. Molloy 教授对英文版实验进行了语言审核,特此致谢。

本教材各部分实验的编写均由多年从事生物化学与分子生物学教学及科研的学术带头人和中青年骨干教师执笔。

本教材不仅适合医学院校临床医学等各专业本科生和研究生使用,而且也可供相关专业的科研、教学和技术人员参考。

由于编者水平有限,教材中不当之处在所难免,恳请同行专家和同学们批评指正。

编　者

2024 年 8 月于重庆

目　　录

第一篇　基本实验操作及常用仪器使用

第二篇　经典验证性实验

第三篇　综合性实验

第四篇　英文版实验

第一篇
基本实验操作及常用仪器使用

第1章 生物化学常用研究技术

一、分光光度技术

每种物质均具有特异性的吸收光谱,不同物质由于分子结构的差异,对不同波长线的吸收能力也不同。凡是以光吸收、发射和散射等作用而建立起来的光分析方法,称为光谱分析法。分光光度技术就是一种常见的光谱分析方法,它利用物质特有的吸收光谱,对物质进行定性及定量的鉴定分析。它不仅应用于可见光,还扩展到紫外和红外光谱。对于未经分离纯化的复杂样品,分光光度技术可直接检测出其中极少量的物质成分,体现出高灵敏度、高精确度和快速简便的特点。目前,分光光度技术已经成为生物化学工作中不可或缺的常用技术之一。

(一)基本原理

分光光度技术的定量依据是比尔-朗伯(Beer-Lambert)定律,简称比尔定律,也称为光吸收定律。当一束平行单色光通过一定液层厚度的有色溶液时,由于溶质吸收了光能,光的强度就会减弱。溶液浓度越大,液层厚度越大,入射光越强,则光被吸收的就越多,光强度的减弱现象越明显。比尔定律正好描述了有色溶液对单色光的吸收程度与溶液及液层厚度间的定量关系,即溶液的吸光度与溶液的浓度和液层厚度的乘积成正比。用公式表示:

$$A=\varepsilon\times C\times L \tag{1-1}$$

式中:A 为吸光度;ε 为吸光系数;C 为溶液浓度;L 为液层厚度。

ε 是各物质在一定波长下的特征常数,可反映物质对光吸收的灵敏程度。ε 值越大,表示该物质对此波长的光吸收能力越强。

比尔定律适用于有色溶液和均匀非散射的吸光物质(包括液体、气体和固体),是各类分光光度法的定量依据。

（二）分光光度计基本结构

从含有各种波长的混合光中分离并测量单色光强度的仪器称为分光光度计。由于分光光度计采用具有辐射连续光谱的光源，不同波长的分子吸收光谱的强弱存在差异，因此，根据不同波长设计的分光光度计具有各自的用途和测定范围。常用于测定分子光谱的分光光度计有三大类，即紫外分光光度计，可见光分光光度计和红外分光光度计。另外，还有万用（全波段）分光光度计。

（三）分光光度技术的基本应用

分光光度技术常用于物质的定量分析，主要有标准管法、标准曲线法等。

1. 利用标准管测定溶液物质的含量　可见和紫外分光光度法都可用于测定溶液中物质的含量。含量测定时所用波长通常要选择被测物质的最大吸收波长。这样做的好处是检测灵敏度大，物质在含量上的细微变化都将引起吸光度的明显改变，并且可避免其他物质的干扰。

对已知浓度的标准管和测定管进行同样的处理和显色，分别读取吸光度，再根据公式1-1计算测定管中物质的含量，计算过程如下：

$$A_1=\varepsilon_1 C_1 L_1 \quad A_2=\varepsilon_2 C_2 L_2$$

其中，A_1 和 A_2 分别表示标准溶液和未知浓度溶液的吸光度，C_1 和 C_2 分别表示标准溶液和未知浓度溶液的物质浓度，L_1 和 L_2 分别表示盛放标准溶液和未知浓度溶液比色杯的内径长度。其中 $L_1=L_2$，故将上述两个公式改写为：

$$A_1/(\varepsilon_1 C_1)=A_2/(\varepsilon_2 C_2) \tag{1-2}$$

鉴于标准溶液和待测溶液中的物质相同，故 $E_1=E_2$，将公式1-2简写为：

$$C_2=(A_2/A_1)\times C_1 \tag{1-3}$$

考虑到标准溶液和待测溶液的体积相同，将公式1-3简写为：

$$m_2=(A_2/A_1)\times m_1 \tag{1-4}$$

其中，m_1 和 m_2 分别表示标准溶液和待测溶液中物质的含量，应用公式1-4可计算出待测溶液中物质的含量 m_2。

2. 绘制标准曲线测定溶液物质的含量　对一组梯度浓度的标准管处理显色后，读取每管吸光度。以溶液浓度为横坐标，吸光度为纵坐标，绘制标准曲线，在选定浓度范围内标准曲线应为一条通过原点的直线。然后，在与标准管相同处理的条件下，测定未知浓度溶液的吸光度，即可从标准曲线上查到与其对应的浓度（图1-1）。

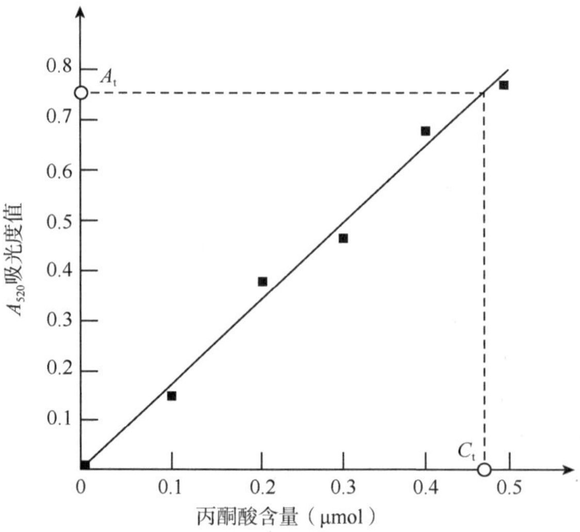

图1-1　标准曲线法测定丙氨酸氨基转移酶活性

A_t：测定管的吸光度值；C_t：测定管的丙酮酸含量

与标准管法相比，标准曲线法的准确性和灵敏度更高，目前在定量测定方面应用更广。一般而言，标准曲线的浓度范围在待测物质浓度的 0.5~2 倍,对应的吸光度应在0.05~1.00。另外,应在同一台仪器上进行标准曲线的绘制与应用,绘制的标准曲线仅供短期使用,否则结果存在误差。

3. 通过摩尔吸光率推算溶液物质的浓度　比尔定律公式中的 ε 为吸光系数,当溶液浓度 C 为 1mol/L,液层厚度 L 为 1cm 时,ε 值等于摩尔吸光率,单位为 $L/(\text{mol}\cdot\text{cm})$。$\varepsilon$ 是物质的特征常数之一,由物质的性质与光波长决定。同一物质在不同的波长所测得的 ε 值不同,一般采用 ε 值最大的波长进行比色测定。

读取液层厚度为 1cm 时的溶液吸光度,结合已知的 ε 值,根据公式 1-5 推算出待测溶液的物质浓度:

$$C=A/\varepsilon \tag{1-5}$$

该方式是紫外分光光度法测定蛋白质溶液含量的基础。蛋白质在 280nm 波长处有最大吸光值,其高低与蛋白质中赖氨酸和色氨酸的含量有关,故同样浓度不同类型的蛋白质在 280nm 波长处具有不同的吸光值。在一定条件下,蛋白质的摩尔吸光率是一个恒定值。测出待测蛋白质溶液的吸光值,即可根据公式 1-5 推算出待测蛋白的浓度。

紫外分光光度计适用于单一组分的物质或两个组分组成的混合物(两者的吸收峰完全独立)的定量分析,但对于存在某些干扰杂质的样品,则需进行校正。例如,蛋白溶液中若混有核酸成分,则需采用 280nm/260nm 的吸光度比值校正,才能确定溶液中蛋白质的实际含量。

4. 测定混合物中各组分的浓度　面对含有 2 种或 2 种以上组分的待测溶液,根据各组分吸收光谱的重叠程度,选择不同的测定方法。例如,待测溶液各组分的吸收峰互不干扰,则可按照单一组分测定方法分别测定各组分的浓度;各组分的吸收峰相互重叠,则可在多波长的光照射下,分别测定其波长处溶液的表观吸光度,然后建立联合方程式,通过解方程获得各组分的浓度。

二、电泳技术

在电场作用下,带电颗粒向着与其电性相反的电极方向以一定的速度进行泳动,使组分分离成狭窄的区带,称为电泳。在一定条件下,混合物中各组分的大小、携带电荷等不同,在同一电场下经过一段时间的泳动,就可有效的分离各组分。电泳技术就是由各种带电颗粒在电场中迁移率不同而进行分离的一种技术。生物大分子如蛋白质、核酸、多糖等常以颗粒分散于溶液中,它们所携带的静电荷主要取决于基质的 H^+ 浓度。以蛋白质分子为例,蛋白质分子具有许多可解离的酸性基团和碱性基团,在一定非等电点条件下,就会解离带电,蛋白质分子的性质和溶液的 pH 及离子强度共同决定了它的带电的性质和电荷量 。带电的蛋白质分子在电场中就会朝着其所带电荷相反的方向移动,根据各种蛋白质分子的迁移速度差异,对各种蛋白质分子进行分离。

任何电泳设备均由三部分组成,阳极、阴极和实现带电颗粒分离的电泳室。依据不同原则,可对电泳进行不同类型的分类。

根据有无固体支持物,可将电泳分为:自由电泳和区带电泳(支持物电泳)。自由电泳是在溶液中进行的电泳,包括显微电泳(在显微镜下直接观察细胞或细菌等的电泳行为)、移界电泳、柱电泳(在层析柱中进行的电泳)、自由流动幕电泳(用于制备的连续电泳)、等速电泳等。自由电泳的劣势在于电泳过程中的热效应和扩散作用造成液柱的对流和蛋白区带加快,降低了电泳的分辨率。区带电泳是在固体支持物上进行的电泳,支持物的作用主要是防止电泳过程中的机械干扰、温度变化以及大分子溶液高密度而产生的对流。可选择无阻滞的材料作为支持物,包括滤纸、醋酸纤维素薄膜、淀粉、聚酰胺粉末、凝胶微粒、海绵等。或选择高密度凝胶作为支持物,比如淀粉凝胶、琼脂糖凝胶、聚丙烯酰胺凝胶。

根据操作方法,将电泳分为二维电泳、交叉电泳、连续或不连续电泳、电泳-层析相结合技术等。常用电泳技术包括醋酸纤维素薄膜电泳、琼脂糖凝胶电泳、聚丙烯酰胺凝胶电泳、连续密度梯度电泳、等电聚焦电泳、双向凝胶电泳、毛细管电泳、脉冲凝胶电泳。

三、层析技术

层析技术也称色谱技术或层离技术,被广泛用于物质的分离纯化和分析鉴定,已经成为分离无机化合物、有机化合物及生物大分子等不可缺少的重要技术。层析技术是一类物理分离方法,根据分离混合物中各组分物理化学性质的差别,使各组分以不同程度分布在固定相和流动相两相中,由于各组分随流动相前进的速度不同,从而得到有效分离。

(一) 基本原理

所有的层析系统都由两个相组成,即固定相和流动相。固定相或者是固体物质或者是固定于固体物质上的某些成分,而流动相指的是可以流动的物质,既可以是水或各种有机溶媒及其混合物,也可以是各种气体。待分离的混合物进入层析系统时,混合物各组分随着流动相通过固定相,由于混合物各组分的理化性质存在差异,与两相的相互作用(吸附、溶解、结合等)的能力不同,导致它们在两相中的分配比不同。各组分随着流动相不断向前移动,实现在两相中的再分配。与固定相相互作用力较弱的组分,随流动相移动时受到的阻力较小,向前移动的速度较快,优先流出层析系统。反之,与固定相相互作用力较强的组分,向前移动的速度较慢,流出层析系统的时间晚。然后分别收集代表各单一组分的流出液,实现组分分离。

(二) 层析技术分类与应用

按照层析的分离相状态分类,可以分为气相层析、液相层析和超临界层析。气相层析是以气体为流动相的层析方法,根据固定相的性质不同又可分为气-固层析和气-液层析。前者是指载体表面含有许多吸附基团的固体吸附介质,后者是指载体表面涂有一层液体分子制成的介质。液相层析是以液体为流动相的层析方法,同样可根据固定相的性质不同把液相层析分为液-固层析和液-液层析。超临界层析是以流体为流动相的层析方式,它是利用流动相溶剂分子的气态和液态临界点的条件下进行分离的,这种分离方法更具专一性。

按照层析操作形式分类,可以分为柱层析、薄层层析、纸层析、薄膜层析等。例如,薄层层析是在玻璃板上涂布一层支持剂,待分离样品点在薄层板一端,然后让推动剂从上流过,从而使各组分得到分离的物理方法。薄层层析设备简单,操作简便,快速灵敏。改变薄层厚度,既可作分析鉴定,又能作少量制备。配合薄层扫描仪,可同时做到定性定量分析,在生物化学、植物化学等领域是一类广泛应用的物质分离方法。

按照层析的分离原理分类，可分为吸附层析、分配层析、凝胶层析、离子交换层析、亲和层析、金属螯合层析、疏水层析、反向层析、聚焦层析、灌注层析等。

四、离心技术

如果装有悬浮液或高分子溶液的容器进行高速水平旋转，强大的离心力作用于溶剂中的悬浮颗粒或高分子，会使其沿着离心力的方向运动而逐渐背离中心轴。在相同转速条件下，容器中不同大小的悬浮颗粒或高分子溶质会以不同的速率沉降。经过一定时间的离心操作，就可能实现不同悬浮颗粒或高分子溶质的有效分离。在生命科学研究中广泛使用的离心机，就是基于上述基本原理设计的。

（一）基本原理

1. 离心力及沉降系数　颗粒在离心力场的介质中受到多方面的力，其中有离心力、浮力、重力的作用。由于重力远远小于离心力，一般转速在880r/min以上时就可以忽略不计。因此，颗粒的运动轨迹在不考虑扩散等影响下取决于所受合力的方向。根据物理学原理推导可知：

$$F_{合}=F_{离}-F_{浮}=V4\pi^2N^2r/3600\times(\rho-\sigma) \quad (1\text{-}6)$$

式中：V为微粒的体积；N为每分钟的转数；r为微粒至转轴的距离；ρ与σ分别为微粒的密度和介质的密度。由公式1-6可知，当$\rho=\sigma$时，$F_{合}=0$，微粒受力平衡，故将维持距转轴恒定的距离转动，也就不可能被分离开；当$\rho<\sigma$时，$F_{合}<0$，微粒主要受浮力作用，故而将向转轴方向移动，直至浮到介质表面；当$\rho>\sigma$时，$F_{合}>0$，微粒主要受离心力作用而向远离转轴方向移动，直至沉降到容器底部。因此，$\rho>\sigma$是微粒从悬浮液中沉降进行离心分离的基本条件。使用普通离心机的根本目的就在于使这样的微粒从悬浮液中沉降出来。

不考虑扩散因素的影响，通过离心分离的微粒在悬浮液静置时，受重力与浮力的共同作用也能自动沉降而得以分离，只是分离所需时间较长，效果较差，沉降能力较弱。一般常用相对离心力（RCF）的大小来表示离心分离能力的强弱。相对离心力是指微粒在离心分离时所受的合力（$F_{合}$）与在静置分离时所受合力（$f_{合}$）的比值，而$f_{合}=V\rho\times g-V\sigma\times g=Vg\times(\rho-\sigma)$，式中$g$为重力加速度，故RCF$=F_{合}/f_{合}=4\pi^2N^2r/3600\ g$，由于$4\pi^2N^2r/3600$就是微粒处的角加速度，所以相对离心力又是微粒在离心时的角加速度与在静置时的重力加速度之比。很明显，只要调节N或（和）r就可影响RCF的值，从而改变其离心分离能力。实验中RCF的值常用多少倍于重力加速度的方式来表示，如$1000\times g$。

颗粒在单位离心力作用下的沉降速度称为该颗粒的沉降系数（sedimentation coefficient，s），用公式1-7表示。

$$s=(\rho-\sigma)d^2/(8\eta) \quad (1\text{-}7)$$

式中：d为颗粒直径；η为介质黏度。

沉降系数是生物大分子的特征常数，它不仅与颗粒的密度、形状和大小有关，还与介质黏度、密度有关。

颗粒在离心力场中的沉降过程需要时间，由沉降系数可引出以下公式：

$$t=(\ln r_b-\ln r_m)/\omega^2 s \quad (1\text{-}8)$$

式中：r_b 为旋转轴到管底的距离；r_m 为旋转轴到离心管液面的距离。

根据转速计算出从离心管表面沉降到离心管管底所需时间（s）：

$$t=(10^{13}/3600)(\ln r_b-\ln r_m)/\omega^2 s \tag{1-9}$$

设定 $K=(10^{13}/3600)(\ln r_b-\ln r_m)/\omega^2$，则把公式 1-9 简化为：

$$t=K/s \tag{1-10}$$

式中：K 为实际转头的参数。

2. 影响沉降的因素　颗粒在离心力场中的沉降情况与离心速度、离心时间、离心半径等因素相关。

（1）离心速度：离心速度大小决定了颗粒沉降的快慢，不同大小的颗粒使用不同的离心速度。大颗粒，质量大，在离心场中沉降速度快，只需低速离心；相反地，小颗粒则需高速离心。

（2）离心时间：如何控制达到最大速度离心所需的时间很重要。在设定同样离心时间的情况下，提速快的离心机会最先到达离心所需的最大速度，提速慢的离心机达到离心所需的最大速度的时间会较长。因此，对于离心时间较短的样品，离心真正所需的时间影响比较大，对于离心时间较长的样品影响不大。

（3）离心半径：设定离心机转头的半径有两个目的，产生一定的离心体积是其一，根据转头大小半径决定颗粒下沉的距离是其二。尤其是在梯度离心时，距离短不易把物质分开的。

（4）温度：在不同温度下，离心介质黏度不同。多数离心介质黏度会随着温度的变化而变化。因此，离心要求温度恒定，尤其梯度离心对温度较敏感，对离心环境的温度要求比较严格。

（二）离心机分类与应用

离心机是生命科学研究中的一种基本设备，一般由离心机主机、转头、离心管三部分组成。转头是离心机的重要组成部分，它是由驱动系统带动旋转、随时可以装卸的重要部件，是样品的负载者。转头在高速旋转条件下进行工作，需要承受几十万 g 的加速度离心力。一般有数十种不同容量和性能的转头供用户选择。按旋转时离心管中心线与离心机转轴间的夹角大小，离心机转头主要有角度转头（角度在 14°～40°）、垂直转头（角度为 0°）和水平转头（角度为 90°）三类。高速离心机和超速离心机的每个转头都规定了一定的使用限度，即运转次数（与转速无关）和运转时间（最大速度下）。如果转头使用达到了规定极限还要使用，其最大额定速度值应降低 10%，方可保证安全。离心管及其管帽是转头的重要附件。制造离心管的材料主要有特种玻璃、塑料和不锈钢三类。应根据材质性质及离心试验要求选用。

按照离心速度分类，将离心机分为低速离心机（转速在 2000～6000r/min，最大 RCF 可达 6000×g）、高速离心机（转速在 18000～25000r/min，最大 RCF 可达 60000×g）、超速离心机（转速在 40000～100000r/min，最大 RCF 可达 803000×g）。

按照用途分类，将离心机大致分为六类。第一类，小型离心机。小型离心机的体积小，转速可从每分钟数千转到每分钟数万转，离心管的容量从数百微升到数十毫升。小型离心机多用于小量快速的离心。第二类，制备型大容量低速离心机。制备型离心机体积大，并且一般离心的体积也较大，最大转速为6000r/min左右，最大容量可达500ml×6。大多数离心机均设有制冷系统。第三类，高速冷冻离心机。高速冷冻离心机的离心速度比制备型大容量低速离心机高，最大速度在18000～21000r/min，离心容量可以更换转头离心不同体积。此离心机也设有冷冻系统，主要适用于细胞及亚细胞结构的分离。第四类，超速离心机。超速离心机具有很大的离心力，最大转速可达100000r/min，可进行小量制备，最大容量可达500ml。适用于生物大分子（蛋白质、核酸和多糖等）的制备。第五类，分析型离心机。分析型离心机的最大转速为80000r/min，主要用于生物大分子定性及定量分析。第六类，连续流离心机。它的最大离心速度与高速冷冻离心机相近，主要用于处理类似于发酵液等特大体积、稀浓度的样液。

按照驱动系统，将离心机分为空气驱动离心机、油涡轮驱动离心机、电刷电机驱动离心机和变频电机驱动离心机。

（三）离心方法

离心应用于分离活体生物、细胞器、生物大分子、小分子聚合物等。对于生物样品的离心分离方法，针对不同来源和不同性质的样品，需采用不同的离心法。生物化学分离中常用的离心方法有差速离心法、密度梯度离心法、连续流离心法。

（张　莹）

第2章 分子生物学常用研究技术

一、核酸分离纯化

核酸分子是分子生物学技术所涉及的主要对象,核酸分离纯化的质量好坏直接关系到后续实验的成败,所以核酸的分离提取是分子生物学研究中的一项重要的基本技术。

核酸包括 DNA 和 RNA 两种分子,在细胞中都是以与蛋白质结合的状态存在。真核生物的 DNA 包括染色体 DNA 与细胞器 DNA,前者位于细胞核内,约占 95%,分子量大,是双链线性分子;后者位于线粒体或叶绿体,约占 5%,分子量较小,为双链环状分子。原核生物除了双链环状的染色体 DNA 外,还有双链环状的质粒 DNA。在 DNA 病毒颗粒中,DNA 的分子构型多种多样,有双链环状、双链线状、单链环状、单链线状等形式。在 RNA 病毒中,RNA 的分子构型有双链线状和单链线状的差异。基因组 DNA 的总长度在不同的生物之间差异很大,一般随生物的进化程度而增大。与 DNA 相比,RNA 要小的多,它的种类、大小和结构具有多样性,主要存在于细胞质中,约占 75%,另有 10% 在细胞核内,15% 在细胞器中,RNA 以 rRNA 的数量最多(80% ~ 85%),tRNA 及核内小分子 RNA 占 10% ~ 15%,而 mRNA 分子大小不一,序列各异。DNA 在碱性条件下相对稳定,而 RNA 在酸性条件下相对稳定,但强酸、强碱均可导致两者的变性与降解。DNA 与 RNA 理化性质及细胞定位上的差异决定了两者的分离与纯化条件是不同的。

分子生物学实验中最经常进行的核酸分离提取是基因组 DNA、质粒 DNA 以及细胞总 RNA 的分离提取。真核细胞基因组 DNA 分离提取的主要方法有酚抽提法、甲酰胺解聚法及玻璃棒缠绕法等;质粒 DNA 分离提取的方法有碱裂解法、煮沸裂解法及 SDS 裂解法等。总 RNA 的提取方法主要是最常用的异硫氰酸胍/酚/氯仿一步法。另外,近年来世界各大商业公司也纷纷投入巨资开发新的更为简便的核酸分离纯化试剂盒,从而使核酸的分离纯化更为方便、快捷、高效和自动化。

尽管核酸分离纯化的方法很多,但无论采取何种方法,其基本原则均为:①保证核酸一级结构的完整性,因为完整的一级结构是进行核酸结构与功能研究的基本前提;②排除其他分子的污染,保证核酸制品的纯度,以满足后续实验的要求。因此,核酸分离纯化的基本步骤,无外乎破碎细胞,去除与核酸结合的蛋白质以及多糖、脂质等生物大分子,去除其他不需要的核酸分子,沉淀核酸,去除盐类、有机溶剂等杂质,纯化核酸等。不同的核酸分离纯化方法分别具有不同的特点及适用范围,因此,在实际应用中,应根据具体生物材料、待提取的核酸分子的特点和研究目的对核酸完整性、纯度、产量的要求而选择不同的方法。

二、聚合酶链反应技术

聚合酶链反应(polymerase chain reaction,PCR)技术,是 20 世纪 80 年代发展起来的一

种利用 DNA 变性和复性原理在体外进行特定的 DNA 片段高效扩增的技术。应用这一技术可以将特定的微量靶 DNA 片段于数小时内扩增至十万乃至百万倍。PCR 技术的创立对于分子生物学的发展具有不可估量的价值,它以敏感度高、特异性强、产率高、重复性好以及快速简便等优点迅速成为分子生物学研究中应用最为广泛的方法,极大地推动了分子生物学学科本身以及整个生物医学的发展。PCR 技术当之无愧是生物医学领域中的一项革命性技术创举和里程碑。PCR 技术由美国 PE-Cetus 公司人类遗传研究室的 Mullis 等于 20 世纪 80 年代中期发明创立,Mullis 也因此贡献而获得了 1993 年度的诺贝尔化学奖。

PCR 技术的基本原理类似于 DNA 的体内复制过程,即以拟扩增的 DNA 分子为模板、以一对分别与模板 5′末端和 3′末端相互补的寡核苷酸片段为引物、以四种 dNTP 为原料、由 DNA 聚合酶按照半保留复制的机制沿着模板链延伸而合成新的 DNA,不断重复这一过程,即可使目的 DNA 分子得到扩增。PCR 反应体系的基本成分包括有:模板 DNA、引物、四种 dNTP、耐热性 DNA 聚合酶以及含有 Mg^{2+} 的缓冲液。

PCR 的基本反应步骤包括变性、退火和延伸三个基本反应。①模板 DNA 的变性:模板 DNA 经加热至 95℃左右一定时间后,使模板 DNA 双链变性解离成为单链,以便它与引物结合,为下轮反应做准备;②模板 DNA 与引物的退火(复性):模板 DNA 经加热变性成单链后,将反应体系的温度下降至适宜温度,引物与模板 DNA 单链的互补序列配对结合;③引物的延伸:与 DNA 模板结合的引物在 DNA 聚合酶的作用下,以 dNTP 为反应原料,靶序列为模板,按碱基配对与半保留复制原理,合成一条新的与模板 DNA 链互补的新链。上述三个步骤称为一个循环,新合成的 DNA 分子继续作为下一轮反应的模板,经多次循环(25~40 次),即可达到扩增 DNA 片段的目的。

近年来,随着分子生物学的快速发展,PCR 技术本身也不断发展,操作也更为精细和自动化,如高保真 PCR、热启动 PCR、长距离 PCR、巢式 PCR 和梯度 PCR 技术的出现。同时,PCR 技术也和其他分子生物学技术结合,进而形成多种 PCR 衍生技术。

常见的 PCR 衍生技术有:

1. 逆转录 PCR　又称反转录 PCR(reverse transcription-PCR,RT-PCR),是将 RNA 的逆转录反应和 PCR 反应联合应用的一种技术。即首先以 RNA 为模板,在逆转录酶的作用下合成 cDNA,再以 cDNA 为模板通过 PCR 反应来扩增目的基因。该技术目前已经成为基因定性和定量分析的最常用技术之一。

2. 原位 PCR　该技术是在福尔马林固定、石蜡包埋的组织切片或细胞涂片上的单个细胞内进行的 PCR 反应,然后用特异性探针进行原位杂交,即可检测出待测 DNA 或 RNA 是否在该组织或细胞中存在。该技术由 Hasse 等于 1990 年建立,它结合了具有细胞定位能力的原位杂交和高度特异敏感的 PCR 技术的优点。原位 PCR 既能分辨鉴定带有靶序列的细胞,又能标出靶序列在细胞内的位置。

3. 实时定量 PCR 技术　该技术是在 20 世纪 90 年代末期发展起来的一种新技术,它将荧光信号强弱与 PCR 扩增情况结合在一起,通过监测 PCR 反应管内荧光信号的变化来实时检测 PCR 反应进行的情况,因为反应管内的荧光信号强度到达设定阈值所经历的循环数(即 Ct 值)与扩增的起始模板量存在线性对数关系,所以可以对扩增样品中的目的基因的模板量进行准确的绝对和(或)相对定量。而常规的 PCR 技术只能对 PCR 扩增的终产物进行定量和定性分析,无法对起始模板准确定量,也无法对扩增反应实时监测。作为一种新型的 PCR 技术,实时定量 PCR 技术不仅解决了传统 PCR 技术难以对扩增起始模板的量进行测定的难题,并具有快速、灵敏度高和避免交叉污染等特点,已经广泛应用于基础研究中基因表达水平的分析和临床实践中基因诊断等领域。

三、分子杂交技术

分子杂交技术是目前生物医学研究中最为常用的基本分子生物学技术之一。分子杂交技术最早可追溯至 20 世纪 60 年代 Hall 和 Bolton 等的开拓性工作,但直到 20 世纪 70 年代,随着限制性内切酶、核酸自动合成的发展和应用,一系列成熟的分子杂交技术才得以建立完善和广泛应用。

分子杂交技术可按作用环境大致分为液相杂交和固相杂交两种类型。液相杂交所参加反应的两条核酸链都游离在溶液中,是一种最早建立的杂交类型,其主要缺点是杂交后过量的未杂交探针在溶液中除去较为困难,同时误差较高且操作烦琐复杂,因此其应用较少。固相杂交是将参加反应的核酸等分子首先固定在硝酸纤维素膜、尼龙膜、乳胶颗粒、磁珠和微孔板等固体支持物上,然后再进行杂交反应,也称为膜上印迹杂交。固相杂交后,未杂交的游离探针片段可容易地漂洗除去,同时还具有操作简便、重复性好等优点,故该法最为常用。固相杂交技术按照操作方法不同可分为:原位杂交、印迹杂交、斑点杂交和反向杂交等。其中原位杂交包括有菌落原位杂交和组织原位杂交等方法,印迹杂交则包括有蛋白质印迹法(Western blotting)、RNA 印迹法(Northern blotting)和 DNA 印迹法(Southern blotting)等方法。

菌落原位杂交是将细菌从培养平板转移到硝酸纤维素膜上,然后将膜上的菌落裂菌以释出 DNA。将 DNA 烘干固定于膜上与 ^{32}P 标记的探针杂交,放射自显影检测菌落杂交信号,并与平板上的菌落对位。

组织原位杂交简称原位杂交,指组织或细胞的原位杂交,它与菌落的原位杂交不同。菌落原位杂交需裂解细菌释出 DNA,然后进行杂交。而组织原位杂交是经适当处理后,使细胞通透性增加,让探针进入细胞内与 DNA 或 RNA 杂交。因此组织原位杂交可以确定探针的互补序列在胞内的空间位置,这一点具有重要的生物学和病理学意义。例如,对致密染色体 DNA 的原位杂交可用于显示特定的序列的位置;对分裂期间核 DNA 的杂交可研究特定序列在染色质内的功能排布;与细胞 RNA 的杂交可精确分析任何一种 RNA 在细胞中和组织中的分布。此外,原位杂交还是显示细胞亚群分布及病原微生物存在方式和部位的一种重要技术。

DNA 印迹法是由 Southern 于 1975 年建立的,故称为 Southern 杂交。其基本原理和方法是将 DNA 标本用限制性内切酶消化后,经琼脂糖凝胶电泳分离各酶解片段,然后变性处理后将 DNA 从凝胶中转印至硝酸纤维素膜等固相载体上,烘干固定后与标记的核酸探针进行杂交,最后通过放射自显影等方法显示杂交信号,从而可以确定被检测的 DNA 样品中是否有与探针同源的片段以及该片段的长度。作为分子生物学的经典实验方法,该项技术已经被广泛应用于生物医学基础研究、遗传病检测、DNA 指纹分析等临床诊断工作中。

继分析 DNA 的 DNA 印迹法出现后,1977 年 Alwine 等提出一种与此相类似的、用于分析细胞 RNA 样品中特定 mRNA 分子大小和丰度的分子杂交技术,为了与 Southern 杂交相对应,科学家们则将这种 RNA 印迹杂交方法趣称为 Northern 杂交,而后来的与此原理相似的蛋白质印迹杂交方法则也相应地趣称为 Western 杂交。

与 DNA 印迹法相似，RNA 印迹法也采用琼脂糖凝胶电泳，将分子量大小不同的 RNA 分离开来，随后将其原位转移至固相支持物(如尼龙膜、硝酸纤维膜等)上，再用放射性(或非放射性)标记的 DNA 或 RNA 探针，依据其同源性进行杂交，最后进行放射自显影(或化学显影)，以目标 RNA 所在位置表示其分子量的大小，而其显影强度则可提示目标 RNA 在所测样品中的相对含量(即目标 RNA 的丰度)。但与 DNA 印迹法不同的是，总 RNA 不需要进行酶切，即是以各个 RNA 分子的形式存在，可直接应用于电泳；此外，由于碱性溶液可使 RNA 水解，因此不进行碱变性，而是采用甲醛等进行变性电泳。RNA 印迹法自出现以来，已得到广泛应用，成为分析 mRNA 最为常用的经典方法，用于检测目的基因的表达水平和分子量大小。

蛋白质印迹法是将蛋白质转移到膜上，然后利用抗体进行检测。与 DNA 印迹法或 RNA 印迹法方法类似，但蛋白质印迹法实际上是利用免疫学的抗原-抗体反应，采用的是聚丙烯酰胺凝胶电泳，被检测物是蛋白质，“探针”是抗体，“显色”用标记的二抗。经过 PAGE 分离的蛋白质样品，转移到固相载体(如硝酸纤维素膜)上，固相载体以非共价键形式吸附蛋白质，且能保持电泳分离的多肽类型及其生物学活性不变。以固相载体上的蛋白质或多肽作为抗原，与对应的抗体起免疫反应，再与酶或同位素标记的第二抗体起反应，经过底物显色或放射自显影以检测电泳分离的特异性蛋白。作为分子生物学的经典实验方法，该技术已经被广泛应用于检测蛋白的表达水平。

斑点杂交是先将被测的 DNA 或 RNA 变性后固定在膜上然后加入过量的标记好的 DNA 或 RNA 探针进行杂交。该法的特点是耗时短，操作简单，事先不用限制性内切酶消化或凝胶电泳分离核酸样品，可做半定量分析，可在同一张膜上同时进行多个样品的检测；根据斑点杂交的结果，可以推算出杂交阳性的拷贝数。该法的缺点是不能鉴定所测基因的相对分子量，而且特异性较差，有一定比例的假阳性。

与上述的分子杂交技术不同，反向杂交则是用标记的样品核酸与未标记的固化探针 DNA 杂交，故称为“反向杂交”。这种杂交方法的优点是在一次杂交反应中，可同时检测样品中几种核酸。这种杂交方式主要用于进行中的核酸转录试验和多种病原微生物的检测。

由于核酸分子杂交的高度特异性及检测方法的灵敏性，它已成为分子生物学中最常用的基本技术，被广泛应用于基因克隆的筛选、酶切图谱的制作、基因序列的定量和定性分析及基因突变的检测等。

四、分子克隆技术

分子克隆，又称基因克隆或 DNA 重组技术，是指应用酶学的方法，在体外将 DNA 分子片段与载体 DNA 片段连接，组装成一个新的 DNA 分子，再将这个重组 DNA 分子导入适当的宿主细胞，使其在宿主细胞中复制，形成大量的子代分子的过程。该技术建立的理论基础源于人们对自然界基因转移和重组现象的认识。

基因克隆技术的基本流程包括：①获取目的基因；②选择合适的载体并用相应的限制性内切酶切割目的基因和载体；③用 DNA 连接酶酶切后的目的基因和载体，获得重组 DNA 分子；④将重组 DNA 分子导入宿主细胞；⑤筛选、鉴定出含有重组 DNA 分子的转化细胞；⑥目的基因在宿主细胞中扩增和表达。

基因克隆技术不仅是分子生物学实验中一项重要的基本技术，也是基因工程的核心技术。对基因进行结构与功能研究，首先必须克隆相应的目的基因；另一方面，在基因工程中，要想获得某一基因的表达产物，也必须首先将目的基因克隆在一个合适的表达载体中。该技术在疾病基因的发现、表达有药用价值的蛋白质、DNA 诊断及疾病的预防等方面具有广泛应用价值，并促进了当代分子医学的诞生和发展。

五、其他技术

1. DNA 测序技术　主要建立在双脱氧链末端终止法的基础上，目前已经实现自动化，并向着高通量的方向发展，已开发出多种高通量测序技术。

2. 生物芯片技术　是一种对基因和蛋白质进行大规模、高通量并行检测的技术，主要包括基因芯片和蛋白质芯片技术。

3. 蛋白质的结构分析　①一级结构分析技术：蛋白质的氨基酸组成分析、氨基酸序列测定技术等；②空间结构分析技术：圆二色光谱法、X 射线衍射、冷冻电镜技术等。

4. 生物大分子相互作用研究技术　①蛋白质-蛋白质相互作用研究技术：蛋白质免疫共沉淀、GST pull-down 和酵母双杂交等；②蛋白质-DNA 相互作用研究技术：电泳迁移率变动分析（EMSA）和染色质免疫沉淀（ChIP）技术。

5. 基因沉默技术　包括传统的反义寡核苷酸技术和核酶技术，以及后期开发的 RNA 干扰技术。

6. 基因组编辑技术　是一种在基因组水平上对某个基因或某些基因的序列进行有目的的定向改造的遗传操作技术，包括通过蛋白质介导识别特定靶 DNA 序列的兆核酸酶、锌指核酸酶（ZFN）和转录激活蛋白样效应分子核酸酶（TALEN）技术，以及新开发的由 RNA 引导识别特定靶 DNA 序列的 CRISPR/Cas 技术。

7. 转基因与基因敲除技术　是在个体水平上进行分子生物学操作的方法，用以建立遗传修饰动物，在生物医学领域具有重要应用价值。

8. 组学技术　①基因组学核心技术：全外显子组测序、全基因组测序、单细胞测序、宏基因组测序等；②转录物组学技术：基因表达系列分析技术（SAGE）、ChIP-seq、RNA-seq 等；③蛋白质组学技术：双向凝胶电泳和质谱联用技术、液相色谱和质谱联用（LC-MS）技术；④代谢物组学技术：包括气相色谱和质谱联用（GC-MS）、液相色谱和质谱联用（LC-MS）等技术。

（卜友泉　王义涛）

第3章 基本实验操作

一、常用仪器及器皿的清洗及使用

（一）玻璃仪器的清洗

实验中所用的玻璃仪器清洁与否，直接影响实验的结果，往往由于仪器的不清洁或被污染而造成较大的实验误差，有时甚至会导致实验的失败。做生物化学实验对玻璃仪器清洁程度的要求，比一般化学实验的要求更高。这是因为：①生物化学实验中蛋白质、酶、核酸等往往都是以“毫克”和“微克”计的，稍有杂质，影响就很大；②生物化学实验对许多常见的污染杂质十分敏感，如金属离子（钙离子、镁离子等），去污剂和有机物残留等，因此玻璃仪器（包括离心管等塑料器皿）是否彻底清洗干净就显得非常重要。

1. 初用玻璃仪器的清洗　新购买的玻璃仪器表面常附着有游离的碱性物质，可先用0.5%的去污剂洗刷，再用自来水洗净，然后浸泡在1%～2%盐酸溶液中过夜（不可少于4h），再用自来水冲洗，最后用去离子水（或蒸馏水）冲洗两次，在100～120℃烘箱内烘干备用。

2. 使用过的玻璃仪器的清洗　先用自来水洗刷至无污物，再用合适的毛刷沾去污剂（粉）洗刷，或浸泡在0.5%的去污剂中超声清洗（比色皿不可超声清洗，会造成比色皿解体），然后用自来水彻底洗净去污剂，用去离子水（或蒸馏水）洗两次，烘干备用（计量仪器不可烘干）。清洗后器皿内外不可挂有水珠，否则重洗。若重洗后仍挂有水珠，则需用洗液浸泡数小时后（或用去污粉擦洗），重新清洗。

3. 容量分析仪器　容量瓶、滴定管及吸管等容量仪器，用后用自来水多次冲洗，如能清洁（壁不挂水珠），再用蒸馏水少量冲洗2～3次晾干即可备用。若仍不干净附有油污等，则须在其干后放入铬酸洗液内浸泡数小时，然后倒净洗液（或捞出），用自来水充分冲洗至水不显黄色后再冲几次，最后用少量蒸馏水冲洗2～3次晾干备用（定量器皿不得进行烘烤，烘烤容易造成变形影响定量）。

在做酶学实验时，对仪器的清洁要求更高，因如有极微量的污物（如重金属离子）即可导致整个实验失败。因此，必要时仪器经上述方法洗涤后，还需用稀盐酸或稀硝酸洗涤，以除去铬及其他金属离子，然后再用自来水、蒸馏水冲洗。

4. 石英和玻璃比色皿的清洗　绝不可用强碱清洗，因为强碱侵蚀抛光的比色皿，使不同比色皿之间的吸光度值差异变大。也不能使用乙醇等有机溶剂长时间浸泡，会造成黏合剂溶解，比色皿解体。最好用洗液或1%～2%的去污剂浸泡，然后用自来水冲洗，这时使用一支绸布包裹的小棒或棉花球棒刷洗，效果会更好，清洗干净的比色皿也应内外壁不挂水珠。

（二）塑料器皿的清洗

聚乙烯、聚丙烯等制成的塑料器皿，在生物化学实验中已用得越来越多。第一次使用塑料器皿时，可先用 8mol/L 尿素（用浓盐酸调 pH = 1）清洗，接着依次用去离子水、1mol/L KOH 和去离子水清洗，然后用 10^{-3}mol/L EDTA 除去金属离子的污染，最后用去离子水彻底清洗。以后每次使用时，可只用 0.5% 的去污剂清洗，然后用自来水和去离子水（或蒸馏水）洗净即可。

（三）洗液的配制

1. 铬酸洗液　为最常用的洗液，由重铬酸钾、浓硫酸及水配制而成，去污力强，清洗效果好。其配制方法有多种，可根据需要进行选择，常用的配制方法主要有以下 2 种：

（1）取 100ml 工业用浓硫酸置于烧杯中，小心加热，然后慢慢加入 5g 重铬酸钾粉末，边加边搅拌，待全部溶解并缓慢冷却后，贮存于磨口玻璃塞的细口瓶中。

（2）称取 5g 重铬酸钾粉末置于 250ml 烧杯中，加入 5ml 热水使其溶解，然后向烧杯中缓慢加入 100ml 工业用浓硫酸，边加边搅拌，溶液温度将达 80℃，溶液由红黄色变为黑褐色，待其冷却后贮存于磨口玻璃瓶中。

因配制过程产生大量热，容器需放入冷水中，边加硫酸边搅动混合。由于产热量很大，使用玻璃容器有破裂的危险，所以最好用耐高温的陶瓷或耐酸的搪瓷容器。洗液可多次反复使用，如效力变弱，可加入少量重铬酸钾及浓硫酸继续使用，但如果变为绿色，则不宜再用。

注意：因已确定铬有致癌作用，因此配制和使用洗液时要极为小心！

2. 其他洗涤液

（1）工业用浓盐酸：可洗去水垢或某些无机盐沉淀。

（2）5% 草酸溶液：用数滴硫酸酸化，可洗去高锰酸钾的痕迹。

（3）5%～10% 磷酸三钠（$Na_3PO_4 \cdot 12H_2O$）溶液：可洗涤油污物。

（4）30% 硝酸溶液：洗涤二氧化碳测定仪及微量滴管。

（5）5%～10% 乙二胺四乙酸二钠（EDTA-Na_2）溶液：加热煮沸可洗脱玻璃仪器内壁的白色沉淀物。

（6）尿素洗涤液：为蛋白质的良好溶剂，适用于洗涤盛过蛋白质制剂及血样的容器。

（7）有机溶剂：如丙酮、乙醚、乙醇等可用于洗脱油脂、脂溶性染料污痕等，二甲苯可洗脱油漆的污垢。

（8）氢氧化钾的乙醇溶液和含有高锰酸钾的氢氧化钠溶液：这是两种强碱性的洗涤液，对玻璃仪器的侵蚀性很强，可清除容器内壁污垢，洗涤时间不宜过长，使用时应小心慎重。

（四）干燥

一般地说洗净后的玻璃仪器，如不急用应倒放在晾架上令其自然干燥。若有急用可放在烘烤箱中 100～120℃ 烤干，但容量玻璃仪器，如容量瓶、吸量管、滴定管以及烧瓶、结构复杂的玻璃仪器等，严禁烘烤。此类仪器，如急用可采用水泵抽气法干燥。塑料器皿需要干燥，可用烘箱或烘干机进行干燥，但应注意温度不超过 80℃，若温度太高，容易使其变形甚至损坏。此外，玻璃和塑料器皿不要用丙酮荡洗再吹干的方法来干燥，因为那样会有残留的有机物覆盖在器皿的内表面，从而干扰生物化学反应。硝酸纤维素的塑料离心管加热时会发生爆炸，所以绝不能放在烘箱中干燥，只能用冷风吹干。

(五) 玻璃仪器的安全使用

实验室的许多小事故都是粗心使用玻璃仪器引起的。使用玻璃仪器必须注意以下几点：

1. 在容易引起玻璃器皿破裂的操作中，如减压处理、加热容器等，要戴上安全眼镜。
2. 用“柔和”的本生(Bunsen)灯火焰加热玻璃器皿——可避免因局部过热而使玻璃破碎。移取热的玻璃器皿时应戴上隔热手套。
3. 不要使用有缺口或裂缝的玻璃器皿——这些器皿轻微用力就会破碎，应弃于破碎玻璃收集缸中。
4. 持取大的试剂瓶时，不要只取颈部，应用一只手托住底部，或放在托盘架中。
5. 连接玻璃管或将玻璃管插在橡胶塞中时，要戴厚手套。
6. 塞子不要塞得太紧，否则难以拔出。如果需要严格密封，可使用带有橡胶塞或塑料塞的螺口瓶。
7. 破碎的玻璃器皿要小心地彻底清除——戴上厚手套用废纸包起来，丢在指定的废物缸里。

二、计量器具及其使用

计量器具的选择应根据量取液体的体积大小而定，同时要考虑量取的准确度，见表 1-1。

表 1-1　常用计量器具的量程与准确度

计量仪器	最佳量程	准确度	图片
锥形瓶/烧杯	25~5000ml	极低	
量筒	5~2000ml	中等	

续表

计量仪器	最佳量程	准确度	图片
容量瓶	5~2000ml	高	
滴定管	1~100ml	高	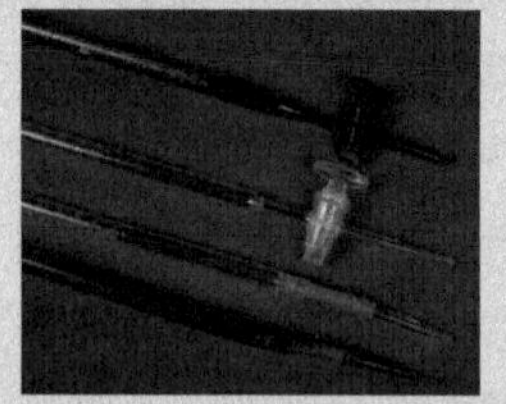
刻度吸管	0.1~10ml	高	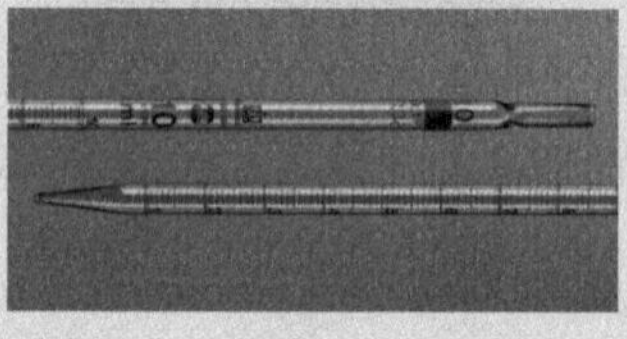
可调定量加液器	1~10ml	中等	
滴管	50μl~2ml	低	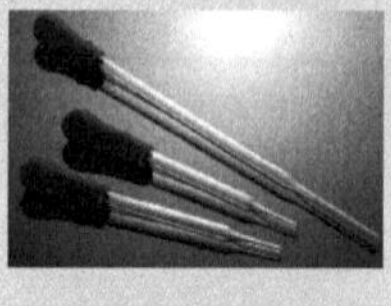
移液器	0.2μl~5ml	高	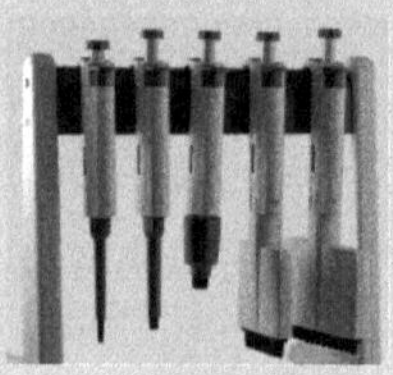
微量注射器	0.5~50μl	高	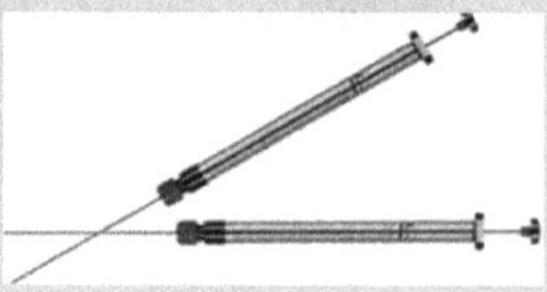

某些液体可能引起的问题：

1. 高黏度的液体难以分液，转移时需要一定时间。
2. 有机溶剂挥发快，造成测量不准确；操作要迅速，快速密封容器。

3. 易产生泡沫的溶液(如蛋白质和去污剂溶液)较难量取和分液;操作宜慢忌快,避免形成气泡。

4. 悬浮液(如细胞培养物)容易形成沉淀,移取前要充分混匀。

(一) 移液器的使用(图 1-2)

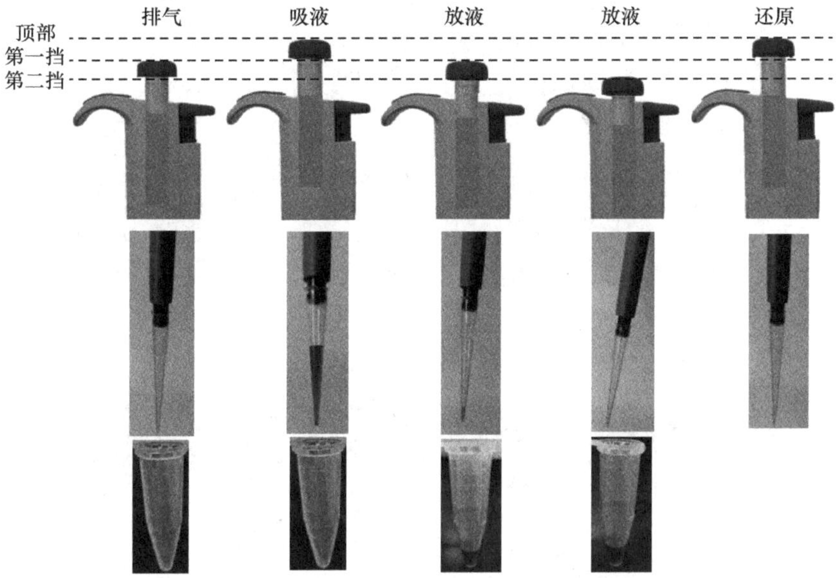

图 1-2　移液器的使用(正向吸液法)

1. 量程设定

(1) 量程选择:操作之前请先选择正确的移液器,移液器可在 10% ~ 100% 量程范围内操作,但在 10% 量程处操作对于移液技巧要求高,故推荐在 35% ~ 100% 量程范围内操作。

(2) 量程调节:当由小量程调节至大量程时,朝所需量程方向连贯旋转,旋转到达超过所需量程 1/3 圈处再回调至所需量程。当由大量程调节至小量程时,直接连贯旋转至所需量程。

2. 装吸头　移液器套柄用力下压,小幅度旋转即可。注意使吸头套紧,否则移取的液体将少于设定的体积或者液体会往下滴。

错误操作:用力敲击吸头。此方法会带来吸头损坏甚至移液器套柄磨损,从而影响其密封性。

3. 排气　将活塞按至第一挡,排出空气。

4. 吸头浸入角度　吸液时尽量保持垂直状态,倾斜角度不能超过 20°(图 1-3)。

5. 吸头浸入深度　吸头越小,深度越小(图 1-4)。

6. 吸头浸入时间　吸液后在液面中保持一秒钟再将吸头平缓移开,这对于大容量移液器或者吸取黏性样品尤为重要。移开时斜贴在容器壁上淌走吸头外壁多余的液体。

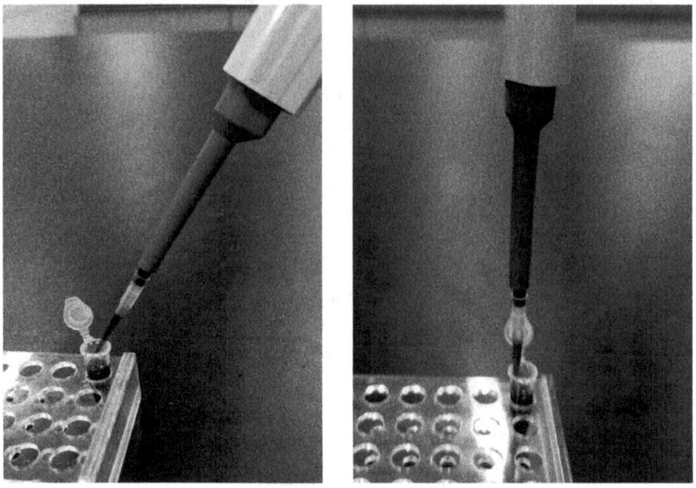

错误吸头浸入角度　　正确吸头浸入角度

图 1-3　吸头浸入角度图

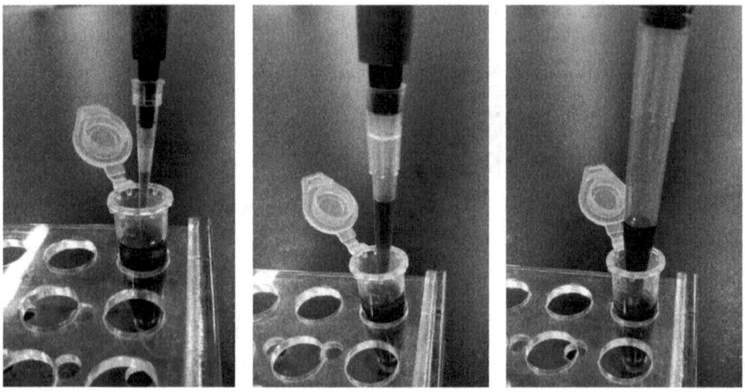

a　　b　　c

图 1-4　吸头浸入深度图

a. 移液器的规格为 0.1～10μl,深度为 1～2mm;b. 移液器的规格为 10～100μl,深度为 2～3mm;c. 移液器的规格为 100～1000μl,深度为 3～6mm

7. 吸液速度(慢吸)　匀速连贯移液,控制好移液速度,太快会造成喷液,液体或者气雾冲入移液器内部,污染活塞等部件。当吸头吸足液体(吸头内液面不再继续升高)后,将吸头撤出液面,目测吸入吸头的液体体积是否合理。

8. 排液及吹液(慢放)　先将活塞按至第一挡排液,略作停顿后按至第二挡进行吹液。

9. 退吸头　按下卸吸头按钮,退下移液器吸头。

10. 使用结束后,将移液器调至最大量程,放回移液器架。

(二) 刻度吸管(分度吸量管)的使用

1. 使用前

(1) 观察吸管有无破损、污渍。

(2) 观察吸管的规格:刻度吸量管是多刻度吸量管,有 0.1ml、0.2ml、0.5ml、1.0ml、

2. 0ml、5. 0ml、10. 0ml 等规格。所用吸管的规格应等于或近似等于所要吸取的液体的体积。吸量管刻度所标的数字有自上而下和自下而上两种,使用之前应仔细分辨。

(3) 观察吸管标记,吸管可分流出式和吹出式。吸管应有以下标记:吹/EX,+XXs,XXml,20℃,厂家或商标。

A. 有“吹”标记为吹出式,说明刻度到尖端,放液后需将尖端的溶液吹出。

B. 有“EX”标记为流出式,移液管的容量只计算自由流出液体的体积,刻度标线时已把滞留在管内的液滴体积扣除了,则不需要吹。①如果吸管上标示了+15s,表示该吸管需等待 15s;②没有标记+XXs 的可近似等待 3s;③尖端有刻度者需靠壁使液体到达刻度。

2. 握法　①左手洗耳球,右手吸管;②拇指和中指夹住吸管,食指游离,刻度朝向操作者。控制拇指和中指的位置使食指指腹正好平放于管口。

3. 取液　①垂直入液;②入液深度适中;③洗耳球吸取;④取液高度高于刻度 2~3cm;⑤移开洗耳球,迅速用食指压紧吸管上端;⑥刻度吸管提离液面;⑦观察液内无气泡;⑧调准起始刻度:减小食指的压力(必要时转动刻度吸管),使液面缓慢降低,直至凹面与起始刻度线相切;⑨滤纸擦净管外壁。

4. 放液　①刻度吸管垂直,容器倾斜 45°,管尖应接触容器内壁,但不应插入容器的液体中,否则会交叉污染;②视线与刻度线平行;③减小食指的压力(必要时转动刻度吸管),使液面缓慢降低,直至凹面与刻度线相切;④全量程使用时要注意吹与不吹;⑤尽量不使用尖端无刻度处。

(三) 可调定量加液器的使用

移液瓶准确性不是很高,但重复性较好,主要用于试剂的批量操作。其使用方法如下:

1. 对齐零刻度　旋转底部螺旋调节。
2. 调节使用刻度　对齐上缘。
3. 排出空气。
4. 吸液　提拉至刻度。
5. 放液　匀速下压到底。注意控制下压速度,不要太快。

(四) 容量瓶及量筒

容量瓶是一个细长颈梨形的平底瓶,具有磨口塞,颈上有标线,表示在所示温度下(一般为 20℃)当液体充满到标线时,液体体积恰好与瓶下所注明的体积相等。容量瓶有 10ml、25ml、50ml、100ml、200ml、250ml、500ml、1000ml、2000ml 等规格。

容量瓶是装量型的定量容器,多用作稀释溶液或配制精确试剂。当将液体加至刻度后(液面下缘平刻度线)须用瓶塞塞好,颠倒混匀数次方可使用。

容量瓶是较精确的定量容器,不得直接加热或烘烤,也不应将盛有溶液的容量瓶放入冰箱内。当配制溶液需要加热促其溶解时,必须在烧杯中加热溶解,并待溶液达到室温后,再定量地转入容量瓶内,然后稀释到刻度,并要注意摇匀。

当所量取的液体量要求不十分准确时,可使用量筒,因其较使用吸管或量瓶更为简便,量筒之底座及筒身是焊接一起的,因而不能量取过热液体,更不能直接加热,以防炸裂。

(五) 滴定管

滴定管是供容量分析滴定之用,有带玻璃塞及橡皮管的两种类型。前者用以量酸,后者用以量碱。

滴定管有刻度较精细的微量滴定管,有 1.0ml、2.0ml、5.0ml、10ml 等规格,还有 25ml、50ml、100ml 等规格的常量滴定管。使用滴定管应该注意以下事项:

1. 检查是否清洁干燥,是否漏水,玻璃塞是否滑润,如有漏水或转动不灵,应拆下活塞重新涂抹凡士林。涂抹前要将玻璃塞擦干,用手指蘸少量凡士林在活塞两头各擦一薄层,将活塞插入槽内,然后向同一方向转动活塞,直到从外面看时,全部透明为止。油涂好后,在活塞的小头的槽上套一橡皮圈,以防活塞滑脱。

2. 使用前必须确认每一格表示多少毫升。先用少量滴定液清洗滴定管 2~3 次,然后方可装液。装液体后,管内如有气泡必须排出。

3. 滴定前先应读取起始点。滴定时,左手控制玻璃塞,右手持瓶,边滴边摇,密切注意被滴定溶液的颜色变化。

4. 装置滴定管时,管身必须与地面垂直。读数时眼睛与溶液月形面下缘在同一水平线上,不要仰头或低头读数。

5. 如用酸式滴定管装碱性溶液,滴定后应立即洗净,以免活塞粘连。

三、液体的盛放和储存

1. 试管　试管常用于颜色试验、小量反应等。试管可经加热灭菌,试管帽或棉塞密封,试管帽或棉塞密封可保持无菌状态。

2. 烧杯　烧杯常作一般用途,如加热溶液、滴定等。烧杯壁上常有体积刻度,但不准确,只能用于粗略估计。

3. 锥形瓶　用于储存溶液,其底部较宽,稳定性好,瓶口较小,减少蒸发,易于密封。有的锥形瓶侧壁上也有体积刻度,但不准确。

4. 试剂瓶　具有螺口盖或圆形玻璃塞,可防止溶液蒸发和污染。碱性溶液容易腐蚀玻璃,长时间保存应储存于塑料瓶中。

所有储存液都要清楚地标记,包括相应的危险性信息(最好用橙色危险警告标签标记)。容器的密封方法要合适,如用塞子或封口胶(如 parafilm 或 nescofilm)密封。为了防止试剂降解,溶液应存放在冰箱中,但使用前要恢复到室温。含有有机成分的溶液容易滋生微生物(除非溶液有毒或已灭菌),因此,用放置很久的溶液试剂做出来的实验结果不可靠。

四、实验器材与溶液的消毒灭菌

灭菌是指杀灭物体中所有微生物的繁殖体和芽孢的过程。消毒是指用物理、化学或生物的方法杀死病原微生物的过程。灭菌的原理就是使蛋白质和核酸等生物大分子发生变性,从而达到灭菌的作用。消毒与灭菌的方法很多,一般可分为加热、过滤、照射和使用化学药品等方法。

(一) 加热法

实验室中常用的有干热灭菌和高压蒸汽灭菌。

1. 干热灭菌 干热灭菌是利用高温使微生物细胞内的蛋白质凝固变性而达到灭菌的目的。细胞内的蛋白质凝固性与其本身的含水量有关,在菌体受热时,当环境和细胞内含水量越大,则蛋白质凝固就越快,反之含水量越小,凝固缓慢。因此,与湿热灭菌相比,干热灭菌所需温度高(160~170℃),时间长(1~2h)。但干热灭菌温度不能超过180℃。否则,包器皿的纸或棉塞就会烧焦,甚至引起燃烧。干热灭菌的操作与注意事项如下:

(1) 装入待灭菌物品:将包好的待灭菌物品(培养皿、试管、吸管等)放入电烘箱内,关好箱门。

(2) 升温:接通电源,拨动开关,打开电烘箱排气孔,旋动恒温调节器至绿灯亮,让温度逐渐上升。当温度升至100℃时,关闭排气孔。在升温过程中,如果红灯熄灭,绿灯亮,表示箱内停止加温,此时如果还未达到所需的温度(160~170℃),则需转动调节器使红灯再亮,如此反复调节,直至达到所需温度。

(3) 恒温:当温度升到160~170℃时,借恒温调节器的自动控制,保持此温度2h。

(4) 降温:切断电源、自然降温。

(5) 开箱取物:待电烘箱内温度降到60℃以下后,打开箱门,取出灭菌物品。

注意事项:

(1) 灭菌物品不能堆得太满、太紧,以免影响温度均匀上升。

(2) 灭菌物品不能直接放在电烘箱底板上,以防止包纸烤焦。

(3) 灭菌温度恒定在160~170℃为宜,温度过高,纸和棉花会被烤焦。

(4) 降温时待温度自然降至60℃以下再打开箱门取出物品,以免因温度过高而骤然降温导致玻璃器皿炸裂。

2. 高压蒸汽灭菌 高压蒸汽灭菌是将待灭菌的物品放在一个密闭的加压灭菌锅内,通过加热,使灭菌锅隔套间的水沸腾而产生蒸汽。待水蒸气急剧地将锅内的冷空气从排气阀中驱尽,然后关闭排气阀,继续加热,此时由于蒸汽不能溢出,而增加了灭菌器内的压力,从而使沸点增高,达到高于100℃的温度。导致菌体蛋白质凝固变性而达到灭菌的目的。

在同一温度下,湿热的杀菌效力比干热大。其原因有三:一是湿热中细菌菌体吸收水分,蛋白质较易凝固,因蛋白质含水量增加,所需凝固温度降低;二是湿热的穿透力比干热大;三是湿热的蒸汽有潜热存在,这种潜热能迅速提高被灭菌物体的温度,从而增加灭菌效力。

高压蒸汽灭菌的操作如下:

(1) 首先将内层锅取出,再向外层锅内加入适量的水,使水面与三角搁架相平为宜。

(2) 放回内层锅,并装入待灭菌物品(培养基等)。注意不要装得太挤,以免妨碍蒸汽流通而影响灭菌效果,三角烧瓶与试管口端均不要与桶壁接触,以免冷凝水淋湿包口的纸而透入棉塞。

(3) 加盖,并将盖上的排气软管插入内层锅的排气槽内。再以两两对称的方式同时旋紧相对的两个螺栓,使螺栓松紧一致,勿使漏气。

(4) 加热,并同时打开排气阀,使水沸腾以排除锅内的冷空气(冷空气的膨胀压大于水蒸气的膨胀压,当水蒸气中含有空气时,在同一压力下,含空气蒸汽的温度低于饱和蒸汽的温度)。待冷空气完全排尽后,关上排气阀,让锅内的温度随蒸汽压力增加而逐渐上升。当锅内压力升到所得压力时,控制热源,维持压力至所需时间。常用高压蒸汽灭菌消毒条件为120℃,20min。

(5) 灭菌所需时间到后,切断电源,让灭菌锅内温度自然下降,当压力表的压力降至“0”时,打开排气阀,旋松螺栓,打开盖子,取出灭菌物品。

(二) 过滤灭菌

许多材料如血清与糖溶液应用一般加热消毒灭菌方法,均会被热破坏,因此,采用过滤除菌的方法。应用最广泛的过滤器有蔡氏(Seitz)过滤器和膜过滤器。蔡氏过滤器是用银或铝等金属做成的,分为上、下两节,过滤时,用螺旋把石棉板紧紧地夹在上、下两节滤器之间,然后将溶液置于滤器中抽滤。每次过滤必须用一张新滤板。滤膜过滤器的结构与蔡氏过滤器相似,只是滤膜是一种多孔纤维素(乙酸纤维素或硝酸纤维素),孔径一般为0.45μm或0.22μm,过滤时,液体和小分子物质通过,细菌被截留在滤膜上,但若要将病毒除掉,则需更小孔径的滤膜。

(三) 紫外线灭菌

紫外线波长在200~300nm,具有杀菌作用,其中以265~266nm杀菌力最强。无菌室或无菌接种箱空气可用紫外线灯照射灭菌。

(四) 化学药品灭菌

化学药品消毒灭菌法是应用能杀死微生物的化学制剂进行消毒灭菌的方法。实验室桌面、用具以及洗手用的溶液均常用化学药品进行消毒灭菌。常用的有煤酚皂溶液(来苏尔)2%~5%、新洁尔灭0.1%、氯化汞0.1%、乙醇75%等,见表1-2。

表1-2 常用化学杀菌剂应用范围和常用浓度表

类别	实例	常用浓度	应用范围
醇类	乙醇	75%	皮肤及器械消毒
酸类	乳酸	0.33~1mol/L	空气消毒(喷雾或熏蒸)
	食醋	3~5ml/m^3	熏蒸消毒空气,可预防流感病毒
碱类	石灰水	1%~3%	地面消毒
酚类	苯酚	5%	空气消毒(喷雾)
	来苏尔	2%~5%	空气消毒、皮肤消毒
醛类	福尔马林	40%;2~6ml/m^3	接种室、接种箱或厂房熏蒸消毒
重金属离子	氯化汞	0.1%	植物组织(如根瘤)表面消毒
	硝酸银	0.1%~1%	皮肤消毒
氧化剂	高锰酸钾	0.1%~3%	皮肤、水果、茶杯消毒
	过氧化氢	3%	清洗伤口
	氯气	0.2~1ppm	饮用水清洁消毒
	漂白粉	1%~5%	洗刷培养基、饮水及粪便消毒

续表

类别	实例	常用浓度	应用范围
去污剂	新洁尔灭	0.1%	皮肤，不能遇热的器皿消毒
染料	结晶紫	2%～4%	外用紫药水，浅创伤口消毒
金属螯合剂	8-羟喹啉硫酸盐	0.1%～0.2%	外用、清洗消毒

（五）一般实验器材的消毒灭菌原则

（1）凡直接或间接接触实验微生物的器材均应视为有传染性，均应做消毒处理。

（2）金属器材、玻璃器皿可用压力蒸汽和干热灭菌的方法，适用于耐高温、高湿的器械和物品的灭菌。

（3）使用过的玻璃吸管、试管、离心管、玻片、玻璃棒、三角瓶和培养皿等玻璃器皿应立即浸入0.5%过氧乙酸或有效氯为2000mg/L的含氯消毒剂中1h以上，消毒后用超声波清洗的方法洗净沥干，使用前再进行高压灭菌处理。

（4）一次性帽子、口罩、手套、工作服、防护服等使用后应放入污物袋内集中销毁。

（5）耐热的塑料器材可用0.5%～1.0%肥皂液或洗涤剂溶液煮沸15～30min，然后清水洗涤沥干后，121℃、15min高压灭菌处理。

（6）不耐热的塑料器材可用紫外线灭菌或合适的化学药品灭菌。

五、实验中的基本操作技术

（一）混匀法

欲使一化学反应充分进行，必须使反应体系内各种物质迅速地相互接触，因此除特别规定外，一般都需要将反应物彻底混匀。混匀方式大致有以下几种，可随使用的器皿的液体容量而选用。

1. 旋转混匀法　手持容器作离心旋转，适用于未盛满液体的试管或小口器皿，如三角瓶等。

2. 弹指混匀法　左手持试管使之直立，以右手食指轻击试管之下部，使管内溶液作旋转流动。

3. 倒转混匀法　适用于有玻璃塞的瓶子，如容量瓶等。

4. 弹动混匀法　以右手大拇指、食指、中指握住试管上部，将试管放平，于左手掌中弹动。

5. 吸管混匀法　用吸管将溶液反复吸放数次，适用于量少而无沉淀的液体。

6. 搅拌混匀法　适应烧杯等大口容器所盛之溶液的混匀，一般在配制混合试剂时，用玻璃棒或磁力搅拌器搅拌以助溶，或混匀大量的溶液。

7. 移液器吹打混匀　适合于EP管中溶液较多时，用移液器将溶液反复吸放数次以混匀。

8. 瞬时离心混匀　适合于PCR管或EP管中，液体量极少无法吹打混匀时，可利用离心机进行瞬时离心混匀。

(二) 保温与加热

为使某一化学反应在一定的温度下进行,常需要保温;为促进或停止化学反应,有时需要加热。

1. 保温　常用恒温箱或恒温水浴进行,后者的温度较前者稳定。

2. 加热　加热常用两种方法,一是直接把试管、烧杯等器皿在酒精灯、电炉或煤气火焰上加热;二是在水浴中加热或煮沸,应根据实验的目的而定。

(三) 过滤

过滤的目的是将沉淀与液体分开,可用滤纸、棉花、纱布等。生化实验中所进行的过滤,为了不改变溶液的浓度,一般不要用水湿润滤纸。过滤所用的滤纸常折成多褶状,以增大过滤面积。当过滤难滤之物或为了加快速度,可采用减压抽滤法。实验室中有时用离心法代替过滤。

(四) 溶液 pH 测定

测定溶液 pH 通常有两种方法,最简便但较粗略的方法是用 pH 试纸,分为广泛 pH 试纸和精密 pH 试纸两种。广泛 pH 试纸的变色范围是 pH = 1.0 ~ 14.0、pH = 9.0 ~ 14.0 等,只能粗略确定溶液的 pH。精密 pH 试纸可以较精确地测定溶液的 pH,其变色范围是 2 ~ 3 个 pH 单位,如有 pH = 1.4 ~ 3.0、pH = 0.5 ~ 5.0、pH = 5.4 ~ 7.0、pH = 7.6 ~ 8.5、pH = 8.0 ~ 10.0、pH = 9.5 ~ 13.0 等许多种,可根据待测溶液的酸、碱性选用某一范围的试纸。测定的方法是将试纸条剪成小块,用镊子夹一小块试纸(不可用手拿,以免污染试纸),用玻璃棒蘸少许溶液与试纸接触,试纸变色后与色阶板对照,估读出所测 pH。切不可将试纸直接放入溶液中,以免污染样品溶液。也可将试纸块放在白色点滴板上观察和估测。试纸要存放在有盖的容器中,以免受到实验室内各种气体的污染。

精确测定溶液 pH 要使用 pH 计,其精确度可达 0.005pH 单位。

(五) 实验样品的制备

在生物化学实验中,无论是分析组织中各种物质的含量,还是研究组织中物质代谢的过程,皆需利用特定的生物样品。为了达到一定的实验目的,往往需要将获得的样品预先做适当的处理。掌握实验样品的正确处理方法乃是做好生物化学实验的先决条件。

基础生物化学实验中,最常用的动物或人体样品是全血、血清、血浆及无蛋白血滤液。组织样品则常用肝、肾、胰、胃黏膜或肌肉等,实验时可制成组织匀浆、组织糜、组织切片或组织浸出液等形式。有关这些组织样品的制备方法,扼要介绍如下:

1. 血液样品　常用的血液样品包括全血、血浆、血清和无蛋白血滤液等。

全血:无论是收集动物还是人的血液,均应注意仪器的清洁与干燥,同时也要及时加入适当的抗凝剂以防止血液的凝固。一般在血液取出后,迅速盛于含有抗凝剂的器皿中,同时轻轻摇动,使血液与抗凝剂充分混合,以免形成小凝块。取得全血如不立即进行实验,应储存于冰箱内。

常用的抗凝剂有草酸盐、柠檬酸盐、氟化钠及肝素等,可视实验要求而选用。一般实验用草酸盐即可,但它不适用于血钙测定。氟化钠因兼有抗凝及抑制糖酵解之作用,故可用于血糖测定。但因其也能抑制脲酶,故用脲酶测定尿素时,则不能应用。肝素虽好,但价格较贵。

抗凝剂的用量不应过多,否则影响实验结果。通常每毫升血液加 1~2mg 草酸盐或 5mg 柠檬酸钠或 5~10mg 氟化钠,肝素仅需要 0. 01~0. 2mg,最好抗凝剂制成适当浓度的水溶液,然后取 0. 5ml 置于准备盛血的器皿内,再横放蒸干(肝素不宜超过 30℃),则抗凝剂在器皿壁上形成一层薄膜,使用时较为方便,效果较满意。

血浆:上述抗凝的全血在离心机中离心,所得的上清液即为血浆。如需用血浆进行分析时,必须严格防止溶血,故采血时一切用具(注射器、针头、试管等)皆需清洁干燥,取出的血液也不能剧烈振摇。

血清:收集的血液不加抗凝剂,在室温下放 5~20min 即自行凝固。通常经 3h,血块收缩,析出清亮的血清。为了节省时间,必要时可离心分离血清。制备血清同样须防止溶血。

无蛋白血滤液:分析血液中许多成分时,也常除去蛋白质,制成无蛋白血滤液。如血液中的非蛋白氮、尿酸、肌酸等测定皆需先把血液制成无蛋白血滤液后,再进行分析测定。蛋白质沉淀剂如钨酸、三氯醋酸或氢氧化锌皆可用于制备无蛋白血滤液,可根据不同的需要而加以选择。

2. 尿液样品　一般定性实验只需将尿收集一次即可,但一天之中各次排出尿液的成分随食物、饮水及一昼夜的内生理变化等的影响而有很大的差异,因此定量测定尿液中各种成分皆应收集 24h 尿混合后取样。通常在早晨一定时间排出残余尿而弃去,以后每次尿皆收集于清洁大玻璃瓶中,到第 2 天早晨同一时间收集最后一次尿即可,随即混合并用量筒量准其体积。

收集的尿液如不能立即进行实验,则应置于冷处保存。必要时可在收集尿时即于收集的玻璃瓶中加入防腐剂如甲苯、盐酸等,通常每升尿中约加入 5ml 甲苯或 5ml 盐酸即可。

如需收集动物尿液,可将动物置于代谢笼中,其排出之尿液经笼下漏斗流入瓶中而收集之。

3. 组织样品　离体不久的组织,在适宜的温度及 pH 等条件下,可以进行一定程度的物质代谢。因此,在生物化学实验中,常利用离体组织,研究各种物质代谢的途径与酶系的作用,也可以从组织中提取各种代谢物质或酶进行研究。

但是各种组织离体过久后,都要发生变化。例如,组织中的某些酶在久置后发生变性而失活。有些组织成分如糖原、ATP 等,甚至在动物死亡数分钟至十几分钟内,其含量即有明显的降低,因此,利用离体组织作代谢研究或作为提取材料时,都必须迅速将它取出,并尽快地进行提取或测定。一般采用断头法处死动物,放出血液,立即取出实验所需之脏器或组织,去除外层的脂肪及结缔组织后,用冰冷之生理盐水洗去血液,必要时也可用冰冷之生理盐水灌注脏器以洗去血液,再用滤纸吸干,即可作实验之用。取出的脏器或组织,可根据不同的目的,用以下不同的方法制成不同的组织样品。

组织糜:将组织用剪刀迅速剪碎,或用绞肉机绞成糜状即可。

组织匀浆:新鲜组织称取重量后剪碎,加入适当的匀浆制备液,用高速电动匀浆器将组织研磨成匀浆。为了降低研磨产生的热量,使组织和酶不变性,制备匀浆时一般应将玻璃匀浆管插入冰水浴中,适当控制研磨的速度。

玻璃匀浆管是一种特制的厚壁毛玻璃管和一个一端带有磨砂玻璃杵头的研磨杆组成。规格大小不一,使用时可根据需要进行选择。

(王婷婷　舒朝忠)

第4章 常用仪器使用

一、离 心 机

离心机的种类很多,根据转速不同,可以分为低速离心机、高速离心机和超速离心机。一般实验室装备最多的离心机为最大转速约为 4000r/min 的台式或落地式离心机,现简要叙述一般离心机的使用方法(图 1-5)。

图 1-5 台式低速离心机

1. 选择合适的转子。根据实验需要选择相应转子,并设置好转子参数。

2. 选择合适的离心管。离心管与转子不匹配,离心过程中容易出现离心管变形甚至破裂。

3. 将待离心的液体置于离心管中,带离心机套筒一起平衡离心管,对称放入离心机中。

离心前在不知道离心机的自动平衡范围时,须带套筒一起平衡。若为金属套筒须加橡皮软垫,防止离心过程中离心管破裂,切记不能在金属套筒里直接加水配平,否则长期使用会导致套筒被腐蚀,导致离心时容易出现意外事故。塑料套筒平衡时可向较轻一侧离心套筒内用滴管加水,直至平衡。

4. 有转子盖的离心机须旋紧转子盖。

5. 关好离心机盖,开启电源。

6. 设置离心时间、转速/相对离心力、温度等参数,不要超过转子所允许的最高转速。

7. 按开始键启动。等到速度到达设置转速开始计时。如有不正常噪音或振动务必马上停止运转并检查。

注意事项:

(1) 离心机要放在平坦和结实的地面或实验台上,不允许倾斜。严格按操作规程使用离心机。

(2) 离心管必须预先平衡之后才能放入离心机。

(3) 离心机启动后,如有不正常噪音及振动,应立即切断电源,分析原因,排除故障。

(4) 在使用过程中,应尽量避免试液洒在机器上面及转头里面,用毕及时清理,擦拭干净。

(5) 离心机使用后,不要急于盖上盖,而应打开盖,让水分挥发。

二、分光光度计

（一）722 型分光光度计的结构

分光光度计一般包括：光源、单色器、吸收池、光电转换装置和测量装置。

1. 光源　分光光度计上常用的光源有两种，钨丝灯和氢灯。在可见光区，近紫外光区和近红外光区常用钨丝灯作为光源；在紫外光区多使用氢弧灯。

2. 单色器　把混合光波分解为单一波长光的装置。在分光光度计中多用作为色散元件。光波通过棱镜时，不同波长的光折射率不同，因而能将不同波长的光分开，玻璃对紫外线的吸收力强，故玻璃棱镜多用于可见光分光光度计；石英棱镜可在整个紫外光区传播光，故在紫外光分光光度计中广为应用。在石英或玻璃表面上刻划许多平行线（每英寸约刻15000～30000 条），由于刻线处不透光，通过光的干涉和衍射使较长的光波偏折角度大，较短的光波偏折角度小，因而形成光谱。光源照到棱镜或光栅以前，先要经过一个入射狭缝，再通过平行光镜使成为平行光束投到棱镜上。透过棱镜的光再经另一聚光镜，在此聚光镜的焦面内可得一清楚的光谱图。如在焦线处放一个出射狭缝，转动棱镜使光谱移动，就可以从出射狭缝射出所需要的单色光。整个装置称为“单色器”。

3. 吸收池　吸收池又称比色杯、比色皿、比色池。一般由玻璃、石英或熔融石英制成，用来盛被测的溶液。在低于 350nm 的紫外光区工作时，必须采用石英池或熔融石英池。吸收池必须与光束方向垂直。此外，每套吸收池的质料、厚度应完全相同，以免产生误差。吸收池上的指纹、油污或壁上的沉积物都会显著地影响其透光性，因此在使用前务必彻底清洗。

4. 光电转换装置　常用光电池、光电管和光电倍增管三种。

光电池：装在一个特制的匣子里面由三层物质组成的圆形或长方形薄片。第一层是一种导电性良好的金属，这是光电池的负极，中间极薄的一层是半导体硒，第三层是铁，这是光电池的正极。当光电池受光照射以后，半导体硒的表面逸出电子，这些电子只向负极方向移动，而不向正极移动，因此在上下两金属片间产生一个电位差，线路连通时即产生电流。

光电管：光电管是由封装在真空透明封套里的一个半圆柱形阴极和一个丝阳极组成，阴极的凹画上有一层光电发射材料，此种物质经光照射可发射电子。当在两极间加有电位时，发射出来的电子就流向丝阳极而产生光电流。对于相同的辐射强度，它所产生的电流约为光电池所产生电流的 1/4。由于光电管具有很高的电阻，所以产生的电流容易放大。

光电倍增管：它比普通的光电管优越，它可将第一次发射出的电子数目放大到数百万倍。当电子打在兼性阳极上时，能引起更多的电子自表面射出。这些射出的电子又被第二个兼性阳极所吸引，同样再产生更多的电子。此过程重复 9 次后，每个光子可形成 10^6～10^7 个电子，这些电子最后被收集在阳极上。所得到的倍增电流可进一步加以放大和测量。

5. 测量装置　一般常用的紫外光和可见光分光光度计有三种测量装置，即电流表，记录器和数字示值读数单元。现代的仪器常附有自动记录器，可自动描出吸收曲线。

分光光度计的基本构造见图 1-6。

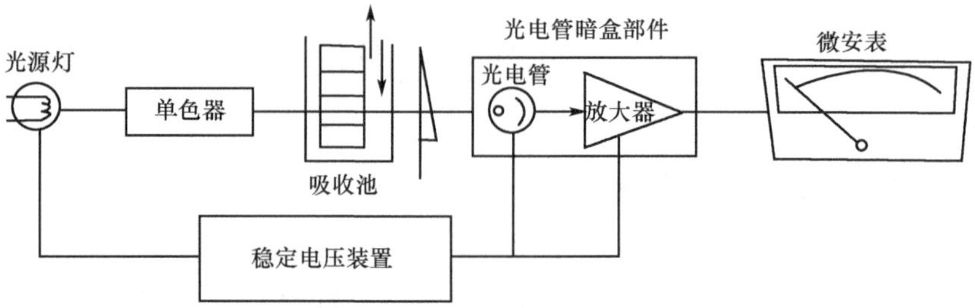

图 1-6　分光光度计的基本构造

(二) 722 型分光光度计的使用

722 型分光光度计的外观见图 1-7。

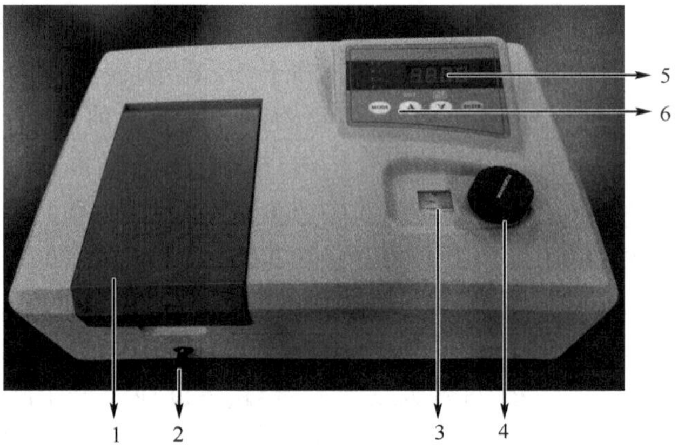

图 1-7　722 型分光光度计外观

1. 吸收池盖;2. 试样架拉杆;3. 波长刻度窗;4. 波长选择旋钮;5. 数字显示窗;6. 功能键

1. 预热仪器　为使测定稳定,将电源开关打开,使仪器预热 20min。为了防止光电管疲劳,不要连续光照,预热仪器时和在不测定时应将黑体放入光路,关闭吸收池盖,使光路切断。

2. 设定波长　根据实验要求,转动波长选择旋钮,使指针指示所需要的单色波长。

3. 放入吸收池

(1) 比色时吸收池放置位置:1 号位放黑体、2 号位放空白管、3/4 号位放其他测定管。

(2) 吸收池的使用方法

1) 拿吸收池时,手指只能捏住吸收池的毛玻璃面,不要碰吸收池的透光面,以免沾污。

2) 吸收池外壁的水用擦镜纸或细软的吸水纸吸干,以保护透光面。

3) 测定有色溶液吸光度时,要用待测溶液润洗吸收池内壁几次,以免改变有色溶液的浓度。另外,在测定一系列溶液的吸光度时,通常都按由稀到浓的顺序测定,以减小测量误差。

4) 清洗吸收池:①每次做完实验时,应立即洗净吸收池,并倒立放置。一般先用水冲洗,再用蒸馏水洗净。若吸收池被有机物沾污,可用盐酸-乙醇混合洗涤液(1∶2)浸泡片刻,再用水冲洗。②不能用碱溶液或氧化性强的洗涤液洗吸收池,以免损坏。也不能用毛刷清洗吸收池,以免损伤它的透光面。不得超声清洗或乙醇长时间浸泡吸收池。

5）在实际分析工作中，通常根据溶液浓度的不同，选用液槽厚度不同的吸收池，使溶液的吸光度控制在 0.2~0.7。

4. 调透光率 模式调为透光率挡 T。

（1）调节“0”点。将黑体放入光路，关闭吸收池盖，按调“0”键。其意义为无光通过。

有些吸收池是进行开盖调零，吸收池盖打开时，挡片落下挡住光路；也有些自动化程度较高的吸收池是自动调零，无需将透光率调零。

（2）调节 T=100%。将空白管溶液的吸收池放入光路，把吸收池盖轻轻盖上，按调“100%”键。其意义为光全通过，无吸收。

5. 测定 模式调为吸光度。轻轻拉动吸收池座架拉杆，使其他有色溶液进入光路，读取吸光度 A。（在不清楚测定项目方法线性范围的时候，不能直接使用浓度测定模式和斜率测定模式。）

6. 测定结束后将吸收池中的溶液倒回原试管，检查所有数据无误后再倒入废液缸。

7. 关机 实验完毕，切断电源，清洗吸收池，清理废液缸。

三、PCR 仪

虽然 PCR 仪的生产厂家、型号很多，工作原理不尽相同，使用方法也不尽一致，但都具有向自动化和智能化发展的趋势，这对于使用者来说比较方便，只要参考说明书轻轻触动键钮，输入或改变扩增程序、反应时间、温度等，置入扩增样品，PCR 仪就会自动完成整个扩增过程。这里仅以常用的 PCR 仪为例，简单介绍 PCR 仪的使用（图 1-8）。

1. 开机自检 接通电源后，PCR 仪会自动开始运行一个快速的自检步骤，自检结束后，显示屏上显示主屏幕 Home Screen。此时仪器前部面板上的一个发光二极管灯会发亮，提示仪器处于开机状态。

2. 运行一个储存过的程序 在主屏幕 Home Screen 状态下，按 F1-Protocol Library 键，可以显示菜单中已存的程序；使用方向键选择所需要的程序，按 Enter 回车键；在选项中选择 Run Protocol 运行程序；在运行设置 Run Setup 屏中确认选择，可以指定温控模式或者在运行程序前是否设置一个热启动 Hot Start 步骤。

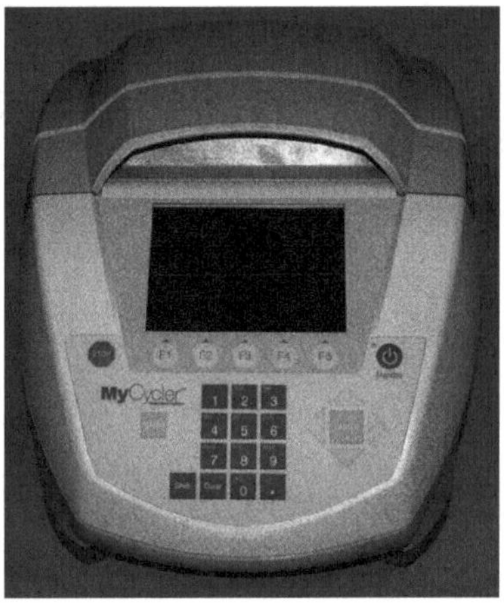

图 1-8 PCR 仪

3. 创建一个新的程序 在主屏幕 Home Screen 状态下，按 F2-Create 键，可以显示菜单中已有的程序模板；选择一个预编好的模板程序来修改，或者在选项中选择 Custom 选项，按 Enter 回车键；可以通过使用方向键和数字键来编辑修改程序，如果要添加或删除 Step 或 Cycle，按 F4-Add/Del 键，如果要做温度或时间的递增或递减，移动指示符到要调节的温度或时间上，按 F3-Option 键；完成修改后按 F5-Done 键，在选项栏中选择 Run Protocol 在不保存程序的情况下直接运行修改过的程序，或者在选项栏中选择 Save Protocol 或 Save Protocol as 在运行程序之前保存修改，程序修改被保存之后，可以在 Protocol Library 中选择并运行该程序。

4. 修改一个已存的程序 在主屏幕 Home Screen 状态下，按 F1-Protocol Library 键，可

以显示菜单中已存的程序;使用方向键选择所需要的程序,按 Enter 回车键;在选项中选择 Edit Protocol 修改程序,可以通过使用方向键和数字键来修改。

5. 设置 PCR 运行程序　一般包括 7 步。

(1) 预变性:温度可用 94~95℃;时间 2~10min,一般设为 5min。

(2) 循环:循环数一般为 25~35 个循环。循环数由模板起始浓度决定。

1) 变性:温度一般用 94℃;时间 30s~2min,一般 45s~1min。

2) 退火:温度由 T_m 决定,也可根据梯度 PCR 预实验结果选择;时间 30s~2min。

3) 延伸:温度 70~75℃,一般 72℃。<1kb,时间<1min;>1kb,每增加 1kb 加 1min。

(3) 最终延伸:温度 72℃;时间 5~15min。

(4) 保存:温度 10℃或 4℃;时间为∞。

注意设为 4℃运行时,PCR 仪是以最大功率运行,对仪器的损耗较大,应尽量避免使用。

6. 放入加好的 PCR 管

(1) PCR 管尽量先使用 PCR 仪的中央区域,一般 PCR 仪中央区域温度均一性较好。如果只使用中央区域,应在四个角上各放一个空管,以保持顶盖水平。

(2) PCR 管做好标记。最好直接记录各管在 PCR 仪上的位置:横向编号 A~L,纵向编号 1~8。要注意不要标记在顶盖上,要标记在不能接触金属的位置,标记在顶盖上长期使用会造成顶盖污损,会影响传热进而影响 PCR 反应。

(3) PCR 管放置时应注意统一 PCR 管盖子的放置方向,通常为斜 45°放置。以避免 PCR 管盖子相互挤压,使得部分 PCR 管无法接触 PCR 仪顶盖。

7. 按 F5-Begin Run 运行程序　检查热盖温度是否正确;设置反应体积 20~50μl;设置是否需要热启动。

8. 运行程序结束后,取出扩增管,关闭电源,冷却后关闭顶盖。

四、微量紫外分光光度计

微量紫外分光光度计主机和操作软件如图 1-9 和图 1-10 所示。

图 1-9　微量紫外分光光度计主机

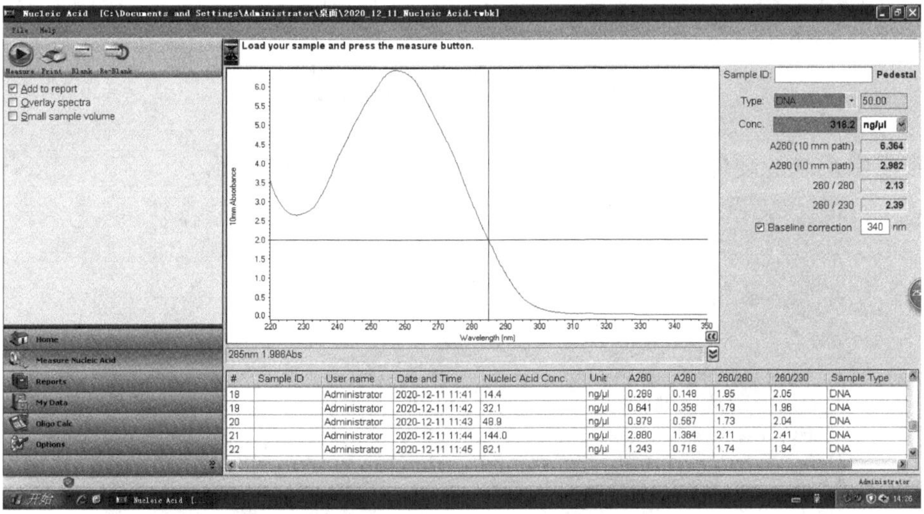

图 1-10　微量紫外分光光度计操作软件

(一) 操作步骤

1. 连接仪器电源和数据线,开启电脑。

2. 打开桌面上的微量紫外分光光度计操作软件。

3. 在功能选项窗口选择将要进行的测量类型,如 Nucleic Acid。

4. 仪器会运行自检,然后进入测量界面。

5. 在软件窗口右上方的 Type 下拉列表中选择样品的类型,DNA 为双链 DNA,ssDNA 为单链 DNA,能够直接准确测量的蛋白有 BSA、IgG 和 Lysozyme,知道样品的吸光值的话,也能准确测量,其他蛋白就用 1Abs = 1mg/ml 来代替。

6. 提起测量臂,用 2μl 的移液器加水到测量台上,然后轻轻放下测量臂,反复提起和放下,以达到清洗的目的,然后用滤纸擦拭干净测量台。

7. 重新加水到测量台上,放下测量臂后,执行预热操作:点击软件左上角的 Blank,进行空白测量,然后直接点击 Measure 10 次即可(第 5 次时会报错,此时只需将测量臂提起,再放下),用滤纸将液体能够接触到的地方擦拭干净。

8. 加 2μl 空白对照液加到测量台上,放下测量臂,点击 Blank,测量空白,然后擦拭干净。

9. 加 2μl 待测样品到测量台上,放下测量臂,点击 Measure,即可测出样品的浓度或吸光值。

10. 用滤纸擦拭干净后,加下一个样品到测量台上,继续测量。

11. 所有样品测量完之后,进行清洗操作:核酸样品直接用水清洗即可,蛋白样品先用其空白对照液清洗,再用水清洗。

(二) 注意事项

1. 测量样品时,如果要检测仪器的重复性,应当将第一次测量后的样品擦拭干净,再重新加相同的样品,重新测量,建议同一滴样品不要重复测量。

2. 如果测完蛋白样品之后没有及时清洁，可使用新配制的 0.5% 次氯酸钠溶液清洗。

五、凝胶成像系统

凝胶成像系统的硬件系统和分析软件如图 1-11 和图 1-12 所示。

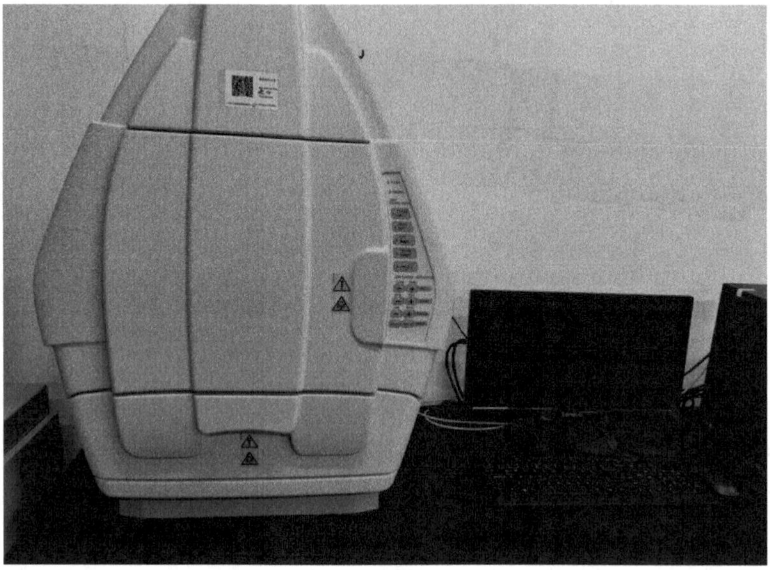

图 1-11　凝胶成像系统的硬件系统

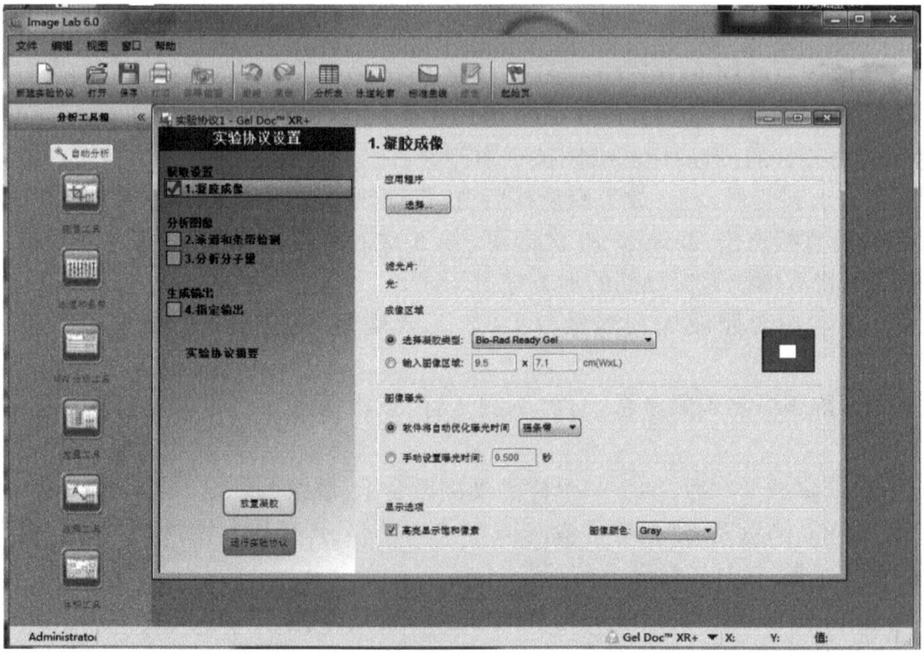

图 1-12　凝胶成像系统的分析软件

（一）操作步骤（图像采集）

1. 打开成像仪器电源，将样品放入紫外透射仪中。
2. 双击桌面上图标，打开 Image Lab 软件。
3. 单击“新建实验协议”或者已保存的实验协议。
4. 选择相应的应用程序，如“Ethidium Bromide”。设置成像区域及曝光时间等。
5. 点击“放置凝胶”，并选择相应的滤光片。
6. 通过“照相机缩放”将图像调至合适大小。
7. 点击“运行实验协议”，系统将根据输入的曝光时间进行成像。
8. 成像结束后，可通过图像工具对结果进行分析处理并保存。
9. 仪器使用完后，请及时关闭电源，特别是 ChemiDox XRS 的电荷耦合器件（charge-coupled device，CCD）电源。

（二）注意事项

1. 污染的手套不得接触电脑和主机外表面。
2. 请勿将潮湿样品长期放在暗箱内，以防腐蚀滤光片，更不要将液体溅到暗箱底板上，以免烧坏主板。
3. 使用后将平台擦干净，以防有水损坏 CCD。
4. 切胶时在平台上垫上保鲜膜，以防划损平台。
5. 只有在进行化学发光实验时才需要提前打开冷 CCD 预热 30min 再使用，其他操作无需预热。
6. 请勿使用控制成像仪的电脑上网，也不要自行重装电脑操作系统或给操作系统升级。
7. 及时取走自己的物品，注意用电安全，保持实验室清洁，不浪费。
8. 仪器不正常时，及时上报，不得自行处理。

（三）Image Lab 软件

利用 Image Lab 软件我们可进行条带分子量测定，条带的绝对或相对定量。

六、其他常规仪器的使用

（一）恒温箱

恒温箱是实验室常用加热设备之一。按最高使用温度分为干燥箱（又称烘箱、烤箱）和保温箱（又称培养箱）两类。干燥箱最高温度 300℃，用以烘干样品、药品、容器等的水分，灭菌及零配件的热处理等，功率 1000~4000W。保温箱最高使用温度 60℃，用以培养、孵化等，功率 500W。

按特殊用途恒温箱又可分为真空干燥箱、隔水式恒温箱、鼓风干燥箱、防爆干燥箱等。

恒温箱一般由箱体、发热体（镍铬电热丝）、测温仪或温度计、控温机构、信号系统等组成，特殊用途的恒温箱还有水箱、鼓风马达、防爆装置等。进气孔一般在箱底部，排气孔在顶部。外壳为铁皮或木质箱体,内为保温箱,常用石棉板、玻璃纤维或珍珠岩等做绝热材料。电热丝装在底层,单根或多根并联,分主加热丝和辅加热丝,有的在侧壁也装有电热丝。箱外涂烤漆,箱体内壁涂耐高温银粉防腐。

使用方法:

(1) 使用前做好内、外检查,箱内如有他人存物,取出放好。试验开关、调温手柄等是否灵活好用。打开风顶(排气孔),插好温度计。注意电源和铭牌上标称电压是否相符。箱壳要接好地线,以防漏电。

(2) 通电后指示灯亮,如加热指示红灯不亮应将调温旋钮顺时针方向转动至红灯发亮。恒温箱如有辅助加热丝及鼓风马达,应将它们的开关都打开。若时间充裕,可关掉主加热丝以延长其使用寿命。

(3) 当箱内温度(由温度计读出)接近所需温度时,关掉辅助加热丝,只在主加热丝继续加热,箱内温度即将达到所需的温度时,逆时针旋转调温旋钮使红灯刚灭,绿灯刚亮。待红绿灯自动交替明灭时,表示箱内温度已处在恒温状态。由温度计读数看是否为所需温度,如有偏差可稍调节调温旋钮。

(4) 当箱内温度稳定在所需要温度后放入待干燥或待培养(保温)样品。温度计指示最上层网架中心 2/3 面积的近似温度,所以样品尽量放在这个部位,其他层次和部位实际温度要偏高一些。

(5) 使用完毕,关掉各个开关,并把调温旋钮逆时针退回零位。

(6) 要等箱内温度不很高时才可打开箱门,以防骤然降温造成玻璃门破裂。

(7) 调温旋钮所指刻度并非箱内温度。每次恒温后可把恒温温度及旋钮所指刻度对应记录,以后使用时作为参考,可以节省时间。

(二) 电热恒温水浴(槽)

电热恒温水浴(槽)用于恒温,加热,消毒及蒸发等。常用的有 2 孔、4 孔、6 孔、8 孔水浴槽等。工作温度从室温以上至 100℃,恒温波动 0.5~1℃。

1. 使用方法

(1) 关闭水浴底部外侧的放水阀门,向水浴中注入蒸馏水至适当的深度。加蒸馏水是为了防止水浴槽体(铝板或铜板)被侵蚀。

(2) 将电源插头接在插座上,合上电闸。插座的粗孔必须安装接地线。

(3) 将调温旋钮沿顺时针方向旋转至适当温度位置。

(4) 打开电源开关,接通电源,红灯亮,表示电炉丝通电开始加热。

(5) 在恒温过程中,当温度升到所需的温度时,沿逆时针方向旋转调温旋钮至红灯熄灭,绿灯亮为止。此后,红绿灯就不断熄、亮,表示恒温控制发生作用。

(6) 调温旋钮度盘的数字并不表示恒温水浴内的温度。随时记录调温旋钮在度盘上的位置与恒温水浴内温度计指示的温度的关系,在多次使用的基础上,可以比较迅速地调节,得到需要控制的温度。

(7) 使用完毕,关闭电源开关,拉下电闸,拔下插头。

(8) 若较长时间不使用,应将调温旋钮退回零位,并打开放水阀门,放尽水浴槽内的全部存水。

2. 注意事项

(1) 水浴内的水位绝对不能低于电热管,否则电热管将被烧坏。

(2) 控制箱内部切勿受潮,以防漏电损坏。

(3) 初次使用时,应加入与所需温度相近的水后再通电,并防止水箱内无水时接通电源。

(4) 使用过程中应注意随时盖上水浴槽盖,防止水箱内水被蒸干。

(5) 调温旋钮刻度盘的刻度并不表示水温,实际水温应以温度计读数为准。

(三) 电子分析天平

电子分析天平结构紧凑,性能优良,最大载荷与感量视不同型号而定,自动计量,数字显示,操作简便。清除键可方便去皮,适于累计连续称量。电子分析天平是实验室常用的称量工具。

1. 使用方法

(1) 使用天平前,首先清洁称量盘,检查、调整天平的水平。

(2) 接通电源。当天平出现“OFF”时,自检结束。

(3) 单击 ON 键,天平显示自检。当天平回零时,显示屏上出现“0.0000”。如果空载时有读数,按一下清除键“-O/T-”回零。

(4) 称量:推开天平右侧门,将干燥的称量瓶或小烧杯轻轻放在称量盘中心,关上天平门,待显示平衡后按消除键扣除皮重并显示零点。然后推开天平门往容器中缓缓加入待称量物并观察显示屏,显示平衡后即可记录所称取试样的净重。

(5) 称量完毕,取下被称物。随手关闭天平,并做好天平内外的清洁工作。

(6) 如果称量后较长时间内不再使用天平,应拔下电源插头,盖好防尘罩。

2. 注意事项

(1) 被称量物的温度应与室温相同,不得称量过热或有挥发性的试剂,尽量消除引起天平示值变动的因素,如空气流动、温度波动、容器潮湿、振动及操作过猛等。

(2) 开、关天平的停动手钮,开、关侧门,放、取被称物等操作,其动作都要轻、缓,不可用力过猛。

(3) 调零点和读数时必须关闭两个侧门,并完全开启天平。

(4) 使用中如发现天平异常,应及时报告指导老师或实验工作人员,不得自行拆卸修理。

(四) pH 计

pH 计使用的关键是要正确选用和校对 pH 电极。过去是使用两个电极,即玻璃电极和参比电极(甘汞或银-氯化银电极),现在它们已淘汰,被两种电极合一的复合电极所代替。

玻璃电极对溶液中的氢离子浓度敏感,其头部为一薄玻璃泡,内装有 0.1mol/L HCl,上部由银-氯化银电极与铂金丝联结。当玻璃电极浸入样品溶液时,薄玻璃泡内外两侧的电位差取决于溶液的 pH,即玻璃电极的电极电位随样品溶液中氢离子浓度(活度)的变化而变化。

参比电极的功能是提供一个恒定的电位，作为测量玻璃电极薄玻璃泡内外两侧电位差的参照。常用的参比电极是甘汞电极（$Hg/HgCl_2$）或银-氯化银电极（Ag/AgCl）。参比电极电位是氯离子浓度的函数，因而电极内充以4mol/L KCl或饱和KCl，以保持恒定的氯离子浓度和恒定的电极电位。使用饱和KCl是为使电极内沉积有部分KCl结晶，以使KCl的饱和浓度不受温度和湿度的影响。

现在pH测定已都改用玻璃电极与参比电极合一的复合电极，即将它们共同组装在一根玻璃管或塑料管内，下端玻璃泡处有保护罩，使用十分方便，尤其是便于测定少量液体的pH。

测定pH时，玻璃电极和参比电极同时浸入溶液中，构成一个"全电池"。

以实验室常见的Sartorius PB-10 pH计为例简要介绍pH计的校准和测量。

1. 将电极浸入到缓冲溶液中，搅拌均匀，直到达到稳定。

2. 按Mode（转换）键，直至显示出所需要的pH测量方式。用此键可以在pH和mV模式之间进行切换。

3. 在进行一个新的两点或三点校准之前，要先将已经存储的校准点清除。使用Setup（设置）键和Enter（确认）键可清除已有缓冲液。

4. 按Setup键直至显示屏显示所需要的缓冲液组，按Enter键确认。

5. 将电极小心从电极储存液中取出，用去离子水充分冲洗电极，冲洗干净后用滤纸吸干表面水（注意不要擦拭电极）。

6. 将电极浸入第一种缓冲液（pH = 6.86），搅拌均匀，等到数值稳定并出现"S"时，按Standardize（校正）键，pH计识别出缓冲液并将闪烁显示缓冲液值，在达到稳定状态后，或通过按Enter（确认）键，第一校准点数值即已被存储，显示"6.86"和电极斜率。

7. 将电极从第一种缓冲液中取出，重复步骤5洗净电极后，将电极浸入第二种缓冲液（4.01），搅拌均匀，等到数值稳定并出现"S"时，按Standardize键，pH计识别出缓冲液并将闪烁显示缓冲液值，在达到稳定状态后，或通过按Enter（确认）键，第二校准点数值被存储，显示（4.01 6.86）和信息"% SlopeXX"。XX显示测量的电极斜率值，该测量值在90%～105%范围内可以接受。如果与理论值有更大偏差，将显示错误信息（Err），电极应清洗，并重复上述步骤重新校准。

8. 重复以上操作完成第三校准点（9.18）校准。

9. 测量：用去离子水充分冲洗电极，用滤纸吸干电极表面残留水分后将电极浸入待测溶液。待测溶液如果辅以磁力搅拌器搅拌，可使电极响应速度更快。测量过程中数值达到稳定出现"S"时，即可读取测量值。

10. 测量完毕后，用去离子水充分冲洗电极，滤纸吸干电极表面水分后浸于4mol/L KCl溶液中保存。

注意事项：

（1）经常检查电极内的4mol/L KCl溶液的液面，如液面过低则应补充4mol/L KCl溶液。

（2）玻璃泡极易破碎，使用时必须极为小心。

（3）复合电极长期不用，可浸泡在4mol/L KCl溶液中，平时可浸泡在无离子水或缓冲溶液中，使用时取出，冲洗玻璃泡部分，然后用滤纸吸干残留水分，将电极浸入待测溶液中，稍加搅拌,读数时电极应静止不动,以免数字跳动不稳定。

(4) 使用时复合电极的玻璃泡和半透膜小孔要浸入到溶液中。

(5) 使用前要用标准缓冲液校正电极,常用的三种标准缓冲液是 pH=4.01、pH=6.86 和 pH=9.18(20℃),精度为±0.002pH 单位。标准缓冲液不用时应冷藏。

(6) 电极的玻璃泡容易被污染。若测定浓蛋白质溶液的 pH 时,玻璃泡表面会覆盖一层蛋白质膜,不易洗净而干扰测定,此时可用 0.1mol/L HCl 的 1mg/ml 胃蛋白酶溶液浸泡过夜。若被油脂污染,可用丙酮浸泡。若电极保存时间过长,校正数值不准时,可将电极放入 2mol/L KCl 溶液中,40℃加热 1 小时以上,进行电极活化。

pH 测定时会有几方面的误差:

(1) 钠离子的干扰:多数复合电极对 Na^+ 和 H^+ 都非常敏感,尤其是高 pH 的碱性溶液,Na^+ 的干扰更加明显。例如,当 Na^+ 浓度为 0.1mol/L 时,可使 pH 偏低 0.4~0.5。为减少 Na^+ 对 pH 测定的干扰,每个复合电极都应附有一条校正 Na^+ 干扰的标准曲线,有的新式的复合电极具有 Na^+ 不透过性能,如无以上两个条件,则可以将电极内的 KCl 换成 NaCl。

(2) 浓度效应:溶液的 pH 与溶液中缓冲离子浓度和其他盐离子浓度有关,因为溶液 pH 取决于溶液中的离子活度而不是浓度,只有在很稀的溶液中,离子的活度才与其浓度相等。生化实验中经常配制比使用浓度高十倍的储液,使用时再稀释到所需浓度,由于浓度变化很大,溶液 pH 会有变化,因而稀释后仍需对其 pH 进行调整。

(3) 温度效应:有的缓冲液的 pH 受温度影响很大,如 Tris 缓冲液,因而配制和使用都要在同一温度下进行。

(五) 高压蒸汽灭菌锅

以上海申安 LDZX 型立式压力蒸汽灭菌器为例简要介绍高压蒸汽灭菌锅的操作使用方法。

1. 开盖　提示:开盖前必须确认压力表指针归零,锅内无压力。向左转动手轮数圈,直至转动到顶,使锅盖充分提起,拉起左立柱上的保险销,向右推开横梁移开锅盖。

2. 通电　接通与本器标牌一致的电源,将控制面板上的电源开关按至 ON 处,此时欠压蜂鸣器响,显示本机锅内无压力(当锅内压力升至约 0.03MPa 时蜂鸣器自动关闭),控制面板上的低水位灯亮,蒸发锅内属断水状态,显示电源已正常输入本机。

3. 加水　开启锅盖后,将纯水直接注入蒸发锅内约 8L,同时观察控制面板上的水位灯,当加水至低水位灯灭,应继续加水至高水位灯亮时停止加水(每次使用前均需补足上述水位)。当加水过多发现内胆中有存水时,应开启下排气阀放去内胆中的多余水量。

4. 堆放　将包扎的灭菌物品(体积一般不要超过 200mm×200mm×100mm 为宜),各包之间留有间隙,依次堆放在灭菌筐内,这样有利于蒸汽的穿透,提高灭菌效果。堆放灭菌包时应注意安全阀放气孔位置必须留出空隙,保障其畅通放气,否则因安全阀气孔堵塞未能泄压,易造成锅体爆裂事故。

5. 密封　把横梁推向左立柱内,横梁必须全部推入立柱槽内,手动保险销自动下落锁住横梁。并将手轮向右旋转,使锅盖向下压紧锅体,加力使之充分密合。

6. 设定温度与时间　通电后控制面板上的数显窗灯亮,上层数显是阅读温度、工作显示,下层数显是设定温度时间的设定数显示,温度有效可调范围 50~126℃,当超出范围,将由安全阀控制灭菌室内的泄压及恒温。时间可调范围 0～99 小时(实际有效时间将根据蒸发锅内水位高低而定),时间运行采用倒计时形式,当灭菌桶内达到所设定的温度,计时器才开始倒计时。通过按动确认键、增加键、减少键、移位键等设定温度和时间。

7. 灭菌　当所需温度、时间设定完毕,本器即进入自动灭菌循环程序,控制面板上的加热灯亮,显示灭菌室内正在正常加热升温升压。随着不断地升温,当灭菌室内达到所设定温度时,加热灯灭,显示正在保温状态,同时自动控制系统开始进行灭菌倒计时,并在控制面板上的设定窗内正在显示出所需灭菌的时间。灭菌完成,自动控制装置将自动关闭加热系统并伴有报警提醒;保温时间自动切换成 End 显示,此时,应将控制面板上电源开关按至 OFF;关闭电源。待压力表指针回落零位后,开启安全阀或排气总阀,放净灭菌室内余气。

8. 启盖　压力表指针归零后向左转动手轮数圈,直至转动到顶,使锅盖充分提起,拉起左立柱上的保险销,向右推开横梁移开锅盖,取出灭菌物品。

注意事项:

(1) 设备使用前必须将压力容器随机文件向当地产品质量监督检查机构登记备案。设备的操作者必须是经过专业培训、熟悉压力容器操作要领并严格按说明书要求操作,否则会引起误操作发生意外伤人或事故,设备工作过程中,应有专业人员看管,否则会发生意外。

(2) 本器应尽量用纯水,以防产生水垢。

(3) 堆放灭菌物品时,严禁堵塞安全阀和排气阀的出气孔,必须留出空位保证其空气畅通,否则安全阀和排气阀因出气孔堵塞不能工作,造成事故。

(4) 灭菌液体时,应将液体灌装在耐热玻璃瓶中,以不超过 3/4 体积为好,瓶口选用棉花纱塞,切勿使用未打孔的橡胶或软木塞。

特别注意:在灭菌液体结束时,不准立即释放蒸汽,必须待压力表指针回零位方可排放余气。

(5) 灭菌终了时,若压力表指针已回复零位,而盖不易开启时,则可将排气阀旋转至排气方位。使外界空气进入灭菌器内,真空消除后,盖即可开启。

(6) 平时应将设备保持清洁和干燥,方可延长使用年限,橡胶密封圈使用日久会老化,应定期更换。

(舒朝忠)

第5章　实验室规则及安全防护

一、实验室规则

1. 每个同学都应该自觉遵守课堂纪律，维护课堂秩序，不迟到，不早退，不大声谈笑。

2. 实验前认真预习实验内容，熟悉本次实验的目的、基本原理、操作步骤，懂得每一步操作的意义和了解所用仪器的使用方法，否则不能开始实验。

3. 实验时要听从指导老师的指导，严格认真地按规程进行实验，并注意与同组同学的配合。未经许可，不得乱动实验装置、仪器以及电气设备等。

4. 实验数据和现象应随时记录在专用的实验记录本上。实验结束时，实验记录必须送指导老师审阅后方可离开实验室；实验报告应该当堂完成或在下次实验开始前交给指导老师。

5. 保持台面、地面、水槽内及室内整洁。精心爱护各种仪器，要随时保持仪器的清洁。如发生故障，应立即停止使用并报告指导老师。完成实验后应将器材洗净，把器材、药品归放回原处，试管倒置于试管架中并排列整齐。按规定处理好废物、废液，做好清洁卫生。器材、仪器如有损坏须立即报告指导老师。

6. 按需要量取药品及蒸馏水等各种物品，注意节约。

7. 公用仪器、药品用后放回原处。多取的药品不得重新倒入原试剂瓶内。公用试剂瓶的瓶塞要随开随盖，不得混淆，更不能互相污染。严禁用口吸或用皮肤接触有毒药品与试剂。

8. 需交指导老师保存的样品、药品及其他物品都应加盖，并标注自己的姓名、班级、日期及内容物。

9. 一般的废液体可倒入水槽内，同时放水冲走。含强酸、碱及有毒废液应倒入废液缸。废纸屑及其他固体废物和带渣滓的废物倒入废品篓或废品缸中，不能倒入水槽或到处乱扔。书包及实验不需之物品放在规定处。

10. 实验室内严禁吸烟！不得将含易燃溶剂的溶液接近火。对电炉等火源，严格做到：火在人在，人走火灭。乙醇、丙酮、乙醚等易燃品不能直接加热，并要远离火源操作和放置。实验完毕，应立即拔去电炉插头和关好水龙头，拉下电闸。漏电的设备一律不得使用。离开实验室前应该检查水、电、窗等是否关好。

11. 实验室内一切物品，未经教师批准，严禁带出室外。

12. 每次实验课由班长或课代表负责安排值日生。值日生的职责是负责当天实验室的卫生、安全和其他服务性工作。

13. 不应将食品和饮料带入实验室，更不能在实验室吃零食。

二、实验室安全防护

实验室是学校教学的重要科学基地，储备有贵重的仪器和化学危险药品等。为防止损失和产生事故，必须做好防盗、防火、防水、防毒和安全用电等工作。

（一）防盗

1. 加强防卫，经常检查，堵塞漏洞。
2. 非工作人员不得进入仪器室，室内无人时随即关好门窗。
3. 仪器室内不会客、不住宿，未经领导同意，谢绝参观。
4. 发生盗窃案件时，保护好现场，及时向领导、治安部门报告。

（二）防火、防爆

1. 严禁在仪器室内生火取暖。
2. 易燃、易爆的化学药品要妥善分开保管，应按药品的性能，分别做好贮藏工作，注意安全。
3. 做化学实验时要严格按照操作规程进行，谨防失火、爆炸等事故发生。

（三）防水

1. 实验室的上、下水道必须保持通畅。
2. 冬季做好水管的保暖和防控工作，要防止水管受冻爆裂酿成水患。

（四）防毒

1. 实验室必须做好防毒工作，有毒物质应妥善保管和贮藏，实验后的有毒残液要妥善处理。
2. 凡易燃、易毒、腐蚀剂等危险性药品要设专柜单独存放。要定期检查，严格管理，做到双人管理、双人收发、双人领取、双人记账、双人把锁。
3. 实验中严格遵守操作规程，制作有毒气体要在通风橱内进行，保持实验室内通风良好。
4. 实验室备有废液缸，实验室附近有废液处理池，防止有毒物质随意排放。

（五）安全用电

1. 实验室电路及用电设施要定期检修，保证安全，决不“带病”工作。
2. 如有电器失火，应立即切断电源，用沙子或灭火器扑灭。在未切断电源前，切忌用水或泡沫灭火器灭火。
3. 遇有人身触电事故，应立即切断电源，及时进入人工呼吸，急送医院救治。

（舒朝忠）

第6章 如何撰写实验报告

实验报告是做完每个实验后的总结。通过汇报本人的实验过程与结果，分析总结实验的经验和问题，加深对有关理论和技术的理解与掌握，同时也是学习撰写研究论文的过程。

一、实验报告基本格式

实验名称　　　　班级　　　　姓名　　　　日期　　　　页数

（一）实验目的

应用简洁的语言归纳和陈述实验的具体目的，如学会哪些操作，完成哪些训练，掌握哪些知识等。

（二）实验原理

简明扼要地概括出实验的原理，涉及化学反应，最好用化学反应式表示。

（三）实验材料与仪器

应列出所用的试剂和主要仪器。特殊的仪器要画出简图并有合适的图解，说明化学试剂时要避免使用未被普遍的商品名或俗名。

（四）实验步骤

实验步骤的描述要简洁，不要照抄实验指导书或实验讲义，但要写得明白，以便他人能够重复。

（五）结果与分析

实验结果是实验中所观察到的现象或测得的原始数据和图表。分析是以结果为基础的逻辑推论即为何会产生这些现象或者利用这些数据怎样计算出最后的浓度等等内容。这是实验报告中的重点内容。

（六）实验结论

实验结论是通过分析、计算实验结果而推导出的判断。

（七）实验讨论

讨论不应是实验结果的重述。如结果出现差异或实验结果不理想的原因分析。另外，实验讨论中，也可以提出自己的独特观点和分析。

二、实验报告中的图表

实验报告中，除了文字外，还可以使用图表的形式来描述实验结果。规范、美观的图表对于准确反映实验结果和结论十分重要。

1. 制图　柱状图、饼状图、折线图、散点图等常用于实验报告或科研论文中描述结果。这些图形可以形象、直观、简洁地表达丰富的结果并突出重点。例如，双缩脲法测定蛋白质含量的标准曲线，如图 1-13 所示。

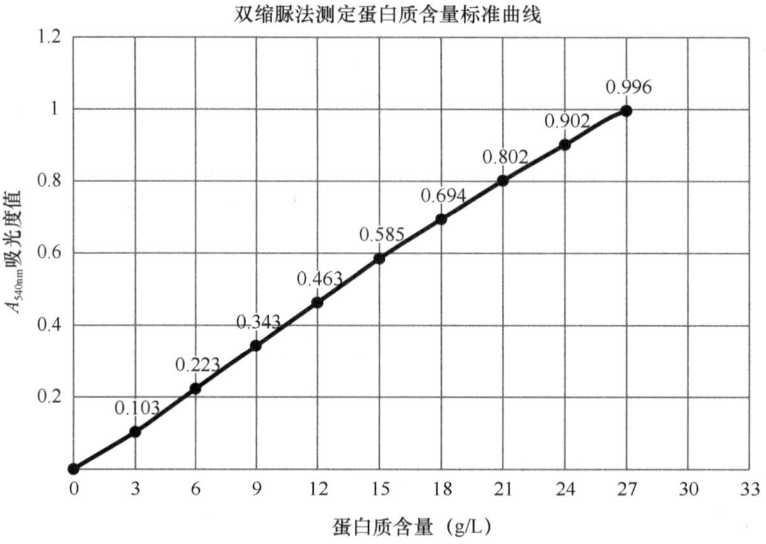

图 1-13　双缩脲法测定蛋白质含量标准曲线图

除常用的 Excel 外，常见的绘图工具还有 Graphpad Prism、SPSS、Origin、SAS 等。

2. 表格　表格是实验报告或论文中常用的一种表达方式，便于阅读、分析和比较隶属或对比关系，能够取代烦琐的文字叙述。表格的文字内容要求精炼、清楚。表格中的数据必须是来自实验的准确、客观的记录。一般来说，表格由表题、项目、数据、线条、表注等组成。科学研究中常用表格的规范格式为三线表，即表格中有顶线、项目线和底线，但没有竖线和斜线。三线表的绘制可使用 Word 完成。绘制时，可先制作一个普通表格，然后右键点击表格，选择“边框和底纹”，隐去不需要的线条，如表 1-3 所示。

表 1-3　三线表绘制示例表　（单位：ml）

	空白 B	标准 S1	标准 S2	标准 S3	标准 S4	标准 S5	测定 U
生理盐水	1.0	0.8	0.6	0.4	0.2	—	—
10g/L 蛋白标准液	—	0.2	0.4	0.6	0.8	1.0	—
待测样品	—	—	—	—	—	—	1.0
双缩脲试剂	5.0	5.0	5.0	5.0	5.0	5.0	5.0

三、书写实验报告的注意事项

1. 为了能重复以前的某些实验结果，或此次的结果能在今后再现，因此应记录实际观察到的实验现象而不是照抄实验指导书所列应观察到的实验结果，并记录实验现象的所有细节。如只报告一个特殊实验中生成一种黄色沉淀是不够的。沉淀的真实颜色是什么，亮黄、橘黄或其他？沉淀是多是少，是胶状还是颗粒状？什么时候形成沉淀，立即生成、缓慢生成、热时生成还是冷却时生成？所有这些都是显而易见的，但常常被忽视。报告在实验中的真实发现对学生将是非常重要的科学研究训练。在科学研究中，仔细观察，特别注意未预期的实验现象是十分重要的，这些观察常常引起意外的发现，而且为了重复工作也需要准确的实验报告。在实验报告中只写“处死大鼠并取肝”是十分不合适的，必须给出鼠的品种、性别、年龄和体重。鼠是饥饿的还是饱食的，它是否用某种方式处理过？是如何处死它的？在评价实验结果时，上述各种因素都可能十分重要，因此必须记录。

2. 讨论不应是实验结果的重述，而是以结果为基础的逻辑推论。如对定性实验，在分析实验结果基础上应有一简短而中肯的结论。讨论部分还可以包括关于实验方法(或操作技术)和有关实验的一些问题，如实验异常结果的分析，对于实验设计的认识、体会和建议，对实验课的改进意见等。

(刘先俊)

第二篇

经典验证性实验

第1章 蛋白质定量实验

蛋白质是生命活动中的重要生物大分子,是遗传信息的执行者,人类几乎所有疾病都与蛋白质有关系。蛋白质定量分析不仅可以帮助我们测定样品中蛋白质含量,在广泛的蛋白质研究领域发挥着重要作用,此外,它还可以辅助人类诊断疾病。因此,学习蛋白质定量分析实验十分必要。

蛋白质是由许多氨基酸通过肽键连接构成的生物大分子,氨基酸、肽键、蛋白质的组成特点和一些理化性质是蛋白质定量分析的基础,赋予了多种特有的蛋白质定量测定方法。样品中蛋白质种类很多,要测定某类或某种蛋白质的含量,需要依据该蛋白质特有的理化性质和生物学活性才能实现,本章仅介绍样品总蛋白定量测定方法。一般利用以下 4 种蛋白质的结构或性质对样品中总蛋白质含量进行定量测定:①重复的肽键结构,如双缩脲法、BCA 法;②芳香族氨基酸的特殊性质,如酚试剂法和紫外分光光度法;③与色素的结合能力,如考马斯亮蓝法;④沉淀后借浊度或光折射测定,如比浊法、折光测定法等。目前常用的总蛋白定量测定方法有双缩脲法、酚试剂法、紫外分光光度法、考马斯亮蓝法及 BCA 法等,早期还有凯氏定氮法。这些方法的特点见表 2-1。在蛋白质定量测定实验中,可以根据测定的目的、样品含蛋白质的数量、实验室的条件等参数选择不同的方法。

各种测定蛋白质含量的方法依据的基本原理不同,本章主要介绍双缩脲法、酚试剂法、紫外分光光度法和 BCA 法,经典凯氏定氮法仅在此简单介绍。凯氏定氮法依据蛋白质元素组成特点含氮且平均含量 16%,通过在高温浓酸条件下消化蛋白质,使其所含氮转变成铵盐,再用碱使铵盐转化成氨,经蒸馏分离出来,最后用酸滴定(或钠氏试剂)测定氮的含量,按每克氮相当于 6.25g 蛋白质计算出蛋白质含量。凯氏定氮法古老而准确,曾经是蛋白质定量测定的参考方法。尤其在以往,由于缺乏经济且易得的蛋白质纯品,该方法常用来标定某一蛋白质的浓度,在蛋白定量测定中发挥了重要作用。但该方法存在操作繁杂、不容易重复且不少蛋白质的含氮量并非 16% 等不足,目前基本仅用于蛋白质营养价值的分析。

表 2-1 蛋白质定量测定方法及其比较

方法	基本原理	灵敏度(g/L)	干扰程度和主要干扰物	蛋白质种类造成误差	快速性复杂性
凯氏定氮法(Kjedahl 法)	蛋白质含氮量平均为 16%,测定含氮量可估算出物质中总蛋白含量	0.2~1.0	低,非蛋白质氮	小	慢 复杂
双缩脲法(Biuret 法)	多肽链与碱性酮离子生成紫红色复合物	1~20	中等,硫酸铵,Tris 缓冲液,某些氨基酸	小	快速 简易
Folin-酚试剂法(Lowry 法)	磷钼酸-磷钨酸被酪氨酸和苯丙氨酸还原生成蓝色复合物	0.001~0.005	严重,糖、醇、酚、钾、EDTA 等	大	较快 较简易
紫外分光光度法(UV 法)	蛋白质分子中酪氨酸和色氨酸残基在 280nm 有光吸收	0.01~0.1	较严重,各种嘌呤、嘧啶、核苷酸	大	快速 简易
BCA 法(bicinchoninic acid 法)	在碱性条件下,BCA 与蛋白质结合,将 Cu^{2+} 还原为 Cu^{+}	0.02~0.2 0.0005~0.01(微量法)	低,抗干扰能力较强	小	快速 简易

实验一 双缩脲法测定血清蛋白质含量

【实验目的】

1. 掌握双缩脲法测定蛋白质的原理。
2. 学习掌握分光光度计的使用。

【实验原理】

双缩脲($NH_2CONHCONH_2$)是两分子脲(尿素)经 180℃左右加热,放出一个分子氨后得到的产物。在强碱性溶液中,双缩脲与 $CuSO_4$ 中的 Cu^{2+} 反应形成复杂的紫红色络合物,称为双缩脲反应(biuret reaction),反应产物在波长 540nm 处有最大光吸收。蛋白质分子中含有许多与双缩脲结构相似的肽键,能发生强烈的双缩脲反应,且在一定浓度范围内紫红色颜色的深浅与蛋白质含量成正比,因此可以用光吸收法测定样品中总蛋白质的含量。

双缩脲法是测定蛋白质浓度的常用方法之一,其的优点是操作简便、迅速,既适于手工操作,也便于自动化分析,已被推荐为临床上血清总蛋白测定参考方法和农业行业标准中乳与乳制品总蛋白测定方法。本方法灵敏度较差,需要样本蛋白质含量达到 1~20mg 水平才能检测,因此,不适用于脑脊液及尿液蛋白等微量蛋白的定量检测。本方法特异性也不高,除含—CONH—的化合物具有此反应外,凡是含—$CONH_2$、—CH_2NH_2、—CS—NH_2 等基团的化合物也能进行双缩脲反应。

【实验材料与仪器】

1. 仪器和材料

(1) 722 型分光光度计。

（2）玻璃仪器：试管 13 支，1ml 刻度吸管 3 支，10ml 刻度吸管 1 支（或移液器一个）。

（3）坐标纸。

2. 试剂

（1）6mol/L NaOH：称取 240g 氢氧化钠溶于 1000ml 蒸馏水中。

（2）双缩脲试剂：称取 $CuSO_4 \cdot 5H_2O$ 2.5g，酒石酸钾钠 10.0g 和碘化钾 5.0g，分别溶解后混匀，加 5mol/L NaOH 100ml，最后加蒸馏水至 1000ml，储于棕色瓶中，避光保存（有暗红色沉淀不能使用）。

（3）9g/L NaCl 溶液。

（4）蛋白质标准液（10g/L）：称取牛血清白蛋白 100.0mg，以少量 9g/L NaCl 溶液溶解后倒入 10ml 容量瓶中，淋洗称量瓶数次，一并倒入容量瓶中，最后用 9g/L NaCl 溶液加至刻度。

（5）待测血清样本：将人血清或动物血清用 9g/L NaCl 溶液稀释 10 倍，即可用于测定。

【实验步骤】

1. 取试管 13 支，编号（除空白管只做 1 管外，其他各号测定管均重复做两管），按表 2-2 操作并记录：

表 2-2 双缩脲法测定血清蛋白质含量

试剂（ml）	空白管	标准管					测定管
		1×2	2×2	3×2	4×2	5×2	×2
蛋白质标准液（1ml=10mg）	—	0.2	0.4	0.6	0.8	1.0	—
待测血清样本	—	—	—	—	—	—	1.0
9g/L NaCl 溶液	1.0	0.8	0.6	0.4	0.2	—	—
双缩脲试剂	4.0	4.0	4.0	4.0	4.0	4.0	4.0
光吸收值（λ=540nm）							

混匀各管，室温放置 30min。以空白管调零，在波长 540nm 比色，读取各管光吸收值，并记录。

2. 标准曲线法测定样本蛋白质含量　在坐标纸上以各管蛋白质浓度为横坐标，光吸收值（两管平均值）为纵坐标，绘制标准曲线，也可使用相关标准曲线绘制软件作图。

以测定管的吸收值在标准曲线中查出该待测血清样本的蛋白质浓度，再根据稀释倍数计算血清总蛋白浓度。

3. 标准对照法（比较法或对比法）测定样品蛋白质含量　从标准管中选择一管与测定管光吸收值接近者，按光吸收法计算公式计算出该血清样本的蛋白质浓度（g/L）。

【注意事项】

1. 本实验是定量实验，要求所有玻璃仪器洁净、干燥，蛋白质标准液和血清取量必须准确。

2. 血清稀释的倍数应使蛋白质含量在标准曲线线性范围内。
3. 明显的溶血标本干扰双缩脲反应，不宜使用。
4. 避免加入过量的硫酸铜，否则易生成蓝色的氢氧化铜，掩盖生成的紫红色。
5. 各管加样后必须充分混匀。显色后放置 4h 内光吸收值稳定。

【思考题】

1. 为什么双缩脲法可以定量测定蛋白质的含量？
2. 为什么标准曲线法与标准对照法测定的蛋白质数值有差异？
3. 绘制标准曲线时应该注意什么？为什么必须是直线，且横、纵轴不能有截距？

（邓小燕　单琳琳）

实验二　Folin-酚试剂法测定蛋白质含量

【实验目的】

1. 掌握 Folin-酚试剂法测定蛋白质的基本原理。
2. 掌握分光光度计的使用。

【实验原理】

在碱性条件下，蛋白质的肽键能与 Cu^{2+} 螯合形成蛋白质-铜复合物，此复合物使酚试剂中磷钼酸和磷钨酸还原，产生蓝色化合物，在一定条件下，蓝色深浅与蛋白质浓度成正比，故可在 650nm 进行比色测定。

本方法是一种改良 Folin-酚试剂法，也称为 Lowry 法。酚试剂法是 1921 年 Folin 首创，后经吴宪等多次改良，1951 年成为广泛应用的 Lowry 法，再经 Hartree 改良而成，是测定蛋白质浓度的常用方法之一。该方法的优点在于操作简便快捷，且灵敏度较高，能够检测到低至微克每毫升（μg/ml）水平的蛋白质，相比双缩脲法，其灵敏度大约高出 100 倍，因此适用于脑脊液等蛋白质含量较少的样品测定。该方法的缺点也较为明显。首先，酚试剂的配制过程相对烦琐，增加了实验操作难度。其次，该方法特异性不高，受蛋白质中酪氨酸含量的影响较大。此外，该方法还容易受到多种因素的干扰，包括含—SH 的化合物、糖类、酚类等还原物质，以及 Tris 等缓冲液，这些干扰因素限制了其在临床上的广泛应用。值得注意的是，蛋白质中的酪氨酸和色氨酸也能促使磷酸和钨酸还原成多种蓝色的混合酸（相比之下，半胱氨酸和组氨酸的作用较弱），且这一反应的最大吸收峰位于 745～750nm 波长范围内。

【实验材料与仪器】

1. 器材

（1）722 型分光光度计。

（2）恒温水浴箱。

（3）玻璃仪器：试管 13 支；1.0ml 刻度吸管 3 支；0.5ml 刻度吸管 1 支；5.0ml 刻度吸管 1 支（或移液器一个）。

2. 试剂

（1）碱性铜溶液

甲液：称取碳酸钠（Na_2CO_3）2g 溶于 1mol/L 氢氧化钠溶液 100ml 中。

乙液：称取硫酸铜（$CuSO_4 \cdot 5H_2O$）1g 溶于 10ml 蒸馏水中，再称取酒石酸钾钠 2g 溶于 80ml 蒸馏水中，再加蒸馏水至 100ml。

使用前取甲液 50ml 和乙液 1ml 混合，即为碱性铜溶液。该试剂必须临用前配制（只能用 1 天，过期失效）。

（2）酚试剂

1）市售酚试剂在使用前用 NaOH 滴定，以酚酞为指示剂，根据试剂酸度将其稀释，使最后酸度为 1mol/L。

2）自配酚试剂

酚试剂储备液：称取 $Na_2WO_4 \cdot 2H_2O$ 100g，$Na_2MoO_3 \cdot 2H_2O$ 25g，溶于 700ml 蒸馏水中，再加 850g/L H_3PO_4 50ml，浓 HCl 100ml。将以上物质混合后，置 1000ml 圆底烧瓶中温和回流 10h，冷却后加 $Li_2SO_4 \cdot H_2O$ 150g，水 50ml，溴水数滴，摇匀，继续沸腾 15min 除去剩余的溴。冷却后稀释至 1000ml，过滤。溶液应呈黄色或金黄色（带绿色不能用），置于棕色瓶中保存。

酚试剂应用液：酚试剂储备液使用前用标准 NaOH 滴定，以酚酞为指示剂，而后加水稀释约 1 倍，使最后酸度相当于 1mol/L HCl 溶液。

（3）标准蛋白质溶液：用蒸馏水将牛血清白蛋白（可经凯氏定氮法确定其蛋白质纯度）配制成 0.3g/L 的蛋白质溶液。

（4）待测样品：准确取血清 0.1ml，置于 50ml 容量瓶中，再加 9g/L NaCl 溶液至刻度，充分混匀即成。

【实验步骤】

1. 取试管 13 支，编号（除空白管只做一管外，标准管和测定管均重复做两管），按表 2-3 操作并记录：

表 2-3 Folin-酚试剂法测定蛋白质含量

试剂（ml）	空白管	标准管					测定管
		1×2	2×2	3×2	4×2	5×2	×2
蛋白质标准液	—	0.2	0.4	0.6	0.8	1.0	—
蒸馏水	1.0	0.8	0.6	0.4	0.2	—	—
待测样品	—	—	—	—	—	—	1.0
碱性铜溶液	5.0	5.0	5.0	5.0	5.0	5.0	5.0
混匀，置于 20～25℃水浴保温 10min							
酚试剂	0.5	0.5	0.5	0.5	0.5	0.5	0.5
光吸收值（λ=650nm）							

立即混匀，在 20～25℃水浴保温 30min，在波长 650nm 比色，测定光吸收值。

2. 绘制标准曲线：以蛋白质浓度为横坐标，光吸收值为纵坐标绘制标准曲线。

3. 用测定管光吸收值在标准曲线上查找相应的蛋白质浓度，再根据稀释倍数计算出待测血清中蛋白质浓度(g/L)。

4. 从标准管中选择一管光吸收值与测定管接近者，用计算方法求出待测血清中蛋白质浓度(g/L)。

【注意事项】

1. 按操作表顺序添加试剂，蛋白质浓度应在 0.015～0.110g/L 范围。

2. 酚试剂在酸性条件下稳定，碱性条件下(碱性铜溶液)易被破坏，因此加酚试剂后要加一管立即混匀一管，使酚试剂(磷钼酸)在破坏前即被还原。

3. 本方法测定原理主要利用还原反应，故大部分具有还原性的物质均有干扰作用，操作时必须注意。

【思考题】

1. 试比较酚试剂法与双缩脲法测定蛋白质的原理、灵敏度、特异性。

2. 为什么加酚试剂后必须马上混匀?

(邓小燕)

实验三 紫外分光光度法测定蛋白质含量

【实验目的】

1. 掌握紫外分光光度法测定蛋白质含量的基本原理。

2. 学习紫外分光光度计的使用。

【实验原理】

蛋白质分子中酪氨酸、色氨酸、苯丙氨酸等芳香族氨基酸含有共轭双键，赋予蛋白质具有紫外吸收的特性，其吸收峰值在波长 280nm，且吸收值大小与蛋白质含量成正比，可用于蛋白质定性、定量。由于各种蛋白质含的芳香族氨基酸数量不同，要用本方法对蛋白质进行准确定量，必须有待测蛋白质的纯品作为标准，或用已知其消光系数作为参考，或仅检测与标准蛋白质氨基酸组成相似的蛋白质。

本法操作简便、快速、灵敏，且不消耗样品，蛋白质定量后样品可以再做别的分析，多用于纯化蛋白质的微量测定。$(NH_4)_2SO_4$ 等低浓度盐和大多数缓冲液不干扰测定。该方法特别适用于柱层析洗脱液的快速连续检测，因为此时只需测定蛋白质浓度的变化，而不需知道其绝对值。该方法的主要缺点是准确度较差，当待测的蛋白质与标准蛋白质中的酪氨酸和色氨酸含量差异较大时，则会产生一定误差；其次，当样品混有嘌呤、嘧啶，尤其是核酸等具有紫外光吸收的物质时，会出现较大的干扰。核酸的最大吸收峰在 260nm，通过分别测定 280nm 和 260nm 两处的光吸收值，再按经验公式校正，推算出蛋白质相对准确的含量，可减少核酸的影响。核酸的干扰还可以通过查校正表，再计算的方式加以适当校正。但是因为不同蛋白质和核酸的紫外吸收不相同，虽然经过校正，测定的结果还是存在一定的误差。另外,尿酸、胆红素、酪氨酸、色氨酸等其他物质在波长 280nm 也有光吸收,对测定结果也有一定干扰。此外,由于蛋白质紫外吸收高峰常因 pH 改变而变化,因此要注意溶液的 pH,样品 pH 与标准溶液的 pH 要一致。

【实验材料与仪器】

1. 器材

(1) 仪器:紫外分光光度计。

(2) 玻璃仪器:50ml 容量瓶一个;1.0ml 刻度吸管 2 支;5.0ml 刻度吸管 2 支。

2. 试剂

(1) 9g/L NaCl 溶液。

(2) 标准蛋白质溶液:选一种与待测样本蛋白质氨基酸组成相近似的蛋白质纯品,用生理盐水稀释至浓度为 1g/L。

(3) 待测蛋白质溶液:用双缩脲法测定待测样品溶液的蛋白质浓度,用生理盐水稀释成 1g/L。

【实验步骤】

取试管 13 支,编号(除空白管只做一管外,标准管和测定管均重复做两管),按表 2-4 操作并记录:

表 2-4 紫外分光光度法测定蛋白质浓度

试剂(ml)	空白管	标准管					测定管
		1	2	3	4	5	
标准蛋白质溶液	—	0.5	1.0	1.5	2.0	2.5	—
待测蛋白质溶液	—	—	—	—	—	—	1.0
9g/L NaCl 溶液	4	3.5	3.0	2.5	2.0	1.5	3.0
A_{280nm}							
A_{260nm}							

混匀各管,盛于石英杯中。以空白管调零,用紫外分光光度计,分别于 280nm 波长下测定各管光吸收值。

1. 标准曲线法测定样本蛋白质含量　以蛋白质浓度为横坐标,各标准管光吸收值为纵坐标绘制标准曲线。依据测定管光吸收值,在标准曲线上查出其蛋白质含量,求得该样品溶液的蛋白质含量(g/L)。

2. 对比法测定样本蛋白质含量　从标准管中选择一管光吸收值与测定管接近者,用比色法公式计算出待测血清中蛋白质浓度(g/L)。

3. 利用经验公式直接计算样本蛋白质含量　许多蛋白质的光吸收值($A_{1cm}^{1\%}$)有文献数据可查,根据其光吸收值可以较准确地计算出蛋白质浓度。下式列出了蛋白质浓度与($A_{1cm}^{1\%}$)值(即蛋白质溶液浓度为 1%,光径为 1cm 时的光吸收值)的关系。$A_{1cm}^{1\%}$称为百分吸光系数或比吸收系数,牛血清白蛋白:$A_{1cm}^{1\%}=6.3$(280nm),溶菌酶:$A_{1cm}^{1\%}=22.8$(280nm)。

蛋白质浓度 = $(A_{280} \times 10)/A_{1cm,280nm}^{1\%}$(mg/ml)　(1%浓度≈10mg/ml)

【注意事项】

1. 小心打碎石英杯。

2. 不同蛋白质中的酪氨酸和色氨酸含量有差异,故标准管与测定管的蛋白质氨基酸组成应相似,以减小误差。

【思考题】

1. 紫外分光光度法测定蛋白质含量的显著缺点是什么? 如何克服校正?

2. 紫外分光光度计的组成和使用与普通分光光度计主要有哪些不同?

(邓小燕)

实验四　BCA 法测定蛋白质含量

【实验目的】

学习掌握 BCA 法测定蛋白质浓度的基本原理。

【实验原理】

BCA(bicinchoninic acid,二辛可酸)法测定蛋白质的原理与 Lowry 法相似,即在碱性条件下蛋白质与二价铜离子 Cu^{2+}络合,并将其还原成一价铜离子 Cu^{+}。一价铜离子和 BCA 试剂反应,使其由原来的苹果绿形成稳定的紫蓝色复合物,在 562nm 有强烈的光吸收,且吸光值和蛋白质浓度在广泛范围内有良好的线性关系,因此可用于蛋白质浓度测定。BCA 法测定蛋白质的范围是 20~200μg/ml。

此方法被科研工作者广泛运用,其特点:①操作简便,快速,比经典的 Lowry 法快 4 倍;②灵敏度高,最小检测量达 0. 5μg;③准确,试剂稳定性好,在 20~200μg/ml 浓度范围内有良好的线性关系,检测不同蛋白质分子的变异系数远小于考马斯亮蓝法;④经济实用,测定可在微板孔中进行(待测样品体积为 1~20μl),可大大节约样品和试剂用量;⑤抗干扰能力较强,不受绝大部分样品中的去污剂、尿素等化学物质影响,可以兼容样品中高达 50g/L 的 SDS、Triton X-100 和 Tween20、Tween60、Tween80。

【实验材料与仪器】

1. 器材

(1) 仪器:722 型分光光度计,恒温水浴箱,枪式移液管。

(2) 玻璃仪器:试管 13 支,2ml 吸管 1 支,0. 1ml 吸管 3 支。

2. 试剂

(1) 试剂 A:1%BCA 二钠盐,2%无水碳酸钠,0. 16%酒石酸钠,0. 4%氢氧化钠,0. 95%碳酸氢钠,混合,调 pH 至 11. 25。

(2) 试剂 B:40g/L 硫酸铜。

(3) BCA 工作液:试剂 A 100ml+试剂 B 2ml,混合即成。市面有 BCA 法试剂盒销售。

(4) 蛋白质标准液:用结晶牛血清白蛋白,根据其纯度用生理盐水配制成 1. 5mg/ml 的蛋白质标准液(纯度可经凯氏定氮法测定蛋白质含量而确定)。

(5) 待测样品。

【实验步骤】

1. 取试管 13 支,编号(除空白管只做一管外,标准管和测定管均重复做两管),按表 2-5 操作并记录:

表 2-5 BCA 法测定蛋白质含量

试剂(μl)	空白管	标准管					测定管
		1×2	2×2	3×2	4×2	5×2	×2
蛋白质标准液	—	30	60	90	120	150	—
双蒸水	150	120	90	60	30	—	—
待测样品	—	—	—	—	—	—	150
BCA 工作液	3000	3000	3000	3000	3000	3000	3000
	混匀,37℃保温 30min,比色测定						
光吸收值 (λ=562nm)							

2. 以蛋白质含量为横坐标,光吸收值两管平均值为纵坐标绘制标准曲线。

3. 用测定管平均光吸收值在标准曲线上查出相应的蛋白质含量,计算求出该待测血清蛋白质的含量(g/L)。

4. 从标准管中选择一管与测定管光吸收值相接近者,按比色法计算公式计算求出该待测血清的蛋白质浓度(g/L)。

【注意事项】

1. 新配制的 BCA 工作液在室温密封条件下可稳定保存 24h。

2. BCA 工作液随着时间的延长颜色会不断加深,为保证蛋白质精确定量,进行测定时必须用空白试剂调零,且所有样品测定需在 10min 内完成。

3. 因为显色反应与温度和时间的变化有关,精准的蛋白质定量宜每次都做标准曲线。

【思考题】

1. 试比较 BCA 法与双缩脲法、Lowry 法的异同。

2. 为什么 BCA 法常常用于科研?其有哪些优势?

(姚 玲 郑天润)

实验五 蛋白质的盐析与透析实验

【实验目的】

1. 掌握蛋白质盐析的原理与操作。

2. 掌握蛋白质透析的原理与操作。
3. 了解铵离子(NH_4^+)、蛋白质的检测方法。
4. 了解盐析和透析的应用。

【实验原理】

蛋白质作为生物大分子,其分子颗粒的直径在1~100nm,属胶体分散系。因此,蛋白质溶液具有胶体溶液的特性,如布朗运动、丁铎尔现象、不能透过半透膜以及具有吸附性质等。蛋白质能以稳定的胶体形式存在,有两个稳定因素。首先,蛋白质分子表面有许多亲水基团,能与水分子形成氢键而吸附水分子,形成一层水化膜,从而阻断蛋白质颗粒的相互聚集,防止溶液中蛋白质的聚集沉淀。其次,蛋白质分子表面的可电离基团的解离,使其颗粒表面带有一定量的同种电荷而相互排斥,也阻止蛋白质的聚集沉淀。如果这两个稳定因素被破坏,蛋白质就会发生沉淀反应。

在蛋白质溶液中加入一定量的中性盐溶液(如硫酸铵、氯化钠等),可使蛋白质溶解度降低并沉淀析出的现象,称为盐析(salting out)。其原因是中性盐破坏了蛋白质分子表面的水化膜,并大量中和了蛋白质分子表面的电荷。不同蛋白质的分子大小及带电情况各不相同,盐析所需的盐浓度也不同。盐析沉淀的蛋白质没有发生变性,当除去中性盐后,蛋白质又可重新溶解,所以盐析法常被用于天然蛋白质的初步分离。需要注意的是,有时当加入的中性盐浓度较低时,蛋白质溶解度不降反增,该现象称为盐溶(salting in)。这是因为蛋白质颗粒吸附了这些无机盐粒子,增加了蛋白质分子表面的电荷,增强了蛋白质分子与水分子的作用,从而使蛋白质在水溶液中的溶解度增大。

透析(dialysis)是根据溶液中物质分子量大小不同而利用半透膜将物质分离的过程。低于膜截留分子量的物质可扩散穿过膜至膜外侧,高于膜截留分子量的物质则被保留在半透膜的内侧。通常用于去除不需要的小分子(如盐、还原剂、染料等)而保留较大分子(如蛋白质、DNA、多糖),也常被用于缓冲液交换。

透析袋通常用具有超小微孔的膜(如硝酸纤维素膜)制成。透析袋上的微孔只允许小分子物质透过,而蛋白质则因为分子量较大而不能透过。将蛋白质溶液装入透析袋并扎紧袋口,然后放入蒸馏水或缓冲液中,小分子物质(如硫酸铵等)会透过透析袋扩散到膜外的溶液中,而大分子蛋白质则被保留在透析袋内,通过不断更换透析袋外的蒸馏水或缓冲液,直至透析袋内的盐离子透析完为止。蛋白质的透析通常需要较长时间,并且适宜在低温下进行。

本实验采用50%硫酸铵中性盐溶液进行盐析实验来沉淀血清球蛋白。然后,采用透析除去盐析沉淀蛋白质中的盐离子。用双缩脲试剂检验蛋白质的存在,用奈斯勒试剂(Nessler reagent)检测铵离子(NH_4^+),也可以用10g/L氯化钡溶液检测硫酸根(SO_4^{2-})离子。

【实验材料与仪器】

1. 试剂

(1) 饱和硫酸铵溶液:称取硫酸铵800g, 加1000ml蒸馏水进行加热溶解,待硫酸铵全部溶解冷却至室温后,4℃下静止过夜,第2天若有晶体析出,所得溶液即为饱和硫酸铵溶液。

(2) 双缩脲试剂:称取5水硫酸铜($CuSO_4 \cdot 5H_2O$)2.5g,加100ml蒸馏水溶解;另取酒石酸钾钠($NaKC_4H_2O \cdot H_2O$)9g 和碘化钾(KI)5g,溶于 500ml 蒸馏水中,再加入 5mol/L 氢氧化钠 100ml, 混匀后,缓慢加入硫酸铜溶液中,加蒸馏水定容至 1000ml。

(3) 奈斯勒试剂:称取氢氧化钠(NaOH)16.0g, 溶于 50ml 蒸馏水中,冷却至室温。称取碘化钾(KI)7.0g 和碘化汞(HgI_2)10.0g, 溶于蒸馏水中,然后将此溶液在搅拌下,缓慢加入到上述 50ml 氢氧化钠溶液中,用蒸馏水稀释至 100ml。贮于聚乙烯瓶内,用橡皮塞或聚乙烯盖子盖紧,于暗处存放,有效期 1 年。

2. 血清样本

3. 器材

(1) 离心管、试管及试管架。

(2) 1ml 移液枪、枪头、500ml 烧杯、10ml 烧杯。

(3) 硝酸纤维素膜透析袋、透析袋夹子。

(4) 离心机。

(5) 磁力搅拌器。

(6) 一次性手套。

【实验步骤】

1. 取 2ml 血清加入 15ml 离心管中,再缓慢加入 2ml 饱和硫酸铵溶液,混匀,静置 10min,进行盐析。

2. 用 4000r/min 离心 10min,弃去上清液,在沉淀中加入 2ml 蒸馏水溶解,即为蛋白质沉淀溶解液。

3. 将透析袋置于蒸馏水中,煮沸 10min 进行活化(实验室已准备)。

4. 戴手套,取出已活化的透析袋 1 条,用夹子夹紧一端后,加蒸馏水检查是否漏水。

5. 确认透析袋不漏后将水倒掉,加入 2ml 蛋白质沉淀溶解液,挤压排出袋内多余空气后,用另一夹子夹住另一端(注意加入液体的量不宜超过透析袋容量的一半),放进装有 300ml 蒸馏水的烧杯中,使夹子漂浮在液面,透析袋完全浸没在水中,放入搅拌子,置于磁力搅拌器上,缓慢旋转透析约 30min。

6. 取出透析袋,打开夹子,将袋内液体倒入小烧杯中备用。

7. 取 5 支试管,按表 2-6 操作:

表 2-6 蛋白质的盐析与透析操作步骤

试剂(ml)	试管编号				
	1	2	3	4	5
蒸馏水	0.5	—	0.5	—	—
透析液	—	0.5	—	0.5	—
透析袋内液	—	—	—	—	0.5
Nessler 试剂	0.5	0.5	—	—	—
双缩脲试剂	—	—	0.5	0.5	0.5

8. 混匀后,观察并记录实验结果。

【注意事项】

1. 戴手套操作。

2. 完全透析所需时间较长，短时间内无法透析干净。

【思考题】

1. 透析时如何防止蛋白质变性？
2. 沉淀的蛋白质为何种蛋白质？

（王　营）

第2章 电泳实验

电泳指带电粒子在直流电场中的泳动，根据所用的支持物不同可以分成多种形式的电泳。本章中选用了2个电泳实验：血浆醋酸纤维薄膜电泳，支持物是醋酸纤维薄膜；琼脂糖凝胶电泳分离DNA片段，支持物琼脂糖凝胶。

实验六 血浆醋酸纤维素膜电泳

【实验目的】

1. 学习人血浆醋酸纤维素膜电泳的原理。
2. 掌握血浆醋酸纤维素膜电泳分离蛋白质的技术。
3. 了解血浆蛋白扫描百分半定量方法，并确定人血浆中清蛋白与球蛋白的比值及其临床意义。

【实验原理】

人血浆中含有6种主要蛋白质，包括：清蛋白、α_1球蛋白、α_2球蛋白、β球蛋白、γ球蛋白和纤维蛋白原（血清中不含纤维蛋白原）。这6种蛋白质的等电点在pH4.0～7.0（表2-7）。在pH8.6的巴比妥缓冲液中，血浆蛋白全部带负电荷，在直流电场中向正极移动。移动的速度与带电蛋白质颗粒所带电荷成正比，与蛋白质分子量及颗粒形状大小成反比。如果样品点在醋酸纤维素膜的同一条线上，电泳相同的时间，不同的蛋白质颗粒移动的距离不同，通过染色，膜条上的血浆蛋白被分离成不同的条带。将此膜条进行扫描，采用图像分析进行百分半定量，获得各色带所含蛋白质占血浆总蛋白的百分比。

表2-7 人血浆蛋白的等电点、相对分子量及迁移率电位

蛋白质名称	等电点	相对分子量	迁移率电位[$cm^2/(s\cdot V)$]
清蛋白(Alb)	4.88	69000	-5.9×10^{-5}
α_1球蛋白	5.06	200000	-5.1×10^{-5}
α_2球蛋白	5.06	300000	-4.1×10^{-5}
β球蛋白	5.12	90000～150000	-2.8×10^{-5}
γ球蛋白	6.85～7.5	156000～300000	-1.0×10^{-5}
纤维蛋白原	5.4		-2.1×10^{-5}

【实验材料与仪器】

1. 器材 电泳仪（电泳电源），醋酸纤维素膜电泳槽，凝胶成像系统。
2. 材料 醋酸纤维素膜，滤纸，玻璃缸，镊子，血浆。

3. 试剂

(1) pH8. 6 的巴比妥缓冲液：巴比妥钠 15. 45g，巴比妥 2. 76g，加水至 1000ml。

(2) 0. 5% 氨基黑 10B 溶液：氨基黑 10B 0. 25g，甲醇 50ml，冰醋酸 10ml，水 40ml（可重复使用）。

(3) 漂洗液：含甲醇或乙醇 45ml，冰醋酸 5ml，水 50ml。

【实验步骤】

1. 醋酸纤维素膜（图 2-1）的预处理　辨认膜的光滑面、粗糙面。将 15cm×8cm 的膜，裁剪成 2. 5cm×8cm 的膜条。并用铅笔在粗糙面离膜条一端 1. 5cm 处划线作标记，即为点样线。将膜条浸泡在 pH8. 6 的硼酸缓冲液中，光滑面向上。让膜条被缓冲液饱和（需要时间约 30min）。

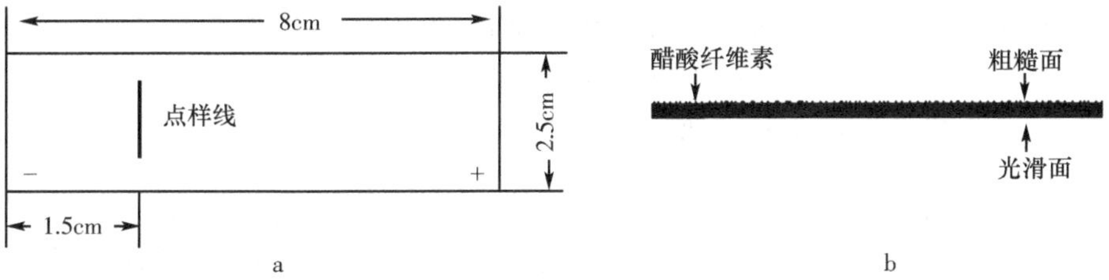

图 2-1　醋酸纤维素膜

a. 平面图；b. 横切面图

2. 上样　将膜取出，用滤纸吸取过多的缓冲液。用 2. 5cm×2cm 的胶片，蘸样品，样品在胶片一端呈线状，宽 1～2mm。将胶片沾有样品的一端压在膜条粗糙面的标记上。

3. 电泳　将点样后的膜条置于电泳槽（图 2-2），点样端置于负极，点样面（粗面）向下。平衡 5min。然后打开电源，调节电压至 90～100V，电流 0. 4～0. 6mA/cm 膜条宽。电泳时间大约 1h。

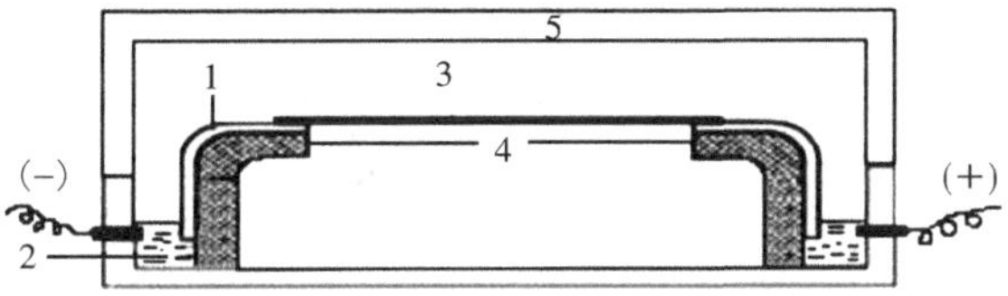

图 2-2　醋酸纤维素膜电泳槽示意图

1. 滤纸桥；2. 电泳槽缓冲液；3. 醋酸纤维素膜；4. 电泳槽膜支架；5. 电泳槽

4. 染色　电泳完毕，取出膜条，浸入含 0. 5% 氨基黑 10B 染色液的染色盒中，染色时间为 5～10min。如有多条膜，应一条一条地浸入，避免重叠在一起浸入。

5. 漂洗　漂洗原则少量多次。将染色后的膜条放入盛有漂洗液的漂洗盒，不停地摆动膜条。当漂洗液的颜色和膜条颜色深浅相近时，将用后漂洗液倒入回收瓶，换新的漂洗液，反复漂洗，至背景无色为止。

6. 结果　血浆蛋白通过醋酸纤维素膜电泳，可被分成 6 条带（图 2-3）。

7. 扫描定量　将膜条用凝胶成像系统进行扫描，并采用图像分析软件进行定量分析，获得各色带所含蛋白质占血浆总蛋白的百分比。

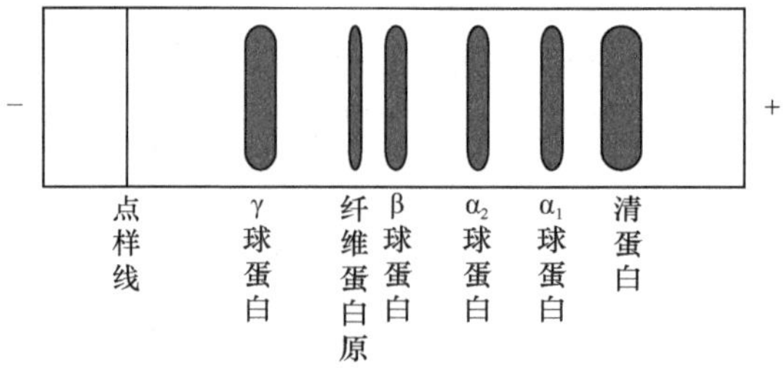

图 2-3 血浆蛋白醋酸纤维素膜电泳后染色示意图

【临床意义】

蛋白质电泳是临床蛋白质检测最常用的一项检测方法，目前多采用自动化电泳分析系统进行快速检测。血浆蛋白异常可表现为水肿、贫血、蛋白尿、易感染等，对营养障碍、肾病综合征、肝病、炎症等疾病的诊断和评价有重要意义（图 2-4，表 2-8）。

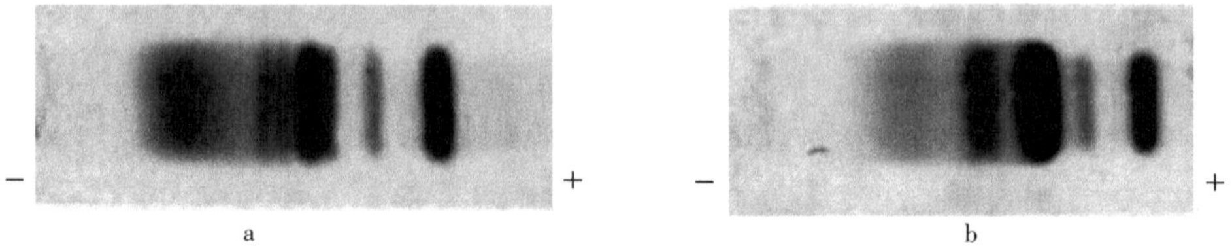

图 2-4 某些疾病患者血清醋酸纤维素膜电泳结果

a. 营养不良水肿患者：Alb 32. 9%；α_1球蛋白 3. 1%；α_2球蛋白 25. 0%；β 球蛋白 13. 3%；γ 球蛋白 25. 8%；

b. 肾病患者：Alb 12. 1%；α_1球蛋白 1. 41%；α_2球蛋白 62. 0%；β 球蛋白 13. 9%；γ 球蛋白 10. 8%

表 2-8 不同疾病的血清蛋白电泳图谱分析

血清蛋白质电泳图谱	总蛋白质	Alb	α_1 球蛋白	α_2 球蛋白	β 球蛋白	γ 球蛋白
1. 低蛋白血症	↓↓	↓↓	N↑	N	↓	
2. 肾病型	↓↓	↓↓	↑	↑↑		不定 β-γ↑
3. 肝硬化型	↓N↑	↓↓	N↓	N↓		β-γ↑（融合）
4. 急性炎症或急性时相反应症	N	↓N	↑	↑		N
5. 慢性炎症型		↓	↑	↑		↑
6. 弥漫性肝损害型	↓N	↓↓	↑↓			↑
7. 弥漫宽 γ 球蛋白血症型	↑	↓N				↑↑
8. M 蛋白血症型			在 β-γ 区带中出现 M 蛋白峰-M 区带峰			
9. 高 α_2(β)球蛋白血症型		↓	↑	↑	↑	
10. 妊娠型（高 α 型）	↓N	↓			↑	N
11. 蛋白质缺陷型			个别区带出现特征性缺乏			

血清蛋白的正常值参考值：清蛋白为 57% ~ 72%，α_1 球蛋白为 1. 8% ~ 4. 5%，α_2 球蛋白为 4. 0% ~ 8. 3%，β 球蛋白为 6. 8% ~ 11. 4%，γ 球蛋白为 11. 2% ~ 23. 0%。

【注意事项】

1. 醋酸纤维素膜的预处理　市售醋酸纤维素膜是醋酸纤维素制成干膜片，厚薄均匀的膜适用于电泳。选择的方法是将干膜片漂浮于电极缓冲液表面15~30s，膜片无白色斑点或条纹，提示膜片吸水均匀，表明膜片厚薄均匀一致，否则应弃去不用。使用厚薄不均的膜可造成电泳后背景脱色困难，色区带扭曲，界线不清，结果难以重复。预处理是将醋酸纤维素膜漂浮于缓冲液，让膜吸满缓冲液后自然下沉，并在缓冲液中浸泡30min，让膜片饱和缓冲液，恢复原来的多孔网状结构，避免膜片上聚集的小气泡。点样时，用滤纸吸去膜片表面多余的缓冲液，以免样品因膜上的缓冲液太多引起扩散。但也不能吸得太干，太干则膜的网孔萎缩，样品不易进入其内，造成样品在点样线参差不齐，影响分离效果。应用镊子取膜，防止指纹污染。

2. 缓冲液　醋酸纤维素膜电泳用的是pH8.6，浓度为0.05~0.09mol/L的巴比妥缓冲液。缓冲液浓度对样品泳动的速度有较大的影响：浓度过低，样品泳动速度快，染色后色带扩散变宽；浓度过高，样品泳动速度慢，染色后色带过于集中，给分辨造成困难。

选择缓冲液浓度的方法是，预定下某一浓度的缓冲液，在正负极之间距离为8~10cm的电泳槽中电泳，电压和电流如果能分别达到25V/cm膜长，0.4~0.5mA/cm膜宽，这表明缓冲液浓度比较适当；如果电压、电流达不到或超过这个值时，则应增加缓冲液浓度或进行稀释。

3. 点样　点样好坏是获得理想的电泳图谱的重要环节之一。点样的量不宜过多，也不宜太少。用于电泳的样品量过大，电泳后染色较费时，色带分离不清楚，甚至互相干扰；过少色带颜色过浅，难以定量。上样的量与电泳条件、样品的性质、染色方法与检测手段灵敏度密切相关。一般，上样胶片下端沾有线状、宽2mm左右、均匀的样品液即可。平稳地、轻轻地压在膜的点样线上。避免将膜压破或压出凹陷影响电泳结果。

4. 电压与电流　电泳时电压为10~12V/cm膜长、电流强度一般为0.4~0.5mA/cm宽膜为宜。电泳时电流强度大，则产生热量大，尤其在夏秋季能引起蛋白变性、水分蒸发，使缓冲液浓度增加，膜片干涸等。电流过小，样品泳动速度慢，容易扩散。

5. 染色　电泳后应根据样品性质选择染料。血浆蛋白通常选氨基黑10B，脂蛋白宜选择嗜脂质染料、糖蛋白宜嗜糖染料。染料应该与待分离的样品有较强亲和力，背景易脱色；水溶性染料为宜，醇溶性染料易引起醋酸纤维素膜溶解。

应控制染色时间。氨基黑10B染色5min为宜，时间长，空白膜不易褪色；时间太短，条带着色浅，不易区分。对于条带着色浅时，可进行复染。

【思考题】

1. 简述醋酸纤维素膜电泳原理。
2. 以血浆为样品，和滤纸比较，用醋酸纤维素膜电泳有什么优点？

（蒋　雪）

实验七　琼脂糖凝胶电泳分离DNA片段

【实验目的】

1. 掌握DNA凝胶电泳的基本原理。

2. 掌握用琼脂糖凝胶电泳分离 DNA 的实验方法。

3. 掌握分析琼脂糖凝胶电泳图谱的方法。

【实验原理】

1. DNA 凝胶电泳的基本原理 DNA 凝胶电泳是分子克隆的核心技术之一，它主要用于分离、鉴定和纯化 DNA 片段。利用 DNA 分子在凝胶中泳动时具有电荷效应和分子筛效应是 DNA 凝胶电泳的基本原理。电荷效应是指 DNA 分子在碱性条件下带负电，在电场中向正极移动，数量相同的双链 DNA 几乎具有等量的净电荷，能以相同速率移动。分子筛效应是指作为支持介质的凝胶，具有网络结构，使大分子物质在通过时受到较大阻力，以此分离不同大小的 DNA 片段。DNA 凝胶电泳操作简单而迅速，并且能分离用其他方法如密度梯度离心等不能满意分离的 DNA 片段。

DNA 凝胶电泳通常采用琼脂糖凝胶和聚丙烯酰胺凝胶两种支持介质，二者均能灌制成各种形状、大小和孔径，也都能以许多不同的构形和方位进行电泳。选择上述提及的参数或条件主要取决于被分离的 DNA 片段大小。聚丙烯酰胺凝胶电泳（PAGE）多在恒定电场中垂直方位上进行，最适合分离 5~500bp 的小片段 DNA。它的分辨率非常强，长度上相差 1bp 或质量上相差 0.1% 的 DNA 都可以彼此分离。虽然聚丙烯酰胺凝胶能快速地进行电泳，并能容纳较大的 DNA 上样量，但是与琼脂糖凝胶相比在制备和操作上还是更烦琐些。

琼脂糖凝胶比聚丙烯酰胺凝胶的分辨率略低，但它的分离范围更大，50bp 到百万 bp 长度的 DNA 片段都可以在不同浓度和构型的琼脂糖凝胶中分离。小片段 DNA（50~20000bp）最适合在恒定强度和方向的电场中水平方向的琼脂糖凝胶内电泳分离。

2. 琼脂糖凝胶电泳 琼脂糖是从琼脂中提取的一种多糖，是 *D*-和 *L*-半乳糖残基通过 α(1→3) 和 β(1→4) 糖苷键交替构成的线状聚合物，亲水且不带电荷，是一种很好的电泳支持物。琼脂糖链形成螺旋纤维，后者再聚合成半径 20~30nm 的超螺旋结构。琼脂糖凝胶可以构成一个直径从 50nm 到略大于 200nm 的三维筛孔的通道。不同浓度琼脂糖的凝胶构成的分子筛网孔大小不同，适于分离不同浓度范围核酸分子（表 2-9）。

表 2-9 不同浓度琼脂糖凝胶分离 DNA 片段大小的范围

琼脂糖（%）	0.5	0.8	1.0	1.2	1.5	2.0
线性 DNA 大小（kb）	0.7~25	0.5~15	0.25~12	0.15~6	0.1~4	0.05~2

琼脂糖凝胶电泳中，下述因素决定了 DNA 迁移速率。

（1）DNA 分子大小：双链 DNA 分子在凝胶基质的迁移速率与其碱基对数的常用对数成反比。分子越大。迁移得越慢，因为摩擦阻力越大，也因为大分子通过凝胶孔径的效率低于较小的分子。

（2）琼脂糖浓度：给定大小的线状 DNA 片段在不同浓度的琼脂糖凝胶中迁移速率不同。凝胶浓度越小，电泳迁移速率越快，反之亦然。

（3）DNA 的构象：超螺旋环状（Ⅰ型）DNA、切口环状（Ⅱ型）DNA 和线状（Ⅲ型）DNA 在琼脂糖凝胶中以不同速率迁移。上述三种类型 DNA 的相对迁移率主要取决于琼脂糖凝胶的浓度和类型，但是电流强度、缓冲液离子强度和Ⅰ型超螺旋绞紧程度或密度也影响相对迁移率。在一些条件下,Ⅰ型 DNA 比Ⅲ型 DNA 迁移得更快;在另一些条件下,顺序可能颠倒。

(4) 电压:低电压时,DNA 片段迁移率与所用电压成正比。电场强度升高时,高分子量片段的迁移率的增加不成比例,所以,当电压增大时琼脂糖凝胶分离的有效范围反而减小。要获得大于 2kb DNA 片段的良好分辨率,则所用电压不应高于 5 ~ 8V/cm。

(5) 电泳缓冲液:DNA 的迁移率受电泳缓冲液的组成和离子强度的影响。缺乏离子则导电率降至很低,DNA 片段不是全然不动,就是迁移极慢。高离子强度时,导电率升高,即使采用适中电压也会产生大量的热量,严重时会导致凝胶熔化,DNA 变性。

【实验材料与仪器】

1. 器材　电泳仪,电泳槽,制胶板,移液器,吸头,锥形瓶,微波炉,简易凝胶紫外观察仪或凝胶成像系统等。

2. 试剂

(1) 0.5×TBE 电泳缓冲液:54gTris、27.5g 硼酸、20ml 0.5mol/L EDTA(pH8.0),用水定容至 1L。使用时稀释 10 倍。

(2) 溴化乙锭(EB)溶液:浓度 1mg/ml,4℃避光保存。

(3) 相对分子量标准(100bp,DNA 标准物)。

(4) 6×加样缓冲液(0.25%溴酚蓝,400g/L 蔗糖)。

(5) 琼脂糖。

(6) DNA 样品。

【实验步骤】

1. 制胶

(1) 按所分离的 DNA 分子的大小范围,称取适量的琼脂糖粉末,放入锥形瓶中,加入适量的 0.5×TBE 电泳缓冲液。然后置微波炉加热至完全熔化,溶液透明。

(2) 待凝胶液冷却至 60℃左右,在胶液内加入适量的溴化乙锭混匀,终浓度为 0.5μg/ml。

(3) 将制胶板放入制胶槽中,并放置于水平桌面。在制胶板一端插好梳子,在槽内缓慢倒入已冷却至 60℃左右的胶液,使之形成均匀水平的胶面。

2. 装配

(1) 待凝胶凝固后,小心拔起梳子,从制胶槽取出制胶板并放入电泳槽内,加样孔端置阴极端。

(2) 在电泳槽内加入 0.5×TBE 电泳缓冲液,至液面覆盖过胶面。

3. 加样　把待检测的样品,按以下量在洁净载玻片上小心混匀,用移液枪加至凝胶的加样孔中(1μl 6×加样缓冲液+5μl 待检测的 DNA 样品)。

4. 电泳

(1) 接通电泳仪和电泳槽,并接通电源,调节稳压输出,电压最高不超过 5V/cm,开始电泳。

(2) 观察溴酚蓝条带(蓝色)的移动,当其移动至距胶板前沿约 1cm 处即停止电泳。

5. 结果检测　EB 可嵌入 DNA 分子碱基对间形成荧光络合物,经紫外线照射后,可呈现荧光,达到检测 DNA 分子的目的。使用简易凝胶紫外观察仪或凝胶成像系统观察凝胶电泳的结果并拍照或画图记录。注意和 DNA 分子量标准对比,推测相应 DNA 条带的分子量大小,并注意观察相应 DNA 条带的强度、锐利程度和有无拖带等现象。

【注意事项】

1. 电泳中使用的溴化乙锭(EB)为中度毒性、强致癌性物质,务必小心,勿沾染于衣物、皮肤、眼睛、口鼻等。所有操作均只能在专门的电泳区操作,戴一次性手套,并及时更换。

2. 制胶时不要形成气泡,需在凝胶未凝固之前及时清除,否则,需重新制胶。

3. 加样操作时,移液器吸头置于加样孔正上方,不要插入过深,否则易戳破加样孔底或孔壁;样品要有控制地缓慢注入,不要过快,否则易溢出加样孔;完成加样操作后,不要剧烈移动电泳槽或胶板。

4. 预先加入 EB 可能使 DNA 的泳动速度下降 15% 左右,而且对不同构型的 DNA 的影响程度不同,所以为取得较真实的电泳结果可以在电泳结束后再用 0. 5μg/ml 的 EB 溶液浸泡染色。若胶内或样品内已加 EB,染色步骤可省略;若凝胶放置一段时间后才观察,即使原来胶内或样品已加 EB,也建议增加此步。

【思考题】

1. 简述 DNA 凝胶电泳的基本原理。
2. 比较聚丙烯酰胺凝胶电泳和琼脂糖凝胶电泳在分离 DNA 的优缺点。
3. 简述琼脂糖凝胶浓度与分离 DNA 片段大小之间的关系。
4. EB 染料在电泳分离 DNA 中的作用。

(蒋　雪　宋　娜)

第3章 酶学实验

生物体内几乎所有的新陈代谢反应都需要酶的参与，酶的结构和含量异常会导致疾病，酶的测定可以用于疾病的辅助诊断及预后判断。酶也是许多药物作用的靶点，酶本身还可以作为药物治疗疾病。很多酶还是生物大分子合成、基因工程和蛋白质工程等领域重要的工具酶。酶学研究对医学和工农业生产都有着极其重要的理论和实际意义。

酶具有高度催化活性、高度特异性，在生物体内含量甚微，不便用 g、mg、μg 等质量单位表示。由于在一定条件下酶促反应速度与酶量成正比，故通常用酶活性来反映酶的含量。酶活性（酶活力）是指酶催化一定化学反应的能力，通常以一定条件下酶催化某一化学反应的速率表示，即在特定的底物浓度、pH、温度、反应时间等测定条件下，以单位时间内底物的减少量或产物的增加量表示酶活性大小。酶活性单位是衡量酶活性大小的尺度，也是衡量酶含量的术语。同一种酶由于实验方法、测定条件不同，酶活性单位规定也会不同。酶含量测定一般是在酶促反应的最适条件下进行，要求底物浓度过量。在相同测定条件下，酶活性越高，表示酶的含量越高，酶促反应越快。

酶促反应动力学是研究酶促反应速度及其影响因素的内容。研究酶的动力学时，要求只有一个变量，即除了要研究的因素外，其他条件都恒定不变。影响酶促反应的因素主要有底物浓度、酶浓度、pH、温度、抑制剂和激活剂等。研究酶的动力学有助于确定酶促反应的最适条件，阐明酶和某些药物的作用机制。本教材研究的是单底物酶的动力学，多底物酶促反应和速率法测定酶活性更复杂，需要参考其他资料。

实验八 谷丙转氨酶活性测定

【实验目的】

1. 掌握谷丙转氨酶活性测定的原理和方法。
2. 了解谷丙转氨酶活性测定的临床意义。

【实验原理】

转氨基作用是指 α-氨基酸的氨基转移到 α-酮酸的酮基上，使原来的 α-酮酸生成相应的 α-氨基酸，而原来的 α-氨基酸则转变为 α-酮酸。反应可逆，实际反应方向取决于反应体系中 4 种反应物质的相对浓度。转氨基作用是氨基酸脱氨的重要方式，也是体内非必需氨基酸合成的重要途径。催化转氨基反应的酶称为转氨酶，其辅酶为磷酸吡哆醛。转氨酶种类很多，其中谷丙转氨酶（glutamic pyruvic transaminase，GPT）又称丙氨酸转氨酶（alanine aminotransferase，ALT），与医学关系密切。

本实验以丙氨酸和 α-酮戊二酸为底物，在一定温度和时间内经谷丙转氨酶催化，生成丙酮酸和谷氨酸。丙酮酸可以与 2，4-二硝基苯肼反应，生成丙酮酸 2，4-二硝基苯腙，后者在碱性条件下呈棕红色（图 2-5），颜色的深浅与丙酮酸量有相关性。因此采用分光光度法，与同样条件下处理的丙酮酸标准液的结果进行比较，可以测定出样品中谷丙转氨酶活性。

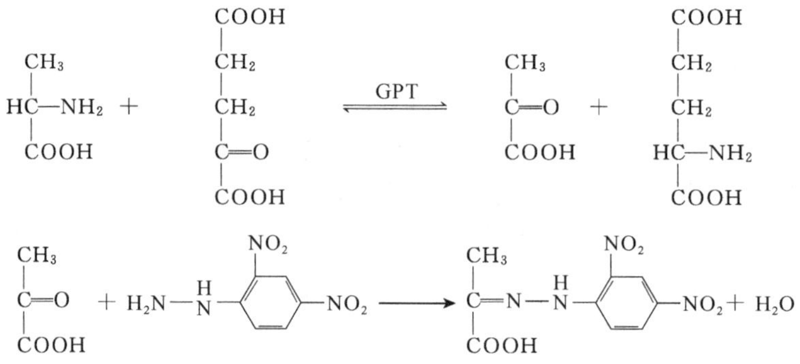

图 2-5 谷丙转氨酶活性测定反应原理

谷丙转氨酶广泛存在于机体心、脑、肝、肾、横纹肌等各组织中，但含量不等。正常人血清中此酶活性很低。肝细胞中此酶活性极高，心肌细胞中此酶活性也很高。肝脏疾病(尤其是急性病毒性肝炎、急性肝细胞坏死等)或心肌梗死时，细胞膜通透性增高或细胞破坏，谷丙转氨酶释放入血，导致血中谷丙转氨酶活性显著升高。此外，阻塞性黄疸、胆道炎症、多发性肌炎时血清谷丙转氨酶活性也会有所增高。因此测定血清谷丙转氨酶活性对于某些疾病的诊断具有重要的参考价值。

【实验材料与仪器】

1. 器材 试管及试管架、吸量管或移液器、恒温水浴箱、分光光度计、坐标纸。

2. 试剂

(1) 0.1mol/L 磷酸缓冲液(pH7.4)。

(2) 2mmol/L 丙酮酸标准液：精确称取丙酮酸钠 22mg，溶于 0.1mol/L 磷酸缓冲液(pH7.4)，定容到 100ml。丙酮酸钠不稳定，其纯度对于标准曲线有明显影响。如果丙酮酸钠颜色变黄或潮解，则不可用。此溶液应临用前新鲜配制，不能存放。

(3) 谷丙转氨酶底物液：称取 α-丙氨酸 1.782g(或 *L*-丙氨酸 0.891g，相当于 200μmol/L)和 α-酮戊二酸 29.2mg(相当于 2μmol/L)，溶解于 50ml 0.1mol/L 磷酸缓冲液(pH7.4)中，用 1mol/L NaOH 溶液调节 pH 为 7.4，再用 0.1mol/L 磷酸缓冲液(pH7.4)定容到 100ml。可加数滴氯仿以防腐，置于 4℃ 冰箱可保存数周。

(4) 1mmol/L 2,4-二硝基苯肼溶液：称取 2,4-二硝基苯肼 19.8mg，溶于 7ml 浓盐酸中，待溶解后以蒸馏水定容到 100ml。置于棕色瓶中暗处保存。如有结晶析出应重新配制。

(5) 0.4mol/L NaOH 溶液。

(6) 新鲜血清。

【实验步骤】

1. 标准曲线的制作

(1) 取试管 5 支，编号，按表 2-10 所列步骤操作。

表 2-10　丙酮酸标准曲线的制作

试剂	试管编号				
	1	2	3	4	5
2mmol/L 丙酮酸标准液(ml)	—	0.05	0.10	0.15	0.20
谷丙转氨酶底物液(ml)	0.50	0.45	0.40	0.35	0.30
0.1mol/L 磷酸缓冲液(pH7.4)(ml)	0.10	0.10	0.10	0.10	0.10
各管混匀后,置于37℃水浴中预温5min					
2,4-二硝基苯肼溶液(ml)	0.5	0.5	0.5	0.5	0.5
各管混匀后,置于37℃水浴中保温20min					
0.4mol/L NaOH 溶液(ml)	5.0	5.0	5.0	5.0	5.0
充分混匀。10min 后,30min 内在 520nm 处比色 以1号管调零,读取各管吸光度值					
相当于酶活性(卡门氏单位)	0	28	57	97	150
吸光度值 A_{520}					

(2) 以各管吸光度值为纵坐标,以酶活性为横坐标,绘制标准曲线。

2. GPT 活性的测定

(1) 取试管 2 支,编号,按表 2-11 所列步骤操作。

表 2-11　谷丙转氨酶活性的测定

试剂	试管编号	
	对照管	测定管
谷丙转氨酶底物液(ml)	0.5	0.5
置于37℃水浴中预温5min		
血清(ml)	—	0.1
各管混匀后,置于37℃水浴中准确保温30min		
2,4-二硝基苯肼溶液(ml)	0.5	0.5
血清(ml)	0.1	—
各管混匀后,置于37℃水浴中保温20min		
0.4mol/L NaOH 溶液(ml)	5.0	5.0
充分混匀。10min 后,30min 内在 520nm 处比色 以对照管调零,读取测定管吸光度值		
吸光度值 A_{520}		

(2) 根据测定管吸光度值,从标准曲线上查得血清谷丙转氨酶活性。

【注意事项】

1. 如果血清中谷丙转氨酶活性过高,适当稀释后再进行测定。
2. 血细胞中也含有谷丙转氨酶,故溶血标本不宜使用。
3. 在进行酶活性测定时,为防止溶血或其他因素对酶活性的影响,所有器皿应洁净干燥,试剂配制、用量、pH、反应时间和温度等均要严格控制。

4. 本实验是以实验数据套用速率法的卡门氏单位报告结果。卡门氏单位定义为：血清 1ml，反应温度 25℃，波长 340nm，比色杯光径 1.0cm，体积 3ml，每分钟吸光度下降 0.001 为 1 个卡门氏单位。

5. 转氨酶催化的反应是可逆反应，反应体系中除了有丙酮酸外，还有 α-酮戊二酸。2, 4-二硝基苯肼可以与含有—C═O 基团的化合物作用，生成相应的苯腙。因此 α-酮戊二酸也能与 2, 4-二硝基苯肼作用，生成 α-酮戊二酸 2, 4-二硝基苯腙，产物在碱性条件下也显棕红色从而干扰测定。本实验采取以下措施以减少 α-酮戊二酸的干扰：

（1）配制底物液时，丙氨酸和 α-酮戊二酸浓度比为 100 : 1，促进反应向生成丙酮酸的方向进行。

（2）制作标准曲线时，加入适量底物液（内含 α-酮戊二酸），尽量使标准曲线的测定与实际测定情况一致以抵消 α-酮戊二酸的影响。

（3）比色测定时，选择合适的波长。两种苯腙的吸收光谱曲线有差别。丙酮酸 2, 4-二硝基苯腙在 450nm 处有最大吸收峰，α-酮戊二酸 2, 4-二硝基苯腙在 380nm 处有最大吸收峰，二者在 500~520nm 处吸光度差异大。本实验采用 520nm 作比色测定。

【思考题】

配制底物液时为什么不能使用 *D*-氨基酸？

（李　梨）

实验九　影响琥珀酸脱氢酶活性的因素

【实验目的】

1. 掌握影响酶活性的因素。
2. 熟悉琥珀酸脱氢酶的催化作用。
3. 了解酶活性分析方法。

【实验原理】

酶是生物催化剂，酶的活性受到多种因素的影响，包括酶的浓度、底物浓度、温度、pH、抑制剂和激活剂等。

在酶促反应体系中，当底物浓度远远超过酶浓度时，酶促反应速率与酶浓度成正比关系，酶促反应速率随着酶浓度的增加而加快，随着酶浓度的降低而减慢。

温度对酶活性有显著影响。低温时酶促反应速率缓慢，当温度逐渐升高时，酶促反应速率加快。达到某一温度时酶促反应速率最大，酶活性最高，此温度称为酶的最适温度。高于此温度，温度升高加速了酶蛋白质变性，酶促反应速率反而减慢。温度过高，酶蛋白甚至丧失催化能力。值得注意的是：低温时酶活性虽然很低，但酶很稳定，不容易发生变性，温度回升后，酶可以恢复活性。这是低温麻醉、低温提取和保存酶类制品的理论依据。每种酶都有自己的最适温度，对于动物来源的酶，其最适温度多在 37~40℃。但酶的最适温度不是酶的一个特征性常数，它与反应条件（如反应时间的长短等）有关，一般较短时间内酶可以耐受较高的温度，延长反应时间则酶的最适温度降低。

pH 对酶活性也有显著影响。酶促反应体系的 pH 可以影响酶蛋白质的基团解离，影响酶分子的构象和稳定性。因酶蛋白质只有处于特定的解离状态下，才能和底物结合，所以 pH 影响酶的活性。酶通常只有在一定的 pH 范围内才表现出酶活性，过酸或过碱条件下酶蛋白质都容易变性而失去活性。酶表现出最高活性时的 pH 称为酶的最适 pH。高于或低于最适 pH，酶活性降低或丧失。不同酶的最适 pH 可能不同。酶的最适 pH 不是酶的一个特征性常数，它受底物性质及浓度、缓冲液的性质及浓度、酶的纯度等多种因素影响。

某些无机离子，作为酶的一种辅助因子，可以加快某种酶的反应速率，而某些重金属离子可以作为某种酶的抑制剂，抑制酶促反应速率。

琥珀酸脱氢酶是三羧酸循环中的一种重要脱氢酶，其催化琥珀酸脱氢生成延胡索酸，辅基为黄素腺嘌呤二核苷酸（flavin adenine dinucleotide，FAD）。琥珀酸脱氢酶催化琥珀酸中间两个碳原子的氧化，脱下的两个氢以 FAD 为受体，生成 $FADH_2$。$FADH_2$ 具有还原性，能将蓝色的亚甲蓝还原，使亚甲蓝的蓝色褪去（无需酶催化）。利用这个特点，我们可以通过观察亚甲蓝褪色速度，来判断琥珀酸脱氢酶活性的高低以及各种因素对酶活性的影响。

【实验材料与仪器】

1. 器材　动物肝、手术剪、镊子、匀浆器、电子秤、量筒、烧杯、洁净试管、刻度吸管、移液器、恒温水浴箱、沸水浴锅、冰浴盒。

2. 试剂

（1）pH6.8 巴比妥钠-盐酸缓冲液：0.04mol/L 巴比妥钠溶液 100ml + 0.2mol/L 盐酸 18.4ml。

（2）pH8.0 巴比妥钠-盐酸缓冲液：0.04mol/L 巴比妥钠溶液 100ml + 0.2mol/L 盐酸 9.39ml。

（3）pH9.2 巴比妥钠-盐酸缓冲液：0.04mol/L 巴比妥钠溶液 100ml + 0.2mol/L 盐酸 0.35ml。

（4）0.2mol/L $HgCl_2$ 溶液（剧毒）。

（5）0.2mol/L NaCl 溶液。

（6）0.2mol/L 琥珀酸溶液。

（7）0.02% 亚甲蓝溶液。

（8）液体石蜡。

【实验步骤】

1. 制备酶溶液　称取动物肝 40g，用手术剪剪碎，量筒量取蒸馏水 400ml，将肝组织和蒸馏水倒入匀浆器，打成匀浆备用。匀浆即为粗制的琥珀酸脱氢酶溶液（以下简称酶液）。

2. 酶浓度对酶活性的影响

（1）取试管 6 支，编号，按表 2-12 所列步骤操作。

表 2-12　酶浓度对酶活性的影响

试剂（ml）	试管编号					
	1	2	3	4	5	6
酶液	—	0.2	0.4	0.6	0.8	1.0

续表

试剂(ml)	试管编号					
	1	2	3	4	5	6
蒸馏水	1.0	0.8	0.6	0.4	0.2	—
pH8.0 巴比妥钠-盐酸缓冲液	1.0	1.0	1.0	1.0	1.0	1.0
0.02% 亚甲蓝溶液	0.2	0.2	0.2	0.2	0.2	0.2
0.2mol/L 琥珀酸溶液	1.0	1.0	1.0	1.0	1.0	1.0
混匀后加液体石蜡	1.0	1.0	1.0	1.0	1.0	1.0
	37℃水浴保温					
褪色时间						

(2) 密切观察各管中溶液的颜色变化，切勿摇动试管，避免褪色的亚甲蓝又被空气中的氧气氧化。

(3) 将各管的褪色时间填入表格中并解释结果。

3. 温度对酶活性的影响

(1) 取试管 4 支，编号，按表 2-13 所列步骤操作。

表 2-13 温度对酶活性的影响

试剂(ml)	试管编号			
	1	2	3	4
酶液	1.0	1.0	1.0	1.0
pH8.0 巴比妥钠-盐酸缓冲液	1.0	1.0	1.0	1.0
	冰浴放置 10min	冰浴放置 10min	37℃水浴放置 10min	100℃水浴放置 10min
0.02% 亚甲蓝溶液	0.2	0.2	0.2	0.2
0.2mol/L 琥珀酸溶液	0.4	0.4	0.4	0.4
混匀后加液体石蜡	1.0	1.0	1.0	1.0
	冰浴放置	37℃水浴放置	37℃水浴放置	37℃水浴放置
褪色时间				

(2) 密切观察各管中溶液的颜色变化，切勿摇动试管，避免褪色的亚甲蓝又被空气中的氧气氧化。

(3) 将各管的褪色时间填入表格中并解释结果。

4. pH 对酶活性的影响

(1) 取试管 3 支，编号，按表 2-14 所列步骤操作。

表 2-14 pH 对酶活性的影响

试剂(ml)	试管编号		
	1	2	3
酶液	1.0	1.0	1.0

续表

试剂(ml)	试管编号		
	1	2	3
pH6.8 巴比妥钠-盐酸缓冲液	1.0	—	—
pH8.0 巴比妥钠-盐酸缓冲液	—	1.0	—
pH9.2 巴比妥钠-盐酸缓冲液	—	—	1.0
0.02% 亚甲蓝溶液	0.2	0.2	0.2
0.2mol/L 琥珀酸溶液	0.4	0.4	0.4
混匀后加液体石蜡	1.0	1.0	1.0
37℃水浴保温			
褪色时间			

(2) 密切观察各管中溶液的颜色变化，切勿摇动试管，避免褪色的亚甲蓝又被空气中的氧气氧化。

(3) 将各管的褪色时间填入表格中并解释结果。

5. 抑制剂对酶活性的影响

(1) 取试管 3 支，编号，按表 2-15 所列步骤操作。

表 2-15　抑制剂对酶活性的影响

试剂	试管编号		
	1	2	3
酶液(ml)	1.0	1.0	1.0
pH8.0 巴比妥钠-盐酸缓冲液(ml)	1.0	1.0	1.0
NaCl 溶液(滴)	—	3	—
$HgCl_2$ 溶液(滴)	—	—	3
0.02% 亚甲蓝溶液(ml)	0.2	0.2	0.2
0.2mol/L 琥珀酸溶液(ml)	0.4	0.4	0.4
混匀后加液体石蜡(ml)	1.0	1.0	1.0
37℃水浴保温			
褪色时间			

(2) 密切观察各管中溶液的颜色变化，切勿摇动试管，避免褪色的亚甲蓝又被空气中的氧气氧化。

(3) 将各管的褪色时间填入表格中并解释结果。

【注意事项】

1. 在研究某一因素对酶活性的影响时，需要严格控制反应体系中其他因素保持不变，只改变要研究的某一种因素。

2. $HgCl_2$ 溶液含汞，有剧毒，操作时要小心谨慎，严防中毒。凡接触过此溶液的所有器皿应彻底清洗干净，以免影响其他酶学实验。

【思考题】

1. 除了本实验中观察的因素以外,影响酶活性的因素还有哪些?

2. 酶的最适温度是酶的特征性常数吗?它和哪些因素有关?高温和低温对酶活性的影响有何不同?

3. 在抑制剂对酶活性的影响实验中设立的1、2、3号试管分别起什么作用?

(阎江洪)

实验十 丙二酸对琥珀酸脱氢酶的竞争性抑制作用

【实验目的】

1. 掌握竞争性抑制作用的特点。

2. 观察丙二酸对琥珀酸脱氢酶的竞争性抑制作用。

【实验原理】

化学结构与酶作用的底物结构相似的某些物质,可与底物竞争结合酶的活性中心,使酶的活性降低甚至丧失,这种抑制作用称为竞争性抑制作用。琥珀酸脱氢酶是机体内参与三羧酸循环的一种重要脱氢酶,其辅基为黄素腺嘌呤二核苷酸(FAD)。心肌、骨骼肌、肝等组织中都含有较丰富的琥珀酸脱氢酶。琥珀酸脱氢酶催化琥珀酸脱氢,转变成延胡索酸,FAD接受脱下的2H生成还原型黄素腺嘌呤二核苷酸($FADH_2$)。丙二酸是琥珀酸脱氢酶的竞争性抑制剂。丙二酸($HOOC—CH_2—COOH$)的化学结构与琥珀酸相似,可以竞争性地与琥珀酸脱氢酶活性中心结合,从而抑制琥珀酸脱氢酶的活性。

本实验以甲烯蓝为受氢体,在无氧条件下(因为生成的甲烯白容易再被空气中的氧重新氧化为甲烯蓝),以甲烯蓝褪色时间来判断琥珀酸脱氢酶活性的改变,并观察丙二酸对琥珀酸脱氢酶的抑制作用。酶活性高,则甲烯蓝褪色时间较短;酶活性降低,则甲烯蓝褪色时间延长(图2-6)。

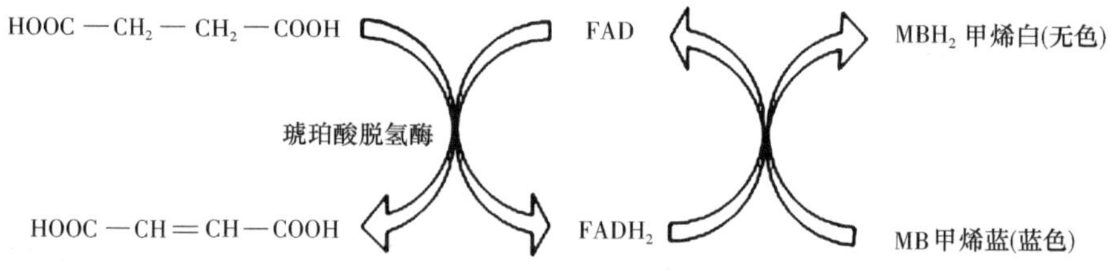

图2-6 琥珀酸脱氢酶活性检测原理

很多临床药物是酶的竞争性抑制剂,如磺胺类药物、6-巯基嘌呤、5-氟尿嘧啶等。竞争性抑制剂作用的特点是使酶的表观K_m增大、表观V_{max}不变,抑制程度取决于抑制剂与酶的相对亲和力以及抑制剂与底物浓度的相对比例([I]/[S])。如果[S]不变,则抑制作用随着[I]的增加而增强;反之,如果[I]不变,则抑制作用随着[S]的增加而减弱。

【实验材料与仪器】

1. 器材　动物肝脏、匀浆器、天平、量筒、烧杯、试管及试管架、吸量管、恒温水浴箱。

2. 试剂

(1) 0.2mol/L 琥珀酸溶液。

(2) 0.02mol/L 琥珀酸溶液。

(3) 0.2mol/L 丙二酸溶液。

(4) 0.02mol/L 丙二酸溶液。

以上 4 种溶液均先用 5mol/L NaOH 溶液调节 pH 为 7.0，再用 0.01mol/L NaOH 溶液调节 pH 为 7.4，然后加蒸馏水定容。

(5) 1/15mol/L 磷酸缓冲液（pH7.4）。

(6) 0.02% 甲烯蓝溶液。

(7) 液体石蜡。

【实验步骤】

1. 酶提取液的制备　称取动物肝，按 1g 动物肝加 10ml 磷酸缓冲液的比例，加入 1/15mol/L 磷酸缓冲液（pH7.4）。在匀浆器中进行匀浆。然后用干净的烧杯收集过滤液备用（即酶提取液）。

2. 取试管 5 支，编号，按表 2-16 所列步骤操作。

表 2-16　酶的竞争性抑制作用

试剂	试管编号				
	1	2	3	4	5
0.2mol/L 琥珀酸溶液（滴）	8	8	8	—	8
0.02mol/L 琥珀酸溶液（滴）	—	—	—	8	—
0.2mol/L 丙二酸溶液（滴）	—	—	8	8	—
0.02mol/L 丙二酸溶液（滴）	—	8	—	—	—
蒸馏水（滴）	8	—	—	—	8
甲烯蓝（滴）	3	3	3	3	3
1/15mol/L 磷酸缓冲液（pH7.4）（ml）	—	—	—	—	2
酶提取液（ml）	2	2	2	2	—
各管溶液立即混匀，沿管壁加入液体石蜡，使其在反应液面上形成一薄层（约 0.5 cm 厚的油层）以达到隔绝空气的作用					
各管置于 37℃ 水浴中保温，切勿摇动试管 随时观察比较各管颜色的变化情况，记录褪色所需时间					
各管[I]/[S]					
完全褪色所需时间					

3. 根据实验结果分析

(1) 酶提取液中有没有琥珀酸脱氢酶活性？

(2) 各管的褪色情况有何区别？为什么？

(3) 丙二酸对琥珀酸脱氢酶抑制作用的类型及其特点是什么？

【注意事项】

1. 酶提取液的制备应操作迅速,以防止酶活性降低。

2. 加入液体石蜡的作用是隔绝空气,以免空气中的氧进入试管而影响实验结果。因此加液体石蜡时,应将试管倾斜,沿着试管管壁加入,注意不要产生气泡。

3. 37℃水浴保温过程中不能摇动试管,避免空气中的氧与反应溶液接触而使甲烯白重新氧化变蓝。

4. 37℃水浴保温过程中,应注意随时观察各管褪色情况。

5. 实验结束后,一定要洗净试管内的液体石蜡。

【思考题】

1. 实验中加入液体石蜡的作用是什么?

2. 37℃水浴保温过程中为什么不能摇动试管?如果将褪色的1号试管用力摇动,会出现什么现象?

(李　梨　张春蕾)

第4章 糖与脂质

糖类与脂类是常见的生物大分子，在人体组成、能量供给、生物信号转导等方面发挥着重要的作用。

糖类广泛存在于生物界。糖类在动物体内含量虽然不高(<2%)，但却是动物生命活动所需能量的主要来源。糖类在生物体结构组成、生物体内物质代谢和细胞信号识别中发挥着重要作用。血液中的葡萄糖被称为血糖，正常人的空腹血糖浓度恒定在3.9~6.0mmol/L范围内，血糖恒定是血糖来源和去路保持动态平衡的结果。临床上常见的糖代谢紊乱主要是血糖浓度过低或过高引起的，表现为低血糖症、高血糖症(糖尿病)等。

脂类包括脂肪(甘油三酯)、类脂及其衍生物，是一类低溶于水而高溶于非极性或弱极性溶剂的生物有机分子。脂类是生物体内最重要的储能分子；是构成细胞膜结构的重要分子；此外，脂类参与细胞信号转导、生物酶激活及电子载体等，是生物体内重要的活性分子。血浆脂类主要包括游离的胆固醇、胆固醇酯、磷脂、甘油三酯、糖脂、游离脂肪酸等，其中胆固醇、甘油三酯等是血浆中含量最高的脂类。

实验十一　血糖浓度的测定

【实验目的】

1. 了解葡萄糖氧化酶法测定血糖浓度的原理和方法。
2. 掌握分光光度计的原理和使用。

【实验原理】

本实验以葡萄糖氧化酶-过氧化物酶法测定血糖浓度。

血糖指血液中的葡萄糖。葡萄糖氧化酶(glucose oxidase，GOD)在有氧和水存在的条件下能将血清中葡萄糖氧化成葡萄糖酸，并产生过氧化氢。过氧化物酶(peroxidase，POD)可将过氧化氢分解为水和氧，并使4-氨基安替比林和酚去氢缩合为红色醌类化合物，即Trinder反应。红色醌类化合物的生成量与葡萄糖含量成正比。采用分光光度法，引入标准葡萄糖液与待测样本进行同步处理，将标准液反应产物与样本反应产物进行分光光度法测定，根据Beer-Lambert定律，可推算出样本中血糖浓度。整个反应可简单表示如下：

$$\text{葡萄糖} + O_2 + H_2O \xrightarrow{\text{GOD}} \text{葡萄糖酸} + H_2O_2$$

$$H_2O_2 + \text{苯酚} + \text{4-氨基安替比林} \xrightarrow{\text{POD}} \text{红色醌类化合物} + H_2O$$

方法评价：血糖浓度的测定有多种方法。Folin-Wu法优点是稳定、准确，但受血中非糖还原物质的影响。邻-甲苯胺法特异性高，但邻-甲苯胺必须蒸馏后才能使用，而且有毒。己糖激酶法特异性高、准确，但试剂较昂贵。超微量还原法灵敏高稳定，测定原理基于葡萄糖的还原性，测定值可靠性差。葡萄糖氧化酶法特异性高、准确、方法简捷，标本用量少，可用于自动分析仪。

【实验材料与仪器】

1. 仪器　分光光度计,水浴锅,洁净玻璃试管。

2. 试剂

(1) 0.1mol/L 磷酸盐缓冲液(pH 7.0):称取无水磷酸氢二钠 8.67g 及无水磷酸二氢钾 5.3g 溶于蒸馏水 800ml 中,用 1.0mol/L NaOH(或 1mol/L HCl)调 pH 至 7.0,用蒸馏水定容至 1L。

(2) 酶试剂:称取过氧化物酶 1200U,葡萄糖氧化酶 1200U,4-氨基安替比林 10mg,叠氮钠 100mg,溶于 0.1mol/L 磷酸盐缓冲液 80ml 中,用 1.0mol/L NaOH 调 pH 至 7.0,用 0.1mol/L 磷酸盐缓冲液定容至 100ml,置 4℃,稳定保存 3 个月。

(3) 酚试剂:称取重蒸馏酚 100mg 溶于蒸馏水 100ml 中,用棕色试剂瓶贮存。

(4) 酶酚混合试剂:酶试剂与酚试剂等量混合。

(5) 12mmol/L 苯甲酸溶液:称取苯甲酸 1.4g 溶于蒸馏水 800ml 中,加温助溶,冷却后用蒸馏水定容至 1L。

(6) 100mmol/L 葡萄糖标准贮存液:称取已干燥恒重的无水葡萄糖 1.802g,溶于 12mmol/L 苯甲酸溶液 70ml 中,以 12mmol/L 苯甲酸溶液定容至 100ml,2h 后方可使用。

(7) 5mmol/L 葡萄糖标准应用液:吸取葡萄糖标准贮存液 5ml 放于 100ml 容量瓶中,用 12mmol/L 苯甲酸溶液定容至刻度,混匀。

【实验步骤】

1. 测定血糖浓度

(1) 取 3 支试管,分别编为空白管(B)、标准管(S)、测定管(U),按表 2-17 加入试剂:

表 2-17　血糖浓度测定　(单位:ml)

	空白管(B)	标准管(S)	测定管(U)
血清	—	—	0.02
葡萄糖标准应用液	—	0.02	—
蒸馏水	0.02	—	—
酶酚混合试剂	3.00	3.00	3.00

(2) 将各管分别混匀后,37℃ 水浴 20min,取出冷却至室温后在分光光度计上波长 505nm 处比色,空白管调零,读取标准管及测定管吸光度值。

2. 计算

$$\text{葡萄糖含量(mmol/L)} = \frac{A_U}{A_S} \times 5.0$$

式中:A_U 为样品液的吸光度值;A_S 为标准液的吸光度值;5.0 为标准应用液浓度值。

正常空腹血清葡萄糖浓度参考范围:3.9~6.0mmol/L。

【注意事项】

1. 正确取用试剂,避免污染。

2. 血清样本严格按相关规程操作,如取血时注意缓吸缓放,避免血液沾在管壁上;分离血清后立即进行测定，避免血清发生变质影响测定准确性。

3. 酶酚试剂在测定前现配现用。

【思考题】

1. 为什么要在空腹条件下采血？

2. 艾迪生病(Addison disease)即原发性慢性肾上腺皮质功能减退症，是由双侧肾上腺皮质萎缩、结核等严重感染或肿瘤等引起的肾上腺皮质严重破坏，又被称为肾上腺皮质缺乏病。通过对本实验的操作和理解，结合理论知识，试解释艾迪生病患者为何会出现低血糖。

3. 有哪些实验操作因素会影响血糖浓度测定？

附：尿糖的测定

【实验目的】

学习尿糖半定量测定的原理和操作方法。

【实验原理】

尿糖主要指尿中的葡萄糖。葡萄糖中的半缩醛羟基，在热碱性溶液中将硫酸铜还原为氧化亚铜，产生沉淀，其颜色与还原性物质的多少成正比，根据颜色，结合临床检验标准，可半定量判断尿糖水平。

【实验材料与仪器】

1. 仪器　加热电炉，锅。

2. 试剂　本尼迪克特试剂：称取柠檬酸钠 173g 和无水碳酸钠 100g。溶于蒸馏水 700ml 中，加热促溶，冷却慢慢倾入 17.3% $CuSO_4 \cdot 5H_2O$ 100ml，边加边摇加蒸馏水至接近 1L，最后定容至 1L，密封试剂长期保存，取上清液使用。

【实验步骤】

取 2 支小试管，分别加本尼迪克特试剂 20 滴，先煮沸，试剂无变化时(以试剂本身为对照)，再分别加入 A 或 B 尿液 2 滴，水浴或在小火焰上直火煮沸 5min，待冷却后，观察结果。按下表标准作出判断。

用病人尿(A 尿液)和实验者自身尿液(B 尿液)作上述实验，记录后填表 2-18。

表 2-18　尿糖测定

统计葡萄糖含量(g%)	试管变化	结果符号
无糖	试剂仍清晰呈蓝色，如有大量尿酸存在，可能有少许蓝灰色沉淀	-
微量 0.5 以下	仅于冷却后有少量绿色沉淀	+
少量 0.5~1	煮沸约 1min 后，出现少量黄绿色沉淀	++
中等量 1.0~2.0	煮沸约 15s，即显土黄色沉淀	+++
多量 2.0 以上	开始煮沸时，即显多量红棕色沉淀	++++

【思考题】

1. 尿糖测定阳性结果与血糖测定的结果对判断糖尿病有什么不同(从时间考虑)？

2. 简述尿糖测定与血糖测定的显色原理区别。

3. 尿糖阴性时,是否意味糖尿病已经痊愈?

(李　铁)

实验十二　肾上腺素对血糖浓度的影响

【实验目的】

1. 了解葡萄糖氧化酶法检测血糖浓度原理。
2. 观察肾上腺素对血糖浓度的影响,体会激素对血糖浓度的调节作用。

【实验原理】

血糖是葡萄糖在体内主要运输形式,全身各组织均需要从血液中摄取葡萄糖以进行分解供能。正常人体的空腹血糖浓度稳定在 3.9~6.0mmol/L 范围内,血糖浓度的稳定依赖于体内一系列调节机制,对血糖来源和去路进行精确调控。体内对血糖的调控机制主要是整体调节即神经系统通过下丘脑和自主神经系统,控制相关激素的分泌,影响血糖来源和去路中的关键酶,从而实现对血糖浓度的调控。而激素调节则分为了降低血糖浓度激素和升高血糖浓度激素两大类。肾上腺素能加速糖原分解,从而增高血糖浓度,属于升高血糖浓度激素。

本实验需通过观察家兔注射肾上腺素前后的血糖浓度变化,以体会肾上腺素的升血糖作用。血糖浓度测定方法同"实验十一"即葡萄糖氧化酶(GOD)和过氧化物酶(POD)相偶联发生的偶联反应,对血清中的葡萄糖进行检测。第一步:葡萄糖氧化酶与氧和水共同作用,将葡萄糖氧化为葡萄糖酸,并释放过氧化氢。第二步:过氧化物酶将过氧化氢分解为水和氧,并使 4-氨基安替比林和酚去氢缩合为红色醌类化合物,即苯醌亚胺非那腙。根据对苯醌亚胺非那腙产量的检测,即可计算出血清中血糖的浓度。

【实验材料与仪器】

1. 仪器　可见光分光光度计,电炉,水浴锅,洁净试管。
2. 试剂

(1) 待测血清样品,按实验方法操作取血制备。

(2) 磷酸盐缓冲液(0.1mol/L, pH 7.0):无水磷酸氢二钠(Na_2HPO_4)8.67g,无水磷酸二氢钾(KH_2PO_4)5.30g,溶于 800ml 蒸馏水中,1mol/L NaOH(或 1mol/L HCl)调整 pH 至 7.0,蒸馏水定容至 1L,室温保存。

(3) 酶试剂:过氧化物酶 1200U,葡萄糖氧化酶 1200U,4-氨基安替比林 10mg,叠氮钠 100mg,溶于 80ml 磷酸盐缓冲液,1mol/L NaOH 调 pH 至 7.0,磷酸盐缓冲液定容至 100ml,4℃保存 3 个月。

(4) 酚试剂:重蒸馏酚 100mg,溶于蒸馏水 100ml 中,避光贮存。

(5) 酶酚混合试剂:酶试剂(3)与酚试剂(4)等量混合,4℃保存 1 个月。

(6) 苯甲酸溶液(12mmol/L):苯甲酸 1.4g 溶于 800ml 蒸馏水,蒸馏水定容至 1L。

(7) 葡萄糖标准贮存液(100mmol/L):无水葡萄糖 1.802g,溶于 70ml 苯甲酸溶液中,用苯甲酸溶液定容至 100ml,静置 2h 后使用。

(8) 葡萄糖标准应用液(5mmol/L):葡萄糖标准贮存液5ml,苯甲酸溶液稀释定容至100ml,备用。

(9) 肾上腺素:1mg/ml肾上腺素注射剂,备用。

【实验步骤】

1. 采用耳缘静脉取血法,将健康家兔全血收集于洁净试管中,静置至血清析出。

2. 以0.4ml/kg体重剂量,对家兔进行肾上腺素皮下注射,注射完毕后计时,30min后再次取家兔全血,收集于洁净试管中,静置至血清析出。

3. 取4支洁净试管,按表2-19分别编号后,加入相应试剂:

表2-19 肾上腺素对血糖含量的影响测定 (单位:ml)

试剂	标准管(S)	测定管		空白管(B)
		正常(N)	注射激素后(I)	
血清	—	0.02	0.02	—
葡萄糖标准应用液	0.02	—	—	—
蒸馏水	—	—	—	0.02
酶酚混合试剂	3.00	3.00	3.00	3.00

4. 将各管反应体系混匀后,37 ℃水浴20min,水浴完毕待反应产物冷却至室温后使用可见光分光光度计,在波长505 nm处比色,以空白管调零,读取各管吸光度值。

5. 注射肾上腺素前后的血糖浓度计算:

$$葡萄糖含量(mmol/L)=\frac{A_N}{A_S}\times 5$$

家兔正常血糖参考范围:4.3~8.6mmol/L,人正常空腹血糖参考范围3.9~6.0mmol/L。

注射肾上腺素后血糖浓度增高率计算:

$$血糖浓度增高率=\frac{A_I-A_N}{A_N}\times 100\%$$

式中:A_N 为注射前家兔血清样品的吸光度值;A_S 为标准液的吸光度值;A_I 为注射后健康家兔血清样品的吸光度值。

【注意事项】

1. 苯甲酸溶液溶解较慢,可用电炉略微加热促进溶解;试剂配制时应避免相互污染。

2. 注意皮下注射、取血操作的规范性;收集全血后应立即将全血静置,血清及时进行测定,以免影响实验准确性。

3. 酶酚混合液现配现用。

【思考题】

1. 人和动物主要通过哪些机制对血糖水平进行调控?

2. 肾上腺素升高血糖水平的主要机制是什么?

(马旭升 刘 展)

实验十三　大鼠肝糖原的提取和鉴定

【实验目的】

1. 掌握从动物肝组织提取糖原的原理和方法。
2. 了解糖原的特殊生化性质和鉴定方法。
3. 熟悉离心机的使用方法。

【实验原理】

哺乳动物体内,肝和肌肉组织中糖原含量最多,分别称为肝糖原和肌糖原,通常肝用作糖原提取和鉴定的材料。

糖原储存于细胞内,采用研磨匀浆等方法可使细胞破碎,三氯醋酸能使蛋白质变性沉淀,破坏肝组织中的酶且沉淀蛋白质,而糖原仍稳定地存在于溶液中,从而使糖原与蛋白质等其他成分分离开来。糖原不溶于乙醇而溶于热水,故用 95% 乙醇将溶液中的糖原沉淀,再溶于热水中。

糖原溶液呈乳样光泽,遇碘呈红棕色,这是糖原中葡萄糖长链形成的螺旋体与碘分子形成包合物后呈现的颜色。糖原本身无还原性,在酸性溶液中加热可水解为具有还原性的葡萄糖,后者可将碱性溶液(本尼迪克特试剂)中的 2 价铜还原为氧化亚铜,利用上述性质,可以判断糖原的存在。

【实验材料与仪器】

1. 器材　饱食大鼠、注射器、手术剪、眼科镊、玻璃研钵、试管及试管架、15ml 离心管、尖玻璃棒、台式离心机。

2. 试剂

(1) 10% 三氯醋酸溶液。

(2) 95% 乙醇。

(3) 20% NaOH。

(4) 9mol/L 硫酸溶液:在烧杯中放入 200ml 蒸馏水,在搅拌情况下将 244ml 98% 浓硫酸缓缓加入水中,然后加蒸馏水至 500ml。

(5) 碘试剂:称取碘(I_2)1g,碘化钾(KI)2g,溶解于 500ml 蒸馏水中。

(6) 本尼迪克特试剂:称取柠檬酸钠 173g 溶于 400ml 蒸馏水中;无水碳酸钠 100g 溶于 400ml 蒸馏水中;硫酸铜 17.3g 溶于 100ml 蒸馏水中。在搅拌下,将柠檬酸钠溶液缓缓加入碳酸钠溶液中,再将硫酸铜溶液缓缓加入混合液中,最后加蒸馏水至 1000ml。

(7) 25% 乌拉坦溶液:称取 25g 乌拉坦溶于 100ml 蒸馏水中。

【实验步骤】

1. 处死大鼠(处死方法见后附),摘取肝脏。

2. 肝糖原的提取　取 3g 左右新鲜大鼠肝脏(1/4 大鼠肝脏)至研钵中,用剪刀尽量剪碎,加入 3ml 10% 三氯醋酸溶液,研磨至糜状。再加入 3ml 10% 三氯醋酸和 3ml 蒸馏水继续研磨片刻,使成均匀糜浆,分 3 份各自转入离心管中,2000r/min 离心 5min。

取上清液于另一离心管中,加入等体积的 95% 乙醇,混匀后静置片刻,使糖原呈絮状析出，再放入离心机 3000r/min 离心 5min。倾去上清液，白色沉淀即为糖原，加入蒸馏水 1ml，用玻璃棒搅起沉淀，置于沸水浴中至糖原完全溶解。

3. 肝糖原的鉴定　取小试管 2 支，一支加入糖原溶液 500μl，另一支加入蒸馏水 500μl，两管中各加入碘试剂 2 滴，混匀。观察两管中颜色变化，并解释现象。

取小试管 2 支，一支加入糖原溶液 500μl，另一支加入蒸馏水 500μl，2 支小试管分别再加入 9mol/L 硫酸溶液 3 滴，放入沸水浴中加热 10min，取出冷却，加入 20% NaOH 溶液 1ml 至碱性。各管加入本尼迪克特试剂 1ml，再置沸水浴中加热 2～3min，取出冷却，观察并记录结果。

【注意事项】

1. 肝脏离体后，肝糖原会在相关酶的作用下迅速分解，所以取出肝脏后必须迅速加入三氯醋酸使酶蛋白质变性以防糖原分解。
2. 尽量将肝组织研磨至糜状以充分释放糖原分子。
3. 研磨时应尽量避免手部接触三氯醋酸，可戴手套操作。

【思考题】

1. 糖原溶液和糖原水解液有何实质区别。
2. 为什么用肝提取糖原，可否用其他组织提取。
3. 能否用长时间未进食的大鼠提取肝糖原。

附：大鼠处死方法

过量麻醉致死法：操作前戴上帆布手套。一名同学用左手食指和中指放在颈背部两侧，拇指和无名指从大鼠腋下穿至大鼠胸前，分别用手指夹住左右前肢抓起来，右手拉住尾巴前 1/3 处。另一名同学用注射器取 2～3ml 25% 乌拉坦溶液（4ml/kg）以 45°斜插入腹腔推进药品，放回鼠笼等待数分钟至老鼠死亡。

（刘　莉）

实验十四　血清甘油三酯浓度测定

方法一　血清甘油三酯乙酰丙酮显色法

【实验目的】

1. 理解血清甘油三酯乙酰丙酮显色法原理。
2. 学习血清甘油三酯乙酰丙酮显色法的实验操作。

【实验原理】

甘油三酯（triglyceride，TG），也被称为中性脂肪，其结构特征为甘油骨架上分别结合 3 分子脂肪酸。血清甘油三酯中与甘油骨架结合的脂肪酸为油酸、软脂酸、亚油酸和棕榈油酸等。由于甘油上结合的脂肪酸的不同,血清中甘油三酯的成分并不单一,因此其含量多以摩尔浓度表示。根据《中国成人血脂异常防治指南(2016 年修订版)》中的标准:血清中甘油三酯正常水平应<1.70mmol/L。甘油三酯的检测方法有化学法和酶法等。

血清甘油三酯乙酰丙酮显色法属于化学检测方法之一,分为抽提、皂化、氧化、显色四步(图 2-7)。血清中的甘油三酯经正庚烷-异丙醇抽提,分离血清中的甘油三酯;甘油三酯用氢氧化钾(KOH)皂化得到甘油;甘油被过碘酸氧化生成甲醛;最后甲醛与乙酰丙酮在氨的存在下,反应生成黄色的 3,5-二乙酰-2,6 二甲基吡啶化合物。以同样方法处理标准品后,对待测血清样品和标准品同时进行比色测定,则可通过吸光度值求得待测血清样品中的甘油三酯含量。其反应过程如下:

1. 皂化

2. 甘油氧化

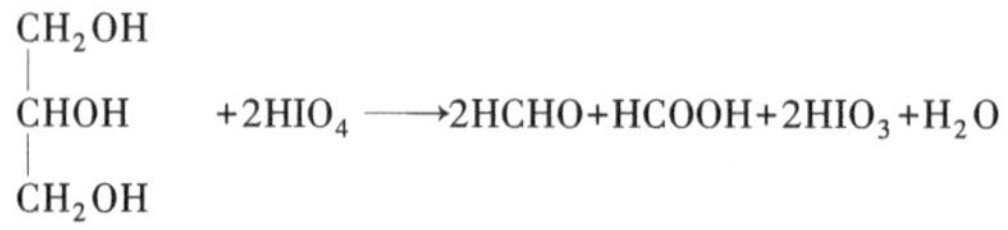

3. 甲醛与乙酰丙酮反应

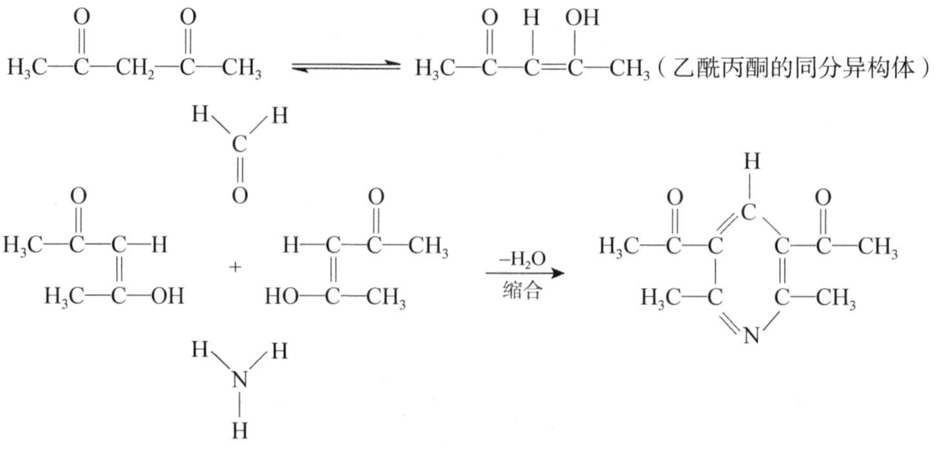

图 2-7 血清甘油三酯乙酰丙酮显色法的反应过程

【实验材料与仪器】

1. 仪器 分光光度计,水浴锅,试管。

2. 试剂

(1) 待测血清样品。

(2) 抽提剂:正庚烷与异丙醇按 4∶7(*V/V*)的比例混合,避光,室温保存 2 个月。

(3) 硫酸溶液(0.04mol/L):取 2.24ml 浓硫酸加入 100ml 蒸馏水冷却,后加蒸馏水稀释至 1000ml,即为 0.04mol/L H_2SO_4溶液。

（4）异丙醇（分析纯试剂）。

（5）皂化剂：氢氧化钾（KOH）60g 加蒸馏水溶解，再加异丙醇 400ml 充分混合，定容至 1000ml。棕色塑料瓶室温保存 2 个月。

（6）氧化剂：过碘酸钠 0.65g 溶于 500ml 蒸馏水中，然后加无水醋酸铵 77g，溶解后，再加冰醋酸 60ml，加水至 1000ml 棕色瓶室温保存。

（7）乙酰丙酮试剂：乙酰丙酮 4ml，加到 1000ml 异丙醇中，棕色瓶室温保存。

（8）甘油三酯标准液（1mg/ml，1.56mmol/L）：甘油三月桂酸酯（分子量 639）0.5g+抽提剂 500ml 溶解。4℃避光保存。

【实验步骤】

1. 取洁净试管 3 支，分别编为空白管（B）、标准管（S）、测定管（U），按表 2-20 加入所有试剂后，剧烈振荡 15s，使各组分充分混合。混合液在室温静置。

表 2-20 甘油三酯含量的测定 1 （单位：ml）

试剂	空白管（B）	标准管（S）	测定管（U）
血清	—	—	0.2
1.56mmol/L 甘油三酯标准液	—	0.2	—
蒸馏水	0.2	0.2	—
抽提剂	2.5	2.3	2.5
0.04mol/L H_2SO_4溶液	0.5	0.5	0.5

2. 混合液静置分层后，另取 3 支对应编号的试管，按表 2-21 加入所有试剂，摇匀后置于 56℃水浴锅中水浴 5min。

表 2-21 甘油三酯含量的测定 2 （单位：ml）

试剂	空白管（B）	标准管（S）	测定管（U）
各管上层提取液	0.3	0.3	0.3
异丙醇	1.0	1.0	1.0
皂化剂	0.3	0.3	0.3

3. 水浴完毕后，再按表 2-22 加入所有试剂，摇匀后置于 56℃水浴锅中水浴 25min，得到反应产物。

表 2-22 甘油三酯含量的测定 3 （单位：ml）

试剂	空白管（B）	标准管（S）	测定管（U）
氧化剂	1.0	1.0	1.0
显色剂	1.0	1.0	1.0

4. 各管冷却至室温后，使用分光光度计，选取波长 420nm，以空白管（B）调零，测定标准管（S）、测定管（U）产物对应吸光度值。

5. 计算

$$甘油三酯含量(mmol/L) = A_U/A_S \times C_S$$

式中：A_U为测定管溶液的吸光度值；A_S为标准管溶液的吸光度值；C_S 为标准液的浓度（实验使用的标准液浓度为 1.56mmol/L）。

中国成人血清甘油三酯参考范围：0.56～1.70mmol/L。

【注意事项】

1. 本实验操作步骤较多，在操作过程中应特别注意试剂加入的体积和顺序。
2. 第 2 步取上层液体时要避免吸入下层液体，以防对检测准确性造成影响。
3. 反应产物应尽快比色，故反应结束后可用冷水冷却反应产物，缩短冷却时间，提高检测准确性。
4. 血清甘油三酯浓度在 3.39mmol/L 以下时，其吸光度值与浓度呈正比关系，若待测血清样品的甘油三酯含量高时，应将待测样品用生理盐水稀释后再进行测定。

【思考题】

1. 简述血清甘油三酯的临床意义。
2. 简述血清甘油三酯（乙酰丙酮显色法）原理和基本四个步骤。

方法二　磷酸甘油氧化酶法测定血清甘油三酯

【实验目的】

1. 了解磷酸甘油氧化酶法测定血清甘油三酯的原理。
2. 学习血清甘油三酯酶法测定的实验操作。

【实验原理】

目前对甘油三酯的检测方法主要有化学法和酶法等。目前临床实验室普遍采用酶法检测血清甘油三酯。作为体内重要的生物分子之一，甘油三酯能够被脂蛋白脂酶特异性催化水解，生成甘油和游离脂肪酸；甘油在甘油激酶的催化下进一步转变为 3-磷酸甘油；3-磷酸甘油在磷酸甘油氧化酶的作用下脱氢，氧化生成磷酸二羟丙酮及过氧化氢（H_2O_2）；过氧化氢与 4-氨基安替比林和 4-氯酚在过氧化物酶作用下，生成红色醌类化合物，在波长 500nm 处，测定该化合物的吸光度值，其显色程度与甘油三酯浓度成正比，因此根据检测得到的吸光度值，可以计算出甘油三酯的含量（图 2-8）。

$$\text{甘油三酯} \xrightarrow{\text{脂蛋白脂酶}} \text{甘油} + \text{游离脂肪酸}$$

$$\text{甘油} \xrightarrow{\text{甘油激酶}} \text{3-磷酸甘油}$$

$$\text{3-磷酸甘油} + \text{ATP} \longrightarrow \text{磷酸二羟丙酮} + H_2O_2$$

$$H_2O_2 + \text{4-氯酚} + \text{4-氨基安替比林} \xrightarrow{\text{过氧化物酶}} \text{红色醌类化合物}$$

图 2-8　磷酸甘油氧化酶法测定血清甘油三酯的原理

【实验材料与仪器】

1. 仪器　分光光度计，恒温水浴锅，试管。
2. 试剂

（1）待测血清样品。

(酶法检测试剂盒包含以下试剂)

(2) Tris-HCl 缓冲液,150mmol/L。

(3) 脂肪酶 3000 U/L,甘油激酶(GK)250U/L,磷酸甘油氧化酶 3000 U/L,辣根过氧化物酶 10000U/L。

(4) 胆酸钠溶液,3. 5mmol/L。

(5) 4-氨基安替比林溶液 1mmol/L。

(6) $MgSO_4$溶液,17. 5mmol/L。

(7) ATP 溶液,0. 5mmol/L。

(8) 4-氯酚溶液,3. 5mmol/L。

(9) Triton X-100 溶液,0. 1g/L。

(10) 甘油三酯标准液(1. 56mmol/L):置于 4℃冰箱,保存备用。

【实验步骤】

1. 取洁净干燥的试管 3 支,分别编为空白管(B)、标准管(S)、测定管(U),按表 2-23 加入试剂:

表 2-23　甘油三酯含量的测定　(单位:ml)

试剂	空白管(B)	标准管(S)	测定管(U)
血清	—	—	0. 01
标准液	—	0. 01	—
酶试剂	1. 10	1. 00	1. 00

将反应体系混匀后,37℃水浴 15min。以空白管调零,在波长 500nm 处测定各管吸光度值。

2. 计算

$$甘油三酯(mmol/L)=\frac{A_U}{A_S}\times 1.13-0.113$$

式中:A_U为样品液的吸光度值;A_S为标准液的吸光度值;0. 113 为血清中游离甘油的含量。

中国成人血清甘油三酯参考范围:0. 56～1. 70mmol/L。

【注意事项】

1. 检测样品中血清来源应为新鲜抽取的血液,否则由于甘油三酯分解使游离甘油升高,影响测定的准确性。

2. 配制后的酶试剂可在 4℃保存 4 天,如保存时间过长会导致酶试剂灵敏度下降。

3. 本法的线性范围在 0～11. 3mmol/L。

【思考题】

1. 比较检测血清中甘油三酯的实验方法,各有何优缺点?

2. 如果待测血清中甘油三酯含量高于本法的测定范围(11. 3mmol/L)时,如何调整实验方案?

(李　娜)

第5章 核酸分离纯化技术

核酸的分离纯化是分子生物学研究中的一项重要的基本技术。

本部分实验主要系统介绍了分子生物学研究中最经常应用的基因组 DNA、质粒 DNA 以及细胞总 RNA 的分离提取。真核细胞基因组 DNA 分离提取采用经典的酚抽提法；质粒 DNA 分离提取采用经典的碱裂解法；总 RNA 的提取则采用经典的异硫氰酸胍/酚/氯仿一步法，同时也介绍了最常用的 TRIzol 试剂法。

本部分的实验设置着重实验总体的系统性、实验方法的经典性以及对学习者基本功的训练。然而，在实际研究工作中，研究经费充足的研究者应该更多地关注和使用各知名生物试剂公司生产的各种方便实用的商品试剂盒，以使研究工作更加快捷、省时、省力和高效。

实验十五 基因组 DNA 的提取制备与检测

【实验目的】

1. 了解基因组 DNA 的概念及其结构特点。
2. 掌握基因组 DNA 提取的基本原理和实验方法。
3. 掌握琼脂糖凝胶电泳检测 DNA 的方法。
4. 掌握 DNA 浓度检测的方法。

【实验原理】

在分子生物学研究中，获得相当纯度和完整性的基因组 DNA，是在基因组 DNA 水平上进行研究和分析的基本前提，基因组 DNA 样品质量的好坏将直接关系到后续实验的成败。基因组 DNA 通常用于构建基因组文库、DNA 印迹法、基因多态性分析以及用 PCR 方法扩增克隆目的基因组片段等方面的研究。

DNA 的分离纯化技术是建立在其结构性质的理论基础之上的，DNA 的一级结构就是指四种脱氧核苷酸的组成和排列顺序，主要由 3′, 5′-磷酸二酯键维持。生物遗传信息就编码储存于其一级结构之中，同时一级结构也决定其高级结构形式，所以为了保证 DNA 结构功能的研究，完整的一级结构是最基本的要求，这也是核酸分离纯化的一个总的原则。物理、化学等多种因素均可导致对其一级结构的破坏，这在分离纯化过程中均应尽力避免。真核基因组 DNA 的分子量大，在分离纯化时尤其要注意对其一级结构的保护。在真核细胞内，DNA 与组蛋白盘绕形成核小体，并进一步折叠包装压缩为染色体。因此，在 DNA 分离纯化时，首先还要将核蛋白做解聚处理，以释放出 DNA。另外，进行 DNA 分离纯化时还必须排除蛋白质、RNA 等其他分子的污染，保证 DNA 样品的纯度，以满足后续实验的要求。

因此，尽管 DNA 分离纯化的方法有很多，但根据上述原则，分离纯化的步骤基本一致，无外乎破碎细胞，去除与 DNA 结合的蛋白质以及多糖、脂类、RNA 等生物大分子，沉淀 DNA，去除盐类、有机溶剂等杂质，纯化 DNA 等。不同的分离纯化方法分别具有不同的特点及适用范围,因此,在实际应用中,应根据具体生物材料和研究目的对核酸完整性、纯度、产量的要求而选择不同的方法。

常用的真核细胞基因组 DNA 分离提取的主要方法有酚抽提法、甲酰胺解聚法及玻璃棒缠绕法等。

酚抽提法的原理主要在于通过用蛋白酶 K、SDS、RNA 酶消化裂解细胞和解聚核蛋白后,再通过交替使用酚和氯仿这两种不同的蛋白质变性剂,以达到有效去除蛋白质的目的。实际操作中常常依次使用饱和酚、酚/氯仿和氯仿三种溶液来去除蛋白质,最后在高盐存在下用乙醇沉淀收集 DNA。氯仿可使蛋白质变性并有助于水相和有机相的分离,异戊醇则有助于减少抽提过程中泡沫的形成。通过酚抽提法可以得到 100~200kb 的基因组 DNA 片段,经适当剪切后,适用于基因组文库的构建。该法也是目前真核基因组 DNA 分离提取普遍使用和经济实用的方法。在本实验中,我们主要采用酚抽提法来进行基因组 DNA 的分离纯化。

甲酰胺解聚法主要利用了甲酰胺的特殊化学性质。甲酰胺是一种离子化溶剂,既可分离 DNA 与蛋白质的复合物,又可变性沉淀释放的蛋白质,但对蛋白酶 K 的活性无显著影响。该方法裂解细胞和消化蛋白质的步骤与酚抽提法相同,但不进行酚抽提,而是利用高浓度甲酰胺解聚蛋白质与 DNA 的结合,然后使用火棉胶袋进行充分透析处理 DNA 样品以去除蛋白酶和有机溶剂。由于提取过程操作步骤少,DNA 分子量一般可达到 7200kb,经适当处理后,适用于高容量载体构建文库及通过脉冲凝胶电泳分析大片段 DNA。

玻璃棒缠绕法主要利用了真核基因组分子量大的特点,该方法将基因组 DNA 沉淀在细胞裂解液和乙醇的交界面上,然后将沉淀的大分子基因组 DNA 缠绕到一个 Shepherd 钩(带钩的玻璃棒)上。本法提取的 DNA 分子约为 80kb,不适用于构建基因组文库,但适用于 Southern 杂交和 PCR 反应。

另外,近年来世界各大生物技术商业公司也纷纷投入巨资开发新的更为简便的商品化基因组 DNA 分离纯化试剂盒,从而使基因组 DNA 的分离纯化更为方便、快捷、高效和自动化。如 QIAGEN、Promega、Invitrogen 等公司均有种类繁多的基因组 DNA 分离纯化试剂盒,研究人员可以根据自己的经济实力和研究目的选择合适的试剂盒。

本实验还以市面常见公司生产的血液/细胞/组织基因组 DNA 提取试剂盒为例介绍试剂盒法提取基因组 DNA 的原理和方法。该试剂盒的基本原理是:采用可以特异性结合 DNA 的离心纯化柱和缓冲液系统(高盐结合,低盐洗脱),可提取多种细胞中的基因组 DNA。离心纯化柱中采用的硅基质材料,可以高效、专一吸附 DNA,可有效去除杂质蛋白质和细胞中的其他有机化合物。提取的基因组 DNA 片段大,纯度高,质量稳定可靠,可适用于各种常规操作,包括酶切、PCR、文库构建、DNA 印迹法等实验。试剂盒法提取基因组 DNA 的方法简单快速,1h 即可获得高纯度的基因组 DNA;广泛适用于血液、多种动物细胞和动物组织等;且纯度高,获得的 DNA 可直接用于 PCR、酶切、杂交等分子生物学实验。

基因组 DNA 分离纯化完成后,还需要对得到的 DNA 样品进行 DNA 浓度检测、纯度鉴定和完整性检测。只有通过检测分析,确认得到的是高质量的 DNA 样品,方可进行后续实验研究。

DNA 浓度的测定一般使用紫外分光光度计进行检测。核酸分子中的碱基具有共轭双键结构,因而可以吸收紫外线,其最大吸收波长为 260nm。在波长 260nm 紫外线下,1OD 值的光密度相当于双链 DNA 浓度为 50μg/ml；单链 DNA 为 33μg/ml，可以依此来计算核酸样品的浓度。另外，因为蛋白质的最大吸收波长为 280nm，所以在用紫外分光光度计对 DNA 浓度进行测定时，还可以同时检测 280nm 处的吸光度值，通过计算 A_{260}/A_{280} 比值来推测 DNA 的纯度。在 TE 缓冲液中，纯 DNA 的 A_{260}/A_{280} 比值约为 1.8，比值升高提示有 RNA 的污染，而比值降低则提示有蛋白质的污染。

基因组 DNA 完整性主要通过琼脂糖凝胶电泳来进行检测。基因组 DNA 片段的分子量很大，在电场中泳动很慢，如果发生降解，电泳图谱中的基因组 DNA 条带则呈拖尾状。

【实验材料与仪器】

1. 器材　恒温水浴箱，台式冷冻高速离心机，紫外分光光度计，电泳仪，电泳槽，50ml 离心管，1.5ml 离心管，剪刀，牙签，宽口移液管（5ml、10ml），移液器，吸头，锥形瓶，微波炉，简易凝胶紫外观察仪或凝胶成像系统等。

2. 试剂

（1）磷酸盐缓冲液（PBS）：NaCl 8g，KCl 0.2g，Na_2HPO_4 1.44g，KH_2PO_4 0.24g，800ml 蒸馏水溶解，用 HCl 调节 pH 至 7.4，加水定容至 1L，高压蒸汽灭菌 20min，保存于室温。

（2）DNA 提取液：10mmol/L Tris-HCl（pH8.0），0.1mol/L EDTA（pH8.0），20μg/ml 胰 RNase，0.5% SDS。前三种成分可预先混合并于室温保存，RNase 在用前加入。

（3）苯酚：熏蒸后，用 0.5mol/L Tris-HCl（pH8.0）平衡。

（4）TE 缓冲液（pH8.0）：10mmol/L Tris-HCl（pH8.0），1mmol/L EDTA（pH8.0）。

（5）酸性柠檬酸葡萄糖（acid-citrate-dextrose，ACD）抗凝剂：柠檬酸 0.48g，柠檬酸钠 1.32g，右旋葡萄糖 1.47g，加水至 100ml 溶解。使用时，每 6ml 血液加入 1ml ACD 抗凝剂。

（6）5×TBE 电泳缓冲液：54g Tris 碱，27.5g 硼酸，20ml 0.5mol/L EDTA（pH8.0），800ml 蒸馏水溶解，加水定容至 1L。

（7）其他试剂：蛋白酶 K（20mg/ml），溴化乙锭（ethidium bromide，EB）溶液，氯仿，异戊醇，琼脂糖，95% 乙醇，75% 乙醇，1kb 梯度 DNA 分子量标准品，上样缓冲液，3mol/L 乙酸钠等。

（8）组织和细胞：贴壁或悬浮培养的哺乳动物细胞、新鲜组织或血样。

（9）血液/细胞/组织基因组 DNA 提取试剂盒：购自市面常见公司。试剂盒包括缓冲液 GA、缓冲液 GB、缓冲液 GD、漂洗液 PW、洗脱缓冲液 TE、蛋白酶 K、纯化柱 CB3 和收集管等。

【实验步骤】

1. DNA 的提取（酚/氯仿抽提法）

（1）样品的预处理

1）细胞样本：用培养细胞提取基因组 DNA 时，应尽可能收集生长状态良好的正在培养的细胞进行抽提，不能及时提取时，则需将细胞放于液氮或-80℃冰箱保存。对于悬浮培养细胞，经 1000r/min 离心 5min 收集细胞，然后加入 DNA 提取液混悬细胞沉淀，37℃水浴温育 1h。对于贴壁培养细胞，则需倒出培养皿中的培养液，用预冷的 PBS 洗 2 次，将 DNA 提取液直接加入培养皿中，晃动培养皿至液体变黏稠，然后将其移入离心管，37℃水浴温育 1h。DNA 提取液的使用量为 5×10^6 个细胞/ml。

2）组织样本：取1g新鲜组织，液氮中速冻，用锡箔纸包裹，在用液氮预冷的研钵中迅速将组织磨碎。液氮挥发后，将组织粉末一点点地加入含10ml DNA提取液的离心管中，晃动均匀，37℃水浴温育1h。

3）血液样本：收集10ml新鲜血液于含ACD抗凝剂的离心管中，1300r/min 4℃离心15min，吸去上清液，小心吸取淡黄色层，移至一新的离心管中并再次离心，弃去红细胞沉淀。用7ml DNA提取液悬浮细胞，37℃水浴温育1h。对于冻存血液，在解冻后加入等体积PBS混匀，室温3500r/min离心15min，弃去含有裂解红细胞的上清液，用7ml DNA提取液悬浮细胞，37℃水浴温育1h。

（2）消化：加入蛋白酶K至终浓度100~300μg/ml，上下颠倒离心管混匀，使溶液至黏稠状。50℃水浴温育3h，以裂解细胞、消化蛋白，其间应不时轻轻上下颠倒离心管混匀黏稠的溶液，以充分消化。

（3）酚/氯仿抽提纯化DNA：将上述反应液冷却至室温后，加入等体积的饱和酚，轻轻地上下颠倒离心管5~10min，直至水相与酚相混匀呈乳浊状。室温5000r/min离心15min，小心地用宽口吸管（出口直径0.3cm）将黏稠的水相转移至另一新离心管中。加入等体积的酚/氯仿/异戊醇（25∶24∶1），轻轻颠倒混匀，室温5000r/min离心15min，用宽口吸管小心地吸取上层水相，转移至另一新离心管中。再用等体积的氯仿抽提一次。

（4）沉淀DNA：加入1/10体积的3mol/L乙酸钠和2倍体积室温或预冷的无水乙醇，轻轻颠倒混匀离心管，即可观察到乳白色云絮状DNA的出现。用牙签小心挑取絮状DNA，转移至一新的离心管中。如果DNA沉淀为碎片，则在室温5000r/min离心5min收集DNA沉淀。

（5）洗涤DNA：加入75%乙醇1ml，5000r/min离心5min，小心弃去上清液。将离心管倒置于滤纸上晾干，室温或真空干燥以使残留的乙醇挥发。但注意不要使DNA完全干燥，否则难以溶解。

（6）DNA样品的溶解：加入适量TE缓冲液溶解DNA样品，可过夜放置以使DNA完全溶解。4℃保存备用。

2. 基因组DNA的提取（试剂盒法）

（1）处理材料

1）如提取材料为血液，可直接使用200μl新鲜、冷冻或加入各种抗凝剂的血液，不足200μl可加缓冲液GA补足。注意，如需处理更大体积血液，如300μl~1ml，应按以下步骤操作：在样品中加入3倍体积红细胞裂解液（如300μl血液中加入900μl红细胞裂解液），颠倒混匀，室温放置5min，其间再颠倒混匀几次。10000r/min（约11500×*g*）离心1min［若离心机最高转速不允许，可3000r/min（约3400×*g*）离心5min］，吸去上清液，留下白细胞沉淀，加入200μl缓冲液GA，振荡至彻底混匀。

2）如果处理血样为禽类、鸟类、两栖类或更低级生物的抗凝血液，其红细胞为有核细胞，因此处理量为5~20μl，可加缓冲液GA补足200μl后进行下面的裂解步骤。

3）贴壁培养的细胞需要先处理为细胞悬液，然后10000r/min（约11500×*g*）离心1min，吸去上清液，加200μl缓冲液GA，振荡至彻底悬浮。

4）动物组织细胞（脾组织用量应少，为10mg）应先打碎处理为细胞悬液，然后10000r/min（约11500×*g*）离心1min，吸去上清液，加200μl缓冲液GA，振荡至彻底悬浮。

注意:如果需要去除 RNA,可加入 4μl RNaseA(100mg/ml)溶液,振荡 15s,室温放置 5min。

(2)加入 20μl 蛋白酶 K 溶液混匀

1)提取血液基因组 DNA 时,只需加入蛋白酶 K 溶液混匀,即可继续进行下一步。

2)提取细胞基因组 DNA 时,只需加入蛋白酶 K 溶液混匀,即可继续进行下一步。

3)提取组织基因组 DNA 时,加入蛋白酶 K 混匀,在 56℃放置,直至组织溶解,简短离心,以去除管盖内壁的水珠,再进行下一步。

注意:不同组织裂解时间不同,通常需 1~3h 即可完成(鼠尾需要消化过夜)。不会影响后续操作。每小时颠倒混合样品 2~3 次,用水浴振荡器也可。

(3)加入 200μl 缓冲液 GB,充分颠倒混匀,70℃放置 10min,溶液应变清亮,简短离心,以去除管盖内壁的水珠。

注意:加入缓冲液 GB 时可能会产生白色沉淀,一般 70℃放置时会消失,不会影响后续实验。如溶液未变清亮,说明细胞裂解不彻底,可能导致提取 DNA 量少或提取的 DNA 不纯。当血液体积≤200μl 且没有采用红细胞裂解处理,或者样本储存条件不佳,水浴后颜色可能为深褐色。注意溶液中没有团块等沉淀。

(4)加入 200μl 无水乙醇,充分将振荡混匀 15s,此时可能会出现絮状沉淀,简短离心,以去除管盖内壁的水珠。

(5)将上一步所得的溶液和絮状沉淀都加入一个纯化柱 CB3 中(纯化柱放入收集管中),12000r/min(约 13400×g)离心 30s,弃废液,将纯化柱 CB3 放回收集管中。

(6)向纯化柱 CB3 中加入 500μl 缓冲液 GD(使用前请先检查是否已加入无水乙醇),12000r/min(约 13400×g),离心 30s,弃废液,将纯化柱 CB3 放入收集管中。

(7)向纯化柱 CB3 中加入 600μl 漂洗液 PW(使用前先检查是否已加入无水乙醇),12000r/min(约 13400×g),离心 30s。弃废液,将纯化柱 CB3 放入收集管中。

(8)重复操作步骤(7)。

(9)将纯化柱 CB3 放回收集管中,12000r/min(约 13400×g)离心 2min,弃废液。将纯化柱 CB3 置于室温放置数分钟,以彻底晾干吸附材料中残留的漂洗液。

注意:这一步的目的是将纯化柱中残留的漂洗液去除,漂洗液中乙醇的残留会影响后续的酶切反应(酶切、PCR)实验。

(10)将纯化柱 CB3 转入一个干净的离心管中,向吸附膜的中间部位悬空滴加 50~200μl 洗脱缓冲液 TE,室外放置 2~5min,12000r/min(约 13400×g)离心 2min,将溶液收集到离心管中。

注意:洗脱缓冲液体积不应少于 50μl,体积过小影响回收效率。洗脱液的 pH 对于洗脱效率有很大的影响。若使用灭菌蒸馏水做洗脱液,应保证其 pH 在 7.0~8.5 范围内,pH 低于 7.0 会降低洗脱效率;且 DNA 产物应保存在-20℃,以防 DNA 降解。为增加基因组 DNA 的得率,可将离心得到的溶液再加入纯化柱 CB3 中,室温放置 2min,12000r/min(约 13400×g)离心 2min。

3. DNA 的浓度及纯度检测　取适量 DNA 样品,TE 溶液作为空白对照,在紫外分光光度计 Nano drop 仪上检测 DNA 样品。记录 DNA 样品的浓度和 A_{260}/A_{280} 比值。也可以根据 A_{260} 值计算 DNA 样品的浓度。

$$DNA\ 浓度(\mu g/ml) = A_{260} \times 50$$

经上述方法制备的 DNA 样品，A_{260}/A_{280} 比值应在 1.7～2.0 之间。如比值过高提示有 RNA 的污染，而比值过低则提示蛋白质没有得到有效去除。

4. DNA 的琼脂糖凝胶电泳检测 DNA 完整性

（1）凝胶制备：称取 0.8g 琼脂糖于锥形瓶中，加入 100ml 0.5×TBE 电泳缓冲液。微波炉加热使琼脂糖完全溶解。同时准备凝胶模具并插上梳子。待胶液冷却至 60℃左右后，将琼脂糖胶液倒入准备好的凝胶模具中，避免气泡产生，若有气泡产生可用移液器吸头移去。凝胶厚度一般为 0.3～0.5cm。室温下静置 20～30min，待琼脂糖胶液完全凝固。胶凝之后，轻轻移去梳子，凝胶置于 0.5×TBE 电泳缓冲液中备用。

（2）上样：将凝胶置于胶板模具上，放在电泳槽内，注入适量的 0.5×TBE 电泳缓冲液，液面应高于胶面 1～2mm。取适量的 DNA 样品与加样缓冲液混合，然后用微量移液器将 DNA 样品加入加样孔中，同时加入 1kb 梯度 DNA 分子量标准品。

（3）电泳：加样完毕后，连接电泳槽与电源之间的电源线，正极为红色，负极为黑色，凝胶的加样端应置于负极。设置电压和时间，电压一般为 80～100V，时间一般为 40～50min。打开电源，若连接良好，负极附近的铂丝会有气泡产生。电泳时间的选择取决于胶的长度和电压的大小，胶越长，电压越低，所需时间就越长，但电压过高时，会降低大分子 DNA 片段的分辨率。最终应根据上样缓冲液中指示剂溴酚蓝迁移的位置（溴酚蓝和 500bp 大小 DNA 的迁移率相近），判断是否终止电泳，切断电源。

（4）染色与观察：电泳结束后，取出凝胶，放入 EB 染色液中染色 5～10min。染色后，用水冲洗凝胶，使用简易凝胶紫外观察仪或凝胶成像系统观察凝胶电泳的结果并拍照记录。注意和 1kb 梯度 DNA 分子量标准品对比，推测提取的 DNA 样品的分子量大小，并注意观察 DNA 样品条带的强度、锐利程度和有无拖带等现象。

【注意事项】

1. 液氮的使用　液氮操作时应戴保暖手套和防护目镜，以防溅出的液氮冻伤皮肤。

2. 血液抗凝剂的选择　抗凝剂的种类很多，但用于提取 DNA 时，使用 ACD 抗凝剂比用其他抗凝剂能更好地保存大分子 DNA。经过抗凝处理的血液在 DNA 制备前可以在 -70℃长期保存，也可以在 2～8℃放置数天至 2 个月，但 DNA 的产率会随放置时间的延长而有所降低。

3. 样本的预处理　对于组织细胞的破碎处理，也可以采用匀浆或者超声等物理破碎方法，但这些方法会对大分子 DNA 有剪切作用。

4. 蛋白酶 K 的使用　不同批次蛋白酶 K 的活性有差异，因此，在正式实验前应做预实验确定合适的使用浓度。新购买的蛋白酶 K 应分装成小份，于 -20℃长期储存，避免反复冻融。

5. 避免物理剪切作用对大分子 DNA 的损伤　基因组 DNA 分子量很大，易受剪切力作用而发生断裂，所以在操作过程中应轻柔，提取步骤中的混匀操作，动作不可剧烈，应缓慢地上下颠倒离心管进行混匀。移液器的吸头也应剪去前面的部分，以避免 DNA 溶液快速通过狭长的通道而受损伤。

6. DNA 的溶解　75% 乙醇洗涤 DNA 后晾干时，注意不要让 DNA 沉淀完全干燥，否则极难溶解。加入 TE 溶解 DNA 时，可置于 4℃过夜，或者置于旋转混合仪上缓慢旋转混合以尽快完全溶解。

7. 细胞样品的处理　用培养细胞提取基因组 DNA 时，应尽可能新鲜收集即行抽提，不能及时提取时，必须将细胞放于液氮或-80℃中。

8. 酚抽提离心后水相的吸取　酚抽提离心后，溶液会分为上层的水相、下层的酚有机相和中间的交界面，DNA 位于上层的水相中，交界面含有蛋白质。因此，在吸取上层水相时应非常小心，以免将混有蛋白质的交界面也吸入上层水相。如不慎吸取到交界面的蛋白质，可再进行一次酚抽提以去除蛋白质。另外，Tris-HCl 饱和酚的 pH 应接近 8.0，过酸或过碱都会造成酚抽提离心后，水、酚两相交界面不清楚，交界面有 DNA 滞留，进而转移水相时带动界面中的蛋白质。

9. 琼脂糖凝胶电泳　倒胶时注意不能有气泡留在胶层，电泳时注意正负极的方向不能接反。用于凝胶染色的溴化乙锭为致癌物，操作时一定要戴乳胶或一次性手套。溴化乙锭可在制备凝胶时直接加入凝胶中，或者加入电泳槽中的电泳缓冲液中，这样在电泳结束后可直接观察；也可以等电泳结束后单独进行溴化乙锭染色。

【思考题】

1. 什么是基因组 DNA？
2. 常用的三种基因组 DNA 提取方法的原理是什么？
3. 紫外分光光度法检测 DNA 浓度和纯度原理是什么？
4. 酚/氯仿法抽提 DNA 时，酚为什么要进行饱和？酚、氯仿、异戊醇和蛋白酶 K 分别起什么作用？

实验十六　总 RNA 的提取制备与检测

【实验目的】

1. 了解 RNA 分子的种类、分布及其结构特点。
2. 掌握总 RNA 提取的基本原理和实验方法。
3. 掌握总 RNA 浓度检测的方法。
4. 掌握总 RNA 完整性检测的方法。

【实验原理】

RNA 是细胞内一类重要的核酸分子和分子生物学研究的一个主要对象，进行完整的 RNA 的提取和纯化是进行 RNA 方面研究工作的基本前提，如 Northern 杂交、mRNA 分离、RT-PCR、基因表达水平检测、cDNA 合成及体外转录和翻译等实验均需要高质量的 RNA 样品。

RNA 提取的基本策略和步骤与 DNA 的提取基本类似，只不过在提取 RNA 时，DNA 则作为一种杂质被除去。RNA 提取的基本步骤为首先破碎细胞，然后去除与 RNA 结合的蛋白质以及多糖、脂质、DNA 等生物大分子，沉淀 RNA，去除盐类、有机溶剂等杂质，纯化 RNA 等。一般方法提取的 RNA 大都是组织细胞内的总 RNA，但个别研究工作中需要纯的 mRNA，则总 RNA 需进行进一步的分离纯化。

总 RNA 的分离提取方法目前主要有两种，即酸性异硫氰酸胍-酚-氯仿一步法和异硫氰酸胍-CsCl 超速离心法。异硫氰酸胍-CsCl 超速离心法提取出的总 RNA 质量较高，但该法费时且需要高速离心。酸性异硫氰酸胍-酚-氯仿一步法是最为经典的 RNA 分离纯化方法，于 1987 年由 Chomczynski 等建立，故也称 Chomczynski 一步分离法，该法以含有异硫氰酸胍、β-巯基乙醇和 SDS 的变性溶液裂解细胞，然后在 pH4.0 的酸性条件下，再加入酚和氯仿，经离心分离后 DNA 与蛋白质进入有机相而 RNA 则留在水相，从而将总 RNA 分离出来，最后吸取水相，用异丙醇沉淀获得总 RNA。与其他方法相比，Chomczynski 一步分离法具有简便、经济、快速和高效等特点，且用该法制备的总 RNA 适用于绝大多数分子生物学实验如 Northern 杂交等的要求，因此成为目前使用最为广泛的 RNA 提取方法，适用于从培养细胞和大多数动物组织中分离纯化总 RNA。在该方法的基础上，很多生物技术公司也开发出了更加方便使用的用于 RNA 分离的商品试剂，从而使得 RNA 的分离纯化变得更为快捷和容易。如 TRIzol 试剂就是在 Chomczynski 一步分离法基础上进行改进的复合试剂，含有异硫氰酸胍和酚等化学试剂，可迅速破坏细胞结构，使 RNA 核蛋白解离并将 RNA 分子释放到溶液中。

另外，在 RNA 的提取过程中，我们最关心的是其一级结构的稳定性，尤其是来自于细胞内外环境中的 RNase 对其一级结构的降解。与 DNase 相比，RNase 分布广泛，耐热耐酸耐碱，不需要辅助因子，蛋白质变性剂也只能暂时抑制它的活性。所以，RNA 分离纯化的关键问题就是创造一个无 RNase 的环境。创造一个无 RNase 的环境主要包括两方面的工作：极力避免外源 RNase 的污染和尽力抑制内源性 RNase 的活性。外源 RNase 主要来源于操作者的手、实验器皿和试剂，故而口罩、手套、实验器皿、试剂要高温高压灭菌处理，或焦碳酸二乙酯（diethyl pyrocarbonate，DEPC）处理。内源性 RNase 来源于样品中的组织细胞，细胞破碎的同时，RNase 也随即释放出来，所以原则上要尽可能早地去除细胞内蛋白，联合使用各种不同的强有力的 RNase 抑制剂。

本实验中我们将主要介绍如何使用 Chomczynski 一步分离法来分离总 RNA，同时考虑到 TRIzol 试剂的广泛使用，也提供 TRIzol 试剂的使用方法作为可选方案。

【实验材料与仪器】

1. 器材　恒温水浴箱，台式冷冻高速离心机，紫外分光光度计，电泳仪，电泳槽，1.5ml 离心管，剪刀，牙签，移液器，吸头，锥形瓶，微波炉，简易凝胶紫外观察仪或凝胶成像系统等。

2. 试剂

（1）磷酸盐缓冲液（PBS）：NaCl 8g，KCl 0.2g，Na_2HPO_4 1.44g，KH_2PO_4 0.24g，800ml 蒸馏水溶解，用 HCl 调节 pH 至 7.4，加水定容至 1L，高压蒸汽灭菌 20min，保存于室温。

（2）变性液：4mol/L 异硫氰酸胍，25mmol/L 柠檬酸钠（pH7.0），0.5%（*m/V*）SDS。

（3）5×MOPS 溶液：20.9g MOPS[3-(*N*-玛琳代)丙磺酸，3-(*N*-morpholine) propanesulonic acid]，溶于 500ml DEPC 处理过的水中，加 0.5mol/L EDTA（pH8.0）10ml，混匀后加入 1mol/L乙酸钠（pH5.2）20ml，定容至 1L，避光保存于 4℃，若溶液变黄则丢弃。

（4）苯酚：熏蒸后，用 0.5mol/L Tris-HCl（pH8.0）平衡。

（5）49∶1（*V/V*）氯仿/异戊醇。

（6）TRIzol 试剂。

（7）其他试剂：DEPC，氯仿，异丙醇，2mol/L 乙酸钠（pH4），95% 乙醇，75% 乙醇（DEPC 处理水配制），溴化乙锭溶液，甲醛，甲酰胺，琼脂糖，RNA 分子量标准，RNA 上样缓冲液等。

(8) 组织和细胞:贴壁或悬浮培养的哺乳动物细胞、新鲜组织。

【实验步骤】

1. RNA 的提取(Chomczynski 一步分离法)

(1) 组织细胞样品的处理

1) 组织样本:将组织适当剪碎,按照每 100mg 组织加入 1ml 变性液,然后在玻璃匀浆器中将组织匀浆。或者使用液氮在研钵中研碎组织后再加入变性液。

2) 细胞样本:应尽可能收集生长状态良好的正在培养的细胞即行抽提,不能及时提取时,则需将细胞放于液氮或-80℃冰箱保存。对于悬浮培养细胞,经 1000r/min 离心 5min 收集细胞,然后加入变性液混悬细胞沉淀。对于贴壁培养细胞,则需倒出培养皿中的培养液,用预冷的 PBS 洗 2 次,将变性液直接加入培养皿中。变性液的使用量为 1×10^7 个细胞/ml。

(2) 取 500μl 经过变性液处理过的组织细胞裂解物移至另一新管中,然后加入 50μl 2mol/L 的乙酸钠、500μl 的饱和酚,50μl 的氯仿:异戊醇(49:1),混匀后冰上放置 15min。

(3) 12000r/min 4℃离心 15min。将上层含 RNA 的水相转移至一新的离心管中,然后加入 500μl 的异丙醇,充分混合,置于-20℃ 30min 或-70℃ 5min 以沉淀 RNA。

(4) 12000r/min 4℃离心 10min,收集 RNA 沉淀。

(5) 离心后轻轻倒出异丙醇,加入 200μl 的变性液溶解 RNA 沉淀。然后加入 200μl 的异丙醇和 60μl 的 2mol/L 的乙酸钠,置于-20℃ 30min 或-70℃ 5min 以沉淀 RNA。

(6) 12000r/min 4℃离心 20min,收集 RNA 沉淀。加入 75% 乙醇重悬 RNA 沉淀,然后 12000r/min 4℃离心 5min,再次收集 RNA 沉淀。

(7) 晾干或真空干燥 RNA 沉淀,然后加入 50μl DEPC 处理过的水以溶解 RNA。溶于水的 RNA 储存于-70℃备用。

2. RNA 的提取(备选方案:TRIzol 试剂法)

(1) 组织细胞的匀浆处理

1) 组织样品:按照每 50~100mg 组织样品加入 1ml TRIzol 试剂,用玻璃匀浆器或者电动匀浆器破碎组织细胞。

2) 细胞样品:对于贴壁细胞,吸去培养基后,用 PBS 洗涤一次,以洗去残留的培养基,然后按照每 $10cm^2$ 面积加入 1ml TRIzol 试剂的比例将 TRIzol 试剂直接加至培养皿,用移液器上下吹打几次以裂解细胞;对于悬浮细胞,首先应收集细胞沉淀,然后按照每 10^6 个细胞加入 1ml 的比例加入 TRIzol 试剂,用移液器上下吹打几次以裂解细胞。

将上述经 TRIzol 处理的组织细胞裂解液转移至一新的 1.5ml 离心管中。

(2) 对于多糖、蛋白质、脂肪或者细胞外基质等含量高的组织细胞样品,需将经 TRIzol 处理的组织细胞裂解液进行离心处理以去除这些物质,12000r/min 2~8℃离心 10min,收集上清。对于一般的组织细胞样品,可省略该步骤直接进入下一步。

(3) 将上述经 TRIzol 处理的组织细胞裂解液于室温下放置 5min。然后按照每 1ml TRIzol 试剂加入 0.2ml 氯仿的比例加入氯仿,剧烈振荡 15s,于室温下放置 2~3min。

(4) 4℃,12000r/min 离心 15min。

(5) 将水相转移至一新离心管中。每 1ml TRIzol 中加入 0.5ml 异丙醇沉淀 RNA。混匀,将样品置于室温下 10min。

(6) 4℃,12000r/min 离心 10min。凝胶样沉淀物为 RNA。

(7)弃去上清液并用75%乙醇洗涤 RNA 沉淀,随后于4℃,7500r/min 离心 5min。

(8) 晾干 RNA 沉淀,然后用适量 DEPC 水溶解沉淀。

(9) 分别取出 2μl 测定浓度、纯度及质量,剩余的 RNA 加入 1/10 体积乙酸钠和 1ml 无水乙醇重新沉淀,保存在-70℃备用。

3. RNA 的浓度和纯度检测　取适量 RNA 样品,用 DEPC 处理水进行稀释,DEPC 处理水作为空白对照,用紫外分光光度计测定 A_{260} 和 A_{280} 值,同时计算 A_{260}/A_{280} 比值以推测 RNA 样品的纯度。按照下面公式计算 RNA 样品的浓度:

RNA 浓度(μg/ml) = A_{260}×40×稀释倍数

纯的 RNA 制品的 A_{260}/A_{280} 比值应接近 2.0。如低于 1.7,表明可能存在蛋白质污染,可以通过重复酚/氯仿抽提以去除蛋白质。

4. RNA 的完整性检测——甲醛变性琼脂糖凝胶电泳

(1) 甲醛变性胶的制备:称取 1g 琼脂糖于锥形瓶中,在 73ml 蒸馏水中溶解后稍冷却,加入 20ml 5×MOPS 缓冲液,17ml 甲醛,微波炉加热使琼脂糖完全溶解。同时准备凝胶模具并插上梳子。待胶液冷却至 60℃左右后,将琼脂糖胶液倒入准备好的凝胶模具中,避免气泡产生,若有气泡产生可用移液器吸头移去。凝胶厚度一般为 0.3~0.5cm。室温下静置 20~30min,待琼脂糖胶液完全凝固,轻轻移去梳子。

(2) RNA 样品的制备:

RNA(多达 200μg)	4.5μl
5×MOPS	2.0μl
37%甲醛	3.5μl
甲酰胺	10.0μl
总体积	20μl

55℃温育 60min 使 RNA 变性,然后迅速置于冰上冷却 10min,稍离心。

(3) 上样:将凝胶置于胶板模具上,放在电泳槽内,注入适量的 1×MOPS 电泳缓冲液,液面应高于胶面 1mm 左右。电泳 5min 15V/cm。取上述制备好的 RNA 样品与加样缓冲液混合,然后用微量移液器将 RNA 样品加入加样孔中,同时在加样孔的两侧孔中加入 1 kb 梯度 RNA 分子量标准品。

(4) 电泳:加样完毕后,连接电泳槽与电源之间的电源线,正极为红色,负极为黑色,凝胶的加样端应置于负极。设置电压和时间,电压一般为 80~100V,4~5V/cm,时间一般约 4~5h。打开电源,若连接良好,负极附近的铂丝会有气泡产生。持续电泳直至溴酚蓝到达凝胶的底部,终止电泳,切断电源。

(5) 染色与观察:电泳结束后,取出凝胶,放入 EB 染色液中染色 5~10min。染色后,用水冲洗凝胶,使用简易凝胶紫外观察仪或凝胶成像系统观察凝胶电泳的结果并拍照记录。注意和 RNA 分子量标准品对比,观察 RNA 样品 28S 和 18S 条带的强度、锐利程度和有无拖带等现象。

(6) RNA 完整性的判定:总 RNA 中以 rRNA 的含量最高,真核细胞如人体的总 rRNA 包含有 28S、18S、5.8S 和 5S 四种分子,因此通常通过观察 28S 和 18S rRNA 条带的强弱和锐利程度来判定 RNA 的完整性。来源于人体组织细胞的 28S 和 18S rRNA 条带的大小分别约为 5.0kb 和 1.9kb,两者的强度比约为 2∶1。如果电泳后没有发现 28S 和 18S rRNA 条带、条带不够锐利、出现明显的拖带现象，则提示 RNA 不够完整，有降解现象的出现。

【注意事项】

1. 在实验的整个操作过程中，应时刻注意采取防止 RNase 污染和 RNA 降解的措施，实验人员应戴手套和口罩，并避免谈话聊天等，所有的实验器具均应进行无 RNase 处理。

2. 用于 RNA 提取的实验器具处理：玻璃制品，可于 180℃烘烤 8h。塑料制品最好直接选用新的无 RNase 的制品。或者将上述器具用 0.1% DEPC 浸泡过夜，高压蒸汽灭菌 30min，烤干后再用。

3. RNA 电泳槽的处理：按照常规实验洗干净后，先用乙醇擦洗，然后用 3% H_2O_2 浸泡处理 10min 后，最后用 DEPC 处理水冲洗即可。

4. 溶液的配制及处理：所有用于 RNA 分离提取的溶液均应加入 0.1% DEPC 于 37℃处理过夜，然后高压灭菌 15min。但由于 DEPC 可与胺类发生化学反应，因此不能用 DEPC 来处理含有 Tris 一类的缓冲液。

5. RNA 的溶解：75% 乙醇洗涤 RNA 后晾干时，注意不要让 RNA 沉淀完全干燥，否则极难溶解。RNA 样品也可以用去离子甲酰胺溶解。

6. 关于细胞样品的处理：用培养细胞提取 RNA 时，应尽可能新鲜收集即行抽提，不能及时提取时，必须将细胞放于液氮或-80℃中。

7. RNA 水相的吸取：酚/氯仿抽提离心后，溶液会分为上层的水相、下层的酚/氯仿有机相和中间的交界面，RNA 位于上层的水相中，交界面含有蛋白质。因此应小心吸取上层的 RNA 水相，以免将交界面的蛋白质也吸入上层水相。如不慎吸取到交界面的蛋白质，可再进行一次酚抽提以去除蛋白质。

8. 个别组织如脾脏通常含有比其他组织更多的 RNase，因此，从这些组织细胞中分离提取 RNA 时应采取更为严格的防止 RNase 污染和 RNA 降解的措施。

【思考题】

1. Chomczynski 一步法分离提取 RNA 的原理是什么？
2. 紫外分光光度法检测 RNA 浓度和纯度原理是什么？
3. 请简述甲醛变性胶电泳检测 RNA 样品完整性的原理，其判定标准是什么？
4. 如果要分离提取 mRNA，应该采取何种方案？

实验十七　质粒 DNA 的提取制备与检测

【实验目的】

1. 了解质粒的基本特性及其应用。
2. 掌握碱裂解法提取质粒 DNA 的基本原理和实验方法。
3. 掌握琼脂糖凝胶电泳检测质粒 DNA 完整性的原理及其方法。
4. 掌握分光光度法检测质粒 DNA 浓度和纯度的原理及其方法。

【实验原理】

质粒是存在于细菌染色体之外的小型环状双链 DNA 分子。不同的质粒大小有很大的差别，最小的约长 1 kb，而最大的可达 250 kb。质粒具有自己的复制起始区，能独立自主地复制。质粒上常带有一些特殊的基因,如抗生素的抗性基因,可赋予细菌相应的表型。质粒在细菌中的拷贝数也不尽相同,有的拷贝数很少,只有1~2个拷贝,称为严紧型质粒,另一些具有较高的拷贝数,约有10个以上,称为松弛型质粒。有些质粒不能共存于一个细菌的细胞,这种特征称为质粒的不相容性。目前在分子生物学研究中广泛使用的质粒均经过人工改造,除了保留其原有的自主复制和具有抗性基因等基本特征外,还特意添加了具有多个单一的限制性核酸内切酶酶切位点区域即多克隆位点,以便于插入外源DNA片段。与病毒等载体相比,质粒具有分子量小和易于操作等显著特点,从而成为一种应用最为广泛的载体。

由于质粒的独特特性,质粒提取的策略和方法也明显不同于常规基因组DNA和总RNA的提取制备,质粒提取制备的过程主要在于必须将质粒DNA与细菌染色体DNA(通俗称法,细菌DNA不形成染色体)分开,同时去除菌体蛋白、残片等物质,最终获取纯的高质量质粒。质粒的提取方法多种多样,包括碱裂解法、煮沸法、氯化铯密度梯度离心法等,其中以碱裂解法最为常用。碱裂解法制备得到的质粒可用于下游的酶切、连接、转化、测序、PCR等常规的分子生物学实验。

碱裂解法抽提质粒DNA的原理是基于细菌染色体DNA与质粒DNA的变性与复性的差异而达到分离的目的。首先使用溶液Ⅰ将细菌悬浮于葡萄糖等渗溶液中,然后加入含有SDS的碱性极强的溶液Ⅱ,使细菌裂解,在pH高达12.6的碱性条件下,使染色体DNA与质粒DNA均发生变性,此时染色体DNA的氢键断裂,双螺旋结构解开而变性,质粒DNA的大部分氢键也断裂,但超螺旋共价闭合环状的两条互补链不会完全分离;然后再加入pH4.8的高盐缓冲液即溶液Ⅲ,将分离体系的pH调节至中性,此时变性的闭合环状的两条单链质粒DNA则可以迅速复性而恢复原来的构象,但变性的单链染色体DNA由于互相缠绕且与蛋白质结合生成网络状大分子而不能复性,通过离心,可将染色体DNA和蛋白质沉淀下来除去而获得质粒DNA。由于细胞裂解液中的杂质除了染色体DNA外还有各种细胞壁、膜碎片、蛋白质、脂类物质及RNA,因此对初步分离的质粒DNA还必须进行纯化以将这些物质除去。RNA可用RNase分解除去;蛋白质可通过酚/氯仿抽提除去,氯仿在除去蛋白质的同时也可去除脂类杂质;最后乙醇沉淀纯化的质粒DNA。

另外,近年来,国内外各大生物技术公司纷纷开发推出各自的商品化质粒DNA提取纯化试剂盒,这些试剂盒具有高效、快速、方便等特点,因此在分子生物学研究工作中得到了广泛的应用。这些试剂盒仍主要以传统的SDS碱裂解法为基础,但在后续的DNA纯化步骤中,往往结合硅胶膜或树脂等材料选择性地吸附和纯化DNA,从而取代常规的酚/氯仿抽提、乙醇沉淀等烦琐的操作。

本实验除了介绍常规的碱裂解法之外,还以某公司生产的质粒DNA小量制备试剂盒为例介绍试剂盒法提取纯化质粒的原理和方法。该试剂盒的基本原理为:首先,其原理和传统碱裂解法类似,通过使用冰预冷的Solution Ⅰ和含有SDS的高pH的强阴离子溶液Solution Ⅱ,使细菌裂解并使染色体DNA与质粒DNA变性,再加入高盐缓冲液Solution Ⅲ,调整溶液pH至中性,使变性的闭合环状的质粒DNA复性恢复至原来的构象,通过离心将染色体DNA和蛋白质沉淀下来,获得存在于上清液中的质粒DNA。然后,将含有质粒DNA的上清液转移至含有硅胶膜的纯化柱中,采用“高盐结合,低盐洗脱”的原理纯化质粒DNA,即:在Buffer WA和Buffer WB两种不同浓度的高盐溶液中,硅胶膜专一性地吸附DNA,而其他杂质成分则被洗掉；而在 Elution Buffer 等低盐溶液或水溶液状态下，DNA 被洗脱下来。该试剂盒提取的质粒 DNA 纯度较高，可直接用于转化、DNA 序列分析、体外转录、限制性内切酶酶切以及其他各种酶促反应。

经上述方法获得的质粒 DNA 样品，还需要通过分光光度法和琼脂糖凝胶电泳对质粒的浓度、纯度、大小和完整性进行分析后，才能用于下一步的实验。

【实验材料与仪器】

1. 器材　恒温摇床，台式高速离心机，紫外分光光度计，10ml 离心管，1.5ml 离心管，电泳仪，电泳槽，移液器，吸头，锥形瓶，微波炉，简易凝胶紫外观察仪或凝胶成像系统等。

2. 试剂

（1）LB 液体培养基：分别称取蛋白胨 10g，酵母提取物 5g，NaCl 10g，加入约 900ml 去离子水，搅动使溶质完全溶解，用 5mol/L NaOH 调至 pH7.0（约需 0.2ml），定容至 1L，高压蒸汽灭菌。待溶液冷却后，加入适量抗生素（如氨苄西林）制成抗性培养基，混匀。4℃贮存备用。

（2）LB 固体培养基和琼脂平板的制备：分别称取蛋白胨 10g，酵母提取物 5g，琼脂 15g，NaCl 10g，加入约 900ml 去离子水，搅动使溶质完全溶解，用 5mol/L NaOH 调至 pH7.0（约需 0.2ml），定容至 1L，高压蒸汽灭菌。待冷却至 55℃左右时，加入抗生素。混匀后立即于超净工作台内将其倒入事先准备好的培养皿中，待培养基凝固后，即可将平板倒置存放于 4℃备用。

（3）氨苄西林（Amp）：用去离子水配制成 100mg/ml，-20℃贮存。使用浓度为 50～100μg/ml。

（4）溶液Ⅰ：葡萄糖 50mmol/L，Tris-HCl（pH8.0）25mmol/L，EDTA 10mmol/L，可成批配制，高压灭菌后 4℃贮存。

（5）溶液Ⅱ：NaOH 0.2mol/L，SDS 1%，该溶液应于临用前配制。注：实验室如果经常使用可分别配制 0.4mol/L NaOH 和 2% SDS 溶液，临用时等体积新鲜配制。

（6）溶液Ⅲ：5mol/L 乙酸钾 60ml，冰醋酸 11.5ml，水 28.5ml。

（7）苯酚：重蒸后，用 0.5mol/L Tris-HCl（pH8.0）平衡。

（8）24∶1（*V/V*）氯仿/异戊醇；1∶1 酚/氯仿。

（9）TE 缓冲液（pH8.0）：10mmol/L Tris-HCl（pH8.0），1mmol/L EDTA（pH8.0）。

（10）5×TBE 电泳缓冲液：54g Tris 碱，27.5g 硼酸，20ml 0.5mol/L EDTA（pH8.0），800ml 蒸馏水溶解，加水定容至 1L。

（11）RNase A：10mg/ml，-20℃贮存。

（12）其他试剂：溴化乙锭溶液（10mg/ml），Goldview™ 染料，氯仿，异戊醇，琼脂糖，无水乙醇，70% 乙醇，1kb 梯度 DNA 分子量标准品，上样缓冲液，3mol/L 乙酸钠等。

（13）菌株：携带合适载体的大肠埃希菌菌株如 DH5α 或 JM109 等。

（14）质粒 DNA 小量制备试剂盒，购自市面常见公司。试剂盒包括 RNase A（10mg/ml）、Solution Ⅰ、Solution Ⅱ、Solution Ⅲ、Buffer WA、Buffer WB、Elution Buffer 试剂和配套的 Spin Column 纯化柱等。

【实验步骤】

1. 质粒 DNA 的提取（碱裂解法）

（1）挑取琼脂培养板上的含有质粒的单菌落，接种至 1～3ml LB 培养液（含 Amp

100μg/ml),37℃剧烈振荡培养过夜。

(2) 取出1.5ml培养液至1.5ml离心管中,6000r/min室温离心5min,弃去上清液(若细菌培养液OD值低,可再重复本步骤)。

(3) 将细菌沉淀重悬于100μl预冷的溶液Ⅰ中,用吸头上下吹打或者振荡器充分悬浮细菌。

(4) 加入200μl新配制的溶液Ⅱ,盖严管盖,上下轻轻颠倒离心管4~6次,使细菌裂解充分,切勿振荡,放置冰上2~5min,至裂解液变澄清。

(5) 加入150μl预冷的溶液Ⅲ,盖严管盖,立即轻轻上下颠倒离心管5~10次,使之充分混合,切勿振荡,此时会出现白色絮状沉淀,放置冰上2~5min。溶液Ⅲ为中和溶液,此时质粒DNA复性,染色体和蛋白质不可逆变性,形成不可溶复合物,同时K^+使SDS-蛋白复合物沉淀。

(6) 13000r/min 4℃离心10min,取上清液至一个新的无菌的1.5ml离心管中。

(7) 加入RNase A,终浓度20μg/ml,50℃水浴30min。

(8) 加入等体积酚/氯仿(1∶1),振荡混匀,13000r/min室温离心10min。上清液转移至另一个新离心管中。

(9) 加入等体积氯仿/异戊醇(24∶1),振荡混匀,13000r/min室温离心10min,上清液转移至另一个新离心管中。

(10) 加入1/10体积3mol/L乙酸钠(pH5.2),2倍体积预冷无水乙醇,室温放置2~5min。

(11) 13000r/min室温离心10min,弃去上清液,沉淀用70%乙醇洗涤一次,空气中晾干。

(12) 加入20~50μl TE缓冲液溶解质粒DNA,检测后即可于-20℃或4℃保存。

2. 质粒DNA的提取(试剂盒法)　主要参照试剂盒说明书,略有改动。

(1) 从琼脂培养板上挑取含有质粒的单菌落,接种至3~6ml含Amp 100μg/ml的LB液体培养液,37℃振荡培养过夜。注意,尽量从琼脂平板上挑取大小均一,边缘清晰的单克隆菌落。培养12~16h,培养时间超过16h的细菌将难以裂解,质粒产量也会随之降低。

(2) 取出1~2ml过夜培养菌液至1.5ml离心管中,6000r/min离心2min,弃去上清液(若培养液OD值低,可重复该步操作)。

(3) 用250μl冰预冷的SolutionⅠ(含RNase A)充分悬浮细菌沉淀。可以使用吸头上下吹打或者旋涡振荡器(Vortex)等剧烈振荡,使菌体充分悬浮,不要残留细小菌块,以免影响得率。

(4) 加入250μl的SolutionⅡ,盖严管盖,轻轻上下颠倒混合5~6次,使细菌充分裂解,形成透明溶液。此步需轻轻颠倒混合,不可剧烈震荡,否则细菌DNA会被剪切,进而污染质粒DNA,而且此步骤不宜超过5min。

(5) 加入350μl预冷的Solution Ⅲ,盖严管盖,立即轻轻上下翻转混合5~6次,使之充分混合,此时会出现白色絮状沉淀,然后室温下静置2min。Solution Ⅲ为中和溶液,此时质粒DNA复性,染色体和蛋白质不可逆变性,形成不可溶复合物。

(6) 室温下13000r/min离心10min,取上清液。

(7) 将试剂盒中的纯化柱安置于收集管上。

（8）将操作步骤(6)的上清液转移至纯化柱中，13000r/min 离心 1min，弃滤液。

（9）将 500μl 的 Buffer WA 加入纯化柱中，13000r/min 离心 30s，弃滤液。

（10）将 700μl 的 Buffer WB 加入纯化柱中，13000r/min 离心 30s，弃滤液。请确认 Buffer WB 中已经加入了指定体积的无水乙醇。

（11）重复操作步骤(10)。

（12）重新将纯化柱安置于收集管上，13000r/min 离心 1min，除尽残留洗液。

（13）将纯化柱安置于新的 1.5ml 离心管上，在纯化柱膜的中央处加入 50μl 的灭菌蒸馏水或 Elution Buffer，室温静置 1min。注意，将灭菌蒸馏水或 Elution Buffer 加热至 60℃使用时有利于提高洗脱效率。

（14）13000r/min 离心 1min 洗脱质粒 DNA，检测后即可于-20℃或 4℃保存。

3. 质粒 DNA 的浓度与纯度检测　取 1~2μl 质粒 DNA 样品，在紫外分光光度计 Nanodrop 仪上检测，用灭菌蒸馏水或 Elution Buffer 作为空白对照。记录质粒 DNA 的浓度和 A_{260}/A_{280} 比值。

经上述方法制备的质粒 DNA 样品，A_{260}/A_{280} 比值应在 1.7~2.0。如比值过高提示有 RNA 的污染，而比值过低则提示蛋白质没有得到有效去除。

4. 质粒 DNA 的琼脂糖凝胶电泳检测

（1）凝胶制备：称取 0.8g 琼脂糖于锥形瓶中，加入 80ml 0.5×TBE 电泳缓冲液。微波炉加热使琼脂糖完全溶解，同时准备凝胶模具并插入梳子。待凝胶冷却至 60℃左右(手感能耐受)，在凝胶中加入 3μl Goldview™染料，摇匀后将凝胶缓慢倒入制胶模具中。室温放置 30~50min，使其凝固。

（2）上样：连接电泳槽与电泳仪之间的电源线，正极为红色，负极为黑色。待凝胶凝固后，小心移去梳子，将凝胶和制胶托盘一起放入电泳槽中，加样孔在负极端。加入 0.5×TBE 电泳缓冲液，液面高出凝胶表面 1~2mm，注意加样孔不可有气泡，以免影响加样。取 5μl DNA 样品，与 1μl 6×上样缓冲液混合，用微量移液器依次加样(泳道 1：DNA 分子量标准品；泳道 2：DNA 样品)。

（3）电泳：开启电泳仪电源开关，设置电压(80~100V)和时间(约 30min)，开始电泳。

（4）观察：电泳结束后，切断电源，取出凝胶，使用简易凝胶紫外观察仪或凝胶成像系统观察凝胶电泳的结果并拍照或画图记录。注意和 DNA 分子量标准品对比，推测相应 DNA 条带的分子量大小，并注意观察相应 DNA 条带的强度、锐利程度和有无拖带等现象。

（5）结果分析：质粒 DNA 是环状的双链 DNA 分子，通常有三种构型。第一种是共价闭合环状的 DNA，通常呈超螺旋构型；第二种是开环 DNA，其双链中的一条保持完整的环状结构，另一条单链上有一到几个切口；第三种是线状 DNA，这种质粒的双链断裂呈线状。这三种构型的同一种质粒 DNA 在琼脂糖凝胶中电泳时，迁移速率明显不同，走得最快的是超螺旋构型，其次是线性构型，最慢的是开环构型。因此提取的质粒 DNA 经电泳分离、染色后，在紫外线灯下可观察到三个条带，自前往后分别为：超螺旋、线性及开环质粒 DNA，其中以超螺旋构型的质粒 DNA 的质量为最好，故而由此可以根据质粒 DNA 的电泳图谱来推测判定质粒 DNA 的质量。

【注意事项】

1. 每次起始的菌液量应控制在 1~4ml，菌量太大影响溶菌及质粒 DNA 的释放，纯化时会影响质粒 DNA 的纯度。菌液的培养时间不要超过 16h,否则难以裂解。

2. 加入溶液Ⅱ或 SolutionⅡ时的操作:该溶液为变性液,可使 DNA 与蛋白质的变性和细菌的充分裂解,所以在加入溶液后,应轻柔地上下颠倒离心管 4~6 次,使细菌裂解、DNA 变性充分,但不应涡旋振荡,否则易导致细菌基因组 DNA 的剪切。

3. 加入溶液Ⅲ或 SolutionⅢ时的操作:该溶液为复性液,可使变性的质粒 DNA 复性。所以加入溶液后,应立即轻柔地上下颠倒离心管 5~10 次以充分混匀,此时溶液中会出现白色的含有基因组 DNA、蛋白质和细菌碎片的絮状物,溶液也变得不黏稠,如果溶液仍然黏稠,则可适当增加混匀的时间。离心后,絮状物沉降于离心管底部,若离心后沉淀仍悬浮于溶液中时,请将离心管上下翻转混合数次后再高速离心 3~5min。

4. 转移上清液的操作:加入溶液Ⅲ或 SolutionⅢ处理并离心后,应将上清液转移至一个新的离心管中,此时应小心操作,注意避免同时转移絮状沉淀。

5. 若溶液Ⅱ/SolutionⅡ和溶液Ⅲ/Solution Ⅲ中有沉淀,则将试剂置于 37℃恒温水浴中溶解。

6. 不可振荡溶液Ⅱ或 Solution Ⅱ溶液,否则会产生大量气泡,且使用后应立即盖紧盖子,避免长时间与空气接触。

7. 采用试剂盒法时,还应注意:首次使用试剂盒前,须将 RNase A 液全部加入 Solution Ⅰ中,混匀后 4℃保存;向 Buffer WB 中加入 56ml 的无水乙醇;纯化的质粒 DNA 用于 DNA 序列分析时,最好使用灭菌蒸馏水洗脱质粒 DNA;质粒 DNA 需长期保存时,建议在 Elution Buffer 中保存。

8. 质粒 DNA 的保存:溶解于 TE 缓冲液中的质粒 DNA,可暂时保存于 4℃或者长期保存于-20℃。质粒 DNA 也可以通过菌种保存。如果将生长在琼脂平板上的菌种置于 4℃,可保存 1 个月左右。如长期保存,则可以在菌液中加入 15%(*V/V*)的灭菌甘油,然后分装于离心管中于-70℃保存。实际操作中,大多数研究人员习惯将质粒溶解于 TE 缓冲液中保存。因为使用菌种保存时,理论上来讲,菌种复苏时质粒具有丢失、重排或者突变等潜在的危险,但目前并没有这方面的确切的实验报道。

9. 质粒 DNA 的使用:由此法制备得到的质粒可用于下游的酶切、连接、转化、测序、PCR 等常规的分子生物学实验,但对于其他对质量要求较高的实验如真核细胞转染、显微注射等则需采用其他方法来提取制备。

【思考题】

1. 为什么质粒能作为载体使用?与其他类型的载体相比,有何优缺点?
2. 请简述碱裂解法提取质粒 DNA 的基本原理?
3. 琼脂糖凝胶电泳检测质粒 DNA 完整性的原理是什么,其判定标准是什么?

（朱慧芳　赵　蕾）

第6章 PCR技术

本章安排了最基本的常规 PCR 实验，使学生对 PCR 的操作要领和用途有一个基本的了解。

实验十八 PCR 技术扩增人 *TP53* 基因

【实验目的】

1. 学习 PCR 体外扩增的原理及其引物设计原则。
2. 了解扩增过程中各因素对扩增结果的影响。
3. 掌握 PCR 的基本操作。

【实验原理】

PCR 是在体外进行的由引物介导的酶促 DNA 扩增反应。PCR 的原理是在模板 DNA、引物和 4 种脱氧核糖核苷酸(dNTP)存在的条件下，依赖于 DNA 聚合酶的体外酶促合成反应。两个引物分别位于靶序列的两端，同两条模板的 3′端互补，由此限定扩增片段。PCR 反应由一系列的变性–退火–延伸反应反复循环构成，即在高温下模板双链 DNA 变性解链，然后在较低的温度下同过量的引物退火，再在适中的温度下由 DNA 聚合酶催化进行延伸。由于每一循环的产物都可作为下一循环反应的模板，因此扩增产物的量以指数级方式增加。理论上，经过 n 次循环可使特定片段扩增到 2^n，考虑到扩增效率不可能达到 100%，实际上要少些，通常经 25~30 次循环可扩增 10^6 倍(图 2-9)，这个量足够分子生物学研究的一般要求。

1. PCR 引物设计

(1) T_m 值：T_m 值是 PCR 引物设计中的一个重要参数，是指引物与模板之间精确互补并且在模板过量的情况下有 50% 的引物与模板配对，而另外 50% 的引物处于解离状态时的温度，T_m 值一般高于 55℃。选择合适的引物应需考虑到以下因素，如 Taq 酶的最适温度(T_E)和 T_m 值等。最常用的 Taq 酶的最适温度范围为 70~74℃，根据 T_E 可以先确定一个合适的退火温度范围(Ta)。这个温度范围应不高于酶的最适反应温度，也不能比 T_E−25℃ 更低。这是因为如果退火温度低于酶的最适反应温度时，酶的合成反应会非常缓慢，但片面考虑提高温度又会造成引物脱落而不能进行 PCR 扩增。所以 T_a 的选择应满足 $T_E-25℃<T_a<T_E$。

(2) 引物的长度：引物长度一般在 15~30 个核苷酸之间比较合适。引物过短时造成 T_m 值过低，不能与模板很好地配对或是配对专一性很低。引物过长时又会造成 T_m 值过高，超过酶的最适反应温度，还使合成引物的费用大大增加。当然若要在引物的 5′末端加上特定的酶切位点等碱基则可稍长。

(3) 引物的 GC% 含量：引物的 GC 比最好设计在 40%~60% 的范围内。GC 比过高或过低都会直接造成 T_m 值的过高或过低。T_m 值的估计可简单地根据经验式 $T_m=4\times GC+2\times AT+3.3℃$ 获得。

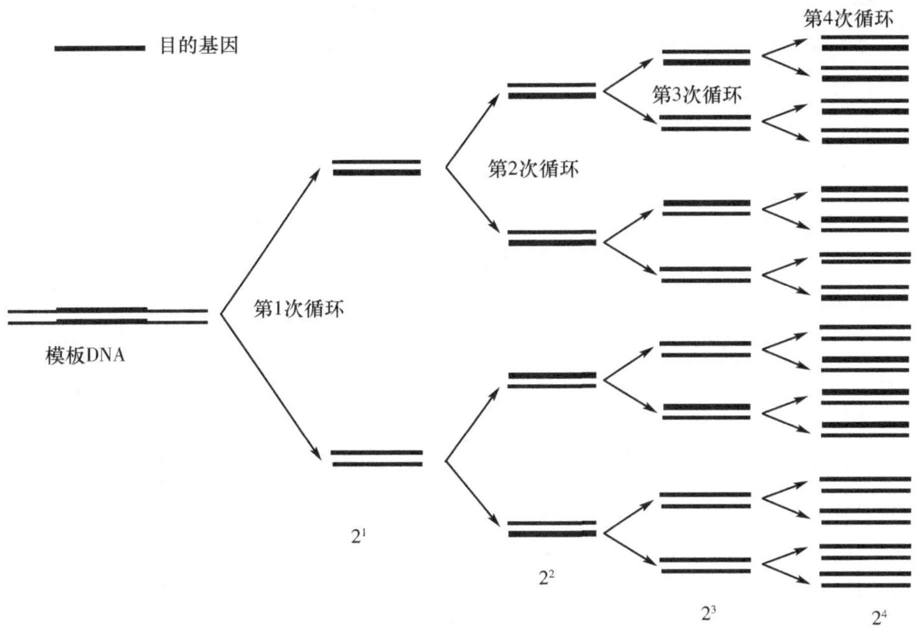

图 2-9　PCR 反应扩增示意图

（4）引物 3′端起始碱基：Taq 酶在引物 3′末端发生错配时延伸效率是不一样的，延伸效率为 T>G=C>A。即当引物 3′末端为 A 时，即使有错配碱基也最不易延伸，所以引物设计时可将 3′末端设计为 A，以提高复制精确性。另一种理论是 3′末端应设计为 G 或 C，因为 G 和 C 的氢键多于 A 与 T，能更好地与模板结合开始 DNA 合成，当然对错配延伸效率方面就不能苛求了。总而言之，引物的 3′末端不要考虑使用 T。

（5）引物无发卡结构：引物自身应无发卡结构。

（6）上下游引物自身之间不能发生碱基配对：上下游引物之间不能配对是指同一对引物之间不能有配对的多个碱基，特别是在引物的 3′末端。否则会形成引物二聚体，造成扩增失败。一般引物自身配对形成茎环结构，茎的碱基对数不大于 3 个，两条引物间配对碱基数小于 5 个。

（7）上下游引物的 T_m 值：引物设计时应注意使上下游引物的 T_m 值相近，否则两个引物必然不能同时达到最佳退火温度，将会影响 PCR 扩增效果。由于影响引物设计的因素比较多，所以常利用计算机来辅助设计，通常可用 Primer 5.0 软件或其他 PCR 引物设计程序来帮助设计。

2. PCR 反应条件

（1）PCR 缓冲液：常用的 1×PCR 缓冲液为 10mmol/L Tris-HCl pH8.3（常温），50mmol/L KCl，1.5mmol/L $MgCl_2$。由试剂公司与 Taq 酶一起提供。

1）Mg^{2+}浓度：Mg^{2+}浓度对 PCR 反应影响很大，因为 Mg^{2+} 与引物-模板及产物的解链温度、产物的特异性、引物二聚体的生成、产物的忠实性、酶活力、产物的产量等诸多因素有关。Mg^{2+}一般使用浓度为 0.5～2.5mmol/L，必要时可以 0.5mmol/L 梯度间隔做 Mg^{2+} 最适浓度试验。

2）dNTP：常用dNTP浓度为20μmol/L（可用范围为20～200μmol/L）。dNTP的用量与PCR产量及产物忠实性有关，dNTP量过少时合成的产物减少。

3）K^+浓度：PCR反应中K^+的作用是促进Taq酶活力与促进引物退火，一般使用浓度是50mmol/L，但当K^+浓度高于50mmol/L时会抑制Taq酶活力。

4）pH：PCR反应中用的是Tris-HCl缓冲系统。Tris-HCl缓冲系统的特点是具有很高的温度系数（0.021pH/℃），20℃时pH为8.3的缓冲液在72℃延伸反应时，实际pH降低至7.2。而Tricine的温度系数较高，在扩增长片段时用Tricine系统。

5）保护剂：由于PCR反应体系中蛋白质的含量极低，所以加入的酶非常容易变性，通常需加入一定量的保护剂。如5mmol/L的二硫苏糖醇（DTT），100μg/ml的小牛血清白蛋白（BSA）或0.01%的明胶。加入保护剂对提高PCR循环数较多的PCR扩增效果尤其明显。

（2）模板：PCR模板可以是DNA或RNA，RNA需逆转录后再扩增。模板可以是基因组DNA或纯化的质粒DNA，当然两者的DNA量在PCR起始模板中相差很大。每个PCR反应中加入的模板数量可在10^2～10^5分子之间，必要时可低至50个分子，模板的量少时应酌情增加循环次数；如果模板量很少，可能需要增加至45个循环反应。小于100ng的哺乳动物细胞基因组DNA（相当于约10^4个细胞），经30个循环，10%的反应物应能够在溴化乙锭染色的凝胶上看到一条主要产物带。使用较大量的模板时，循环数可减少。

（3）引物浓度：常用引物浓度为0.1～0.5μmol/L。随着引物浓度的降低，PCR反应的特异性提高但产物得率降低；随着引物浓度的升高，情况正好相反。

（4）PCR反应中的酶：Taq酶最早是从水生嗜热菌中分离而得，该酶的最适温度是72℃，在94℃时相当稳定，半衰期长达38min。由于这种酶使用最早最广泛，文献中所列各项最适反应条件都是针对此酶优化的，使用其他的聚合酶时按试剂盒使用说明书操作。

人类*TP53*基因位于17p13.1，基因全长20kb，含有11个外显子，转录的mRNA，长度为2.8kb，编码的蛋白质为P53。P53蛋白质由393个氨基酸残基组成，属于核内转录因子，主要通过调节相关靶基因的转录活性而发挥其生物学功能。*TP53*基因已经被鉴定为典型的抑癌基因，也是迄今为止发现的与人类肿瘤相关性最高的基因。

本实验利用PCR技术从pTA2-*TP53*载体上扩增*TP53*基因的部分序列，检测*TP53*基因是否已经插入pTA2载体。当*TP53*基因被克隆进入pTA2载体后，使用*TP53*基因特异性的引物进行PCR扩增能够获得一个特异性的扩增产物，产物大小为513bp。最后，通过琼脂糖凝胶电泳检测扩增产物的含量和大小以确定PCR是否成功。

【实验材料与仪器】

1. 仪器　PCR仪，微型水平电泳槽，电泳仪，微量移液枪（200μl，10μl）、PCR管、台式离心机、微波炉或电磁炉等。

2. 试剂

（1）10×PCR缓冲液：KCl 500mmol/L，Tris-HCl（pH 8.3）100mmol/L，$MgCl_2$ 15mmol/L，明胶0.1%。

（2）DNA模板：pTA2-*TP53*重组载体（已插入*TP53*基因）和pTA2空载体。

（3）引物：上游引物（10μmol/L，序列为5′-GTTTCCGTCTGGGCTTCT-3′），下游引物（10μmol/L，序列为5′-CTCCCAGGACAGGCACAA-3′）。

（4）Taq DNA聚合酶（5U/μl）。

（5）4种dNTP混合液(储存浓度2.5mmol/L)。

（6）双蒸水。

（7）琼脂糖(电泳级)。

（8）5×TBE：称取54g Tris碱，27.5g硼酸，加蒸馏水约900ml使完全溶解，再加入0.5mol/L EDTA(pH8.0)溶液20ml，定容至1L。需稀释为0.5×TBE使用。

（9）DNA标准分子量。

（10）核酸染料：Goldview™染料(溶于DMSO，25000×贮存液，2~8℃保存)。

（11）6×上样缓冲液：0.25%溴酚蓝，0.25%二甲苯青FF，30%甘油。

【实验步骤】

1. *TP53*基因的PCR扩增

（1）PCR仪器开启待机。

（2）在两个灭菌的PCR管中，按照表2-24加样(注意每次更换吸头)：

表2-24 PCR实验加样表

成分	体积	
	对照组	实验组
10×PCR缓冲液	5μl	5μl
dNTP(4种混合物)	5μl	5μl
上游引物	5μl	5μl
下游引物	5μl	5μl
pTA2-TP53重组载体(2ng/μl)	—	5μl(10ng)
pTA2空载体(2ng/μl)	5μl (10ng)	—
Taq DNA聚合酶	1μl	1μl
ddH_2O	24μl	24μl

（3）混匀后短暂离心。

（4）在PCR仪上按照仪器操作指南设置如下程序并进行PCR反应。

Step 1 94℃，3min

Step 2 94℃，30s
Step 3 55℃，30s } 循环25次，
Step 4 72℃，30s

Step 5 72℃最后延伸10min。

Step 6 12℃，保存备用。

2.PCR产物的琼脂糖凝胶电泳检测

（1）装好制胶模具，放置在水平实验台面上，插好梳子。

（2）称取1g琼脂糖于锥形瓶中，加入100ml 0.5×TBE电泳缓冲液，微波炉加热使琼脂糖颗粒完全溶解。

（3）待凝胶冷却至60℃左右(手感能耐受)，在凝胶中加入4μl Goldview™染料，摇匀后将凝胶缓慢倒入模具中。室温放置30~50min，使其凝固。

（4）连接电泳槽与电泳仪之间的电源线，正极为红色，负极为黑色。

（5）待凝胶凝固后，小心移去梳子，将凝胶和制胶板一起放入电泳槽中，加样孔置于负极端。

（6）加入0.5×TBE电泳缓冲液，液面高出凝胶表面1~2mm，注意加样孔不可有气泡，以免影响加样。

（7）取5μl PCR反应液，与1μl 6×上样缓冲液混合，用微量移液器依次加样（泳道1：DNA分子量标准品；泳道2：对照组PCR产物；泳道3：实验组PCR产物）。

（8）开启电泳仪电源开关，设置电压（约100伏）和时间（约30min），开始电泳。

（9）电泳结束后，切断电源，取出凝胶，使用简易凝胶紫外观察仪或凝胶成像系统观察凝胶电泳的结果并拍照或画图记录。注意和DNA分子量标准品对比，推测相应DNA条带的分子量大小，并注意观察相应DNA条带的强度、锐利程度和有无拖带等现象。

（陈全梅）

第7章　分子克隆技术

分子克隆又称基因克隆或 DNA 重组技术，基本步骤包括：①目的基因的获得；②目的基因与载体的连接；③重组 DNA 分子导入受体细胞；④筛选出含重组 DNA 分子的受体细胞克隆。具体涉及的实验包括 DNA 的限制性酶切；限制性酶切 DNA 片段的纯化回收；目的基因与载体的连接；感受态细胞的制备；重组 DNA 转化与筛选。本节就分子克隆技术所涉及的这些实验进行介绍和说明。

实验十九　重组质粒的酶切与电泳检测

【实验目的】

1. 了解限制性内切酶的概念及其应用。
2. 掌握限制性内切酶酶切 DNA 分子的基本原理和实验方法。
3. 掌握酶切产物的琼脂糖凝胶电泳检测方法。

【实验原理】

限制性内切酶是一类能识别和切割双链 DNA 分子内特定碱基顺序的核酸内切酶，为原核生物特有，用于抵抗外来 DNA 的侵袭。这类酶的发现和应用促进了以 DNA 重组为基础的生物工程技术的迅猛发展，是体外剪切 DNA 片段的主要工具，基因克隆、DNA 序列测定、探针的制备及杂交、基因诊断等皆离不开限制酶的应用。

现已从不同的细菌中提取出二千多种限制酶，很多已商品化。分子克隆中常用的是Ⅱ型酶，都以双链 DNA 为底物，以 Mg^{2+} 为辅助因子，并要求有一定的盐离子浓度。Ⅱ型酶有高度特异的碱基识别序列和切割点，酶切 DNA 后可产生带有黏末端或平末端的 DNA 片段。

*Eco*R Ⅰ是应用最广泛的限制性内切酶之一，其识别序列和切割位点如下：

```
 ↓
5′ GAATTC 3′
3′ CTTAAG 5′
        ↑
```

本实验使用限制性内切酶 *Eco*R Ⅰ对 *TP53* 基因插入到 pTA2 载体后获得的重组载体 pTA2-TP53 进行酶切分析。pTA2 空载体是一种特殊的 T 载体，在基因克隆中广泛使用；将外源 *TP53* 基因与该载体连接即获得 pTA2-TP53 重组载体。从图 2-10 中可以看出，在外源 *TP53* 基因插入位点的两侧分别存在一个 *Eco*R Ⅰ酶切位点，因此，如果对该重组载体进行 *Eco*R Ⅰ单酶切并对酶切产物进行琼脂糖凝胶电泳检测，那么通过分析酶切产物的片段大小即可初步判定 *TP53* 基因是否成功克隆入该载体（外源 *TP53* 基因片段的大小预期为 1179bp）。

【实验材料与仪器】

1. 仪器　台式离心机，恒温水浴锅，微波炉，水平式凝胶电泳槽，电泳仪，简易紫外凝胶

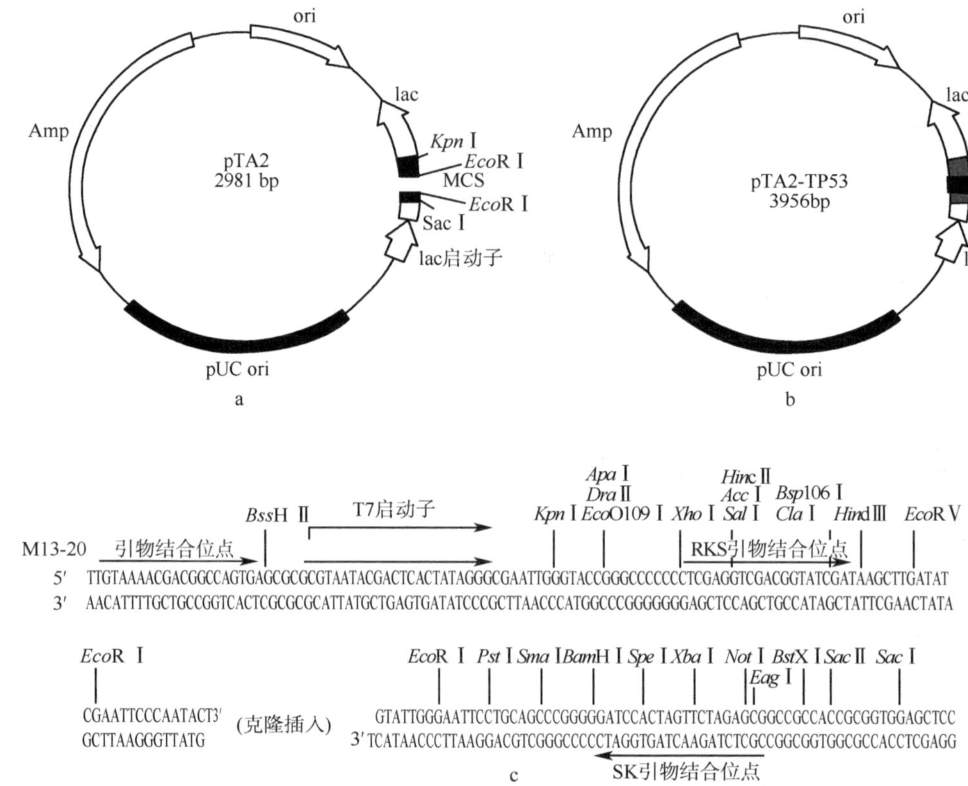

图 2-10 pTA2 空载体及 pTA2-TP53 重组载体图谱

a. pTA2 空载体图谱；b. pTA2-TP53 重组载体图谱；c. pTA2 载体多克隆位点酶切图谱

观察仪或凝胶成像系统，微量加样器（20μl，10μl），1.5ml Eppendorf 管，吸头。

2. 试剂

（1）纯化的 pTA2-TP53 质粒 DNA（200ng/μl，溶解于 TE 缓冲液）。

（2）*Eco*R Ⅰ（8～20U/μl）。

（3）10×酶切反应缓冲液。

（4）双蒸水。

（5）琼脂糖。

（6）5×TBE：称取 54g Tris 碱，27.5g 硼酸，加蒸馏水约 900ml 使完全溶解，再加入 0.5mol/L EDTA（pH8.0）溶液 20ml，定容至 1L。需稀释为 0.5×TBE 使用。

（7）DNA 分子量标准。

（8）Goldview™染料（溶于 DMSO，10000×贮存液，2～8℃保存）。

（9）6×上样缓冲液：0.25% 溴酚蓝，0.25% 二甲苯青 FF，30% 甘油。

【实验步骤】

1. 酶切反应

（1）设置 pTA2-TP53 重组载体的 *Eco*R Ⅰ 单酶切实验组和无酶对照组，在 2 支灭菌的 1.5ml Eppendorf 管中按表 2-25 依次加入相应试剂，注意每次及时更换吸头。

表 2-25　pTA2-TP53 质粒的酶切反应体系

	无酶对照组	*EcoR* Ⅰ酶切组
ddH_2O	8μl	7μl
10×酶切反应缓冲液	2μl	2μl
pTA2-TP53 重组载体	10μl(≤1μg)	10μl(≤1μg)
EcoR Ⅰ(8~20U/μl)	—	1μl
总体积	20μl	20μl

混匀，快速离心 5s，以集中样品。

(2) 酶切：37℃，1~2h。

2. 酶切产物的凝胶电泳检测

(1) 用透明胶带封好制胶模具两端，放置在水平实验台面上，插好梳子。

(2) 称取 1g 琼脂糖于锥形瓶中，加入 100ml 0.5×TBE 电泳缓冲液，微波炉加热溶解。

(3) 待凝胶冷却至 60℃左右(手感能耐受)，在凝胶中加入 5μl Goldview™染料，摇匀后将凝胶缓慢倒入制胶模具中。室温放置 30~50min，使其凝固。

(4) 连接电泳槽与电泳仪之间的电源线，正极为红色，负极为黑色。

(5) 待凝胶凝固后，小心移去梳子，去掉制胶模具两侧的透明胶带，将凝胶和模具一起放入电泳槽中，加样孔在负极端。

(6) 加入 0.5×TBE 电泳缓冲液，液面高出凝胶表面 1~2mm，注意加样孔不可有气泡，以免影响加样。

(7) 取 5μl 酶切产物，与 1μl 6×上样缓冲液混合，用微量移液器依次加样(泳道 1：DNA 分子量标准；泳道 2：无酶对照组；泳道 3：*EcoR* Ⅰ酶切组)。

(8) 开启电泳仪电源开关，开启电泳仪电源开关，设置电压(约 100 伏)和时间(约 30min)，开始电泳。

(9) 电泳结束后，切断电源，取出凝胶，使用简易凝胶紫外观察仪或凝胶成像系统观察凝胶电泳的结果并拍照或画图记录。注意和 DNA 分子量参照物对比，推测相应 DNA 条带的分子量大小，并注意观察相应 DNA 条带的强度、锐利程度和有无拖带等现象。

【注意事项】

1. 整个操作必须严谨，所用物品全部高压灭菌，吸液要准确，避免交叉污染。

2. 每种限制酶都有其最佳反应条件，应严格遵照产品说明书操作。在一些情况下，如酶切反应体系中甘油浓度过高、酶与底物 DNA 比例过高、盐离子浓度过低等，均会引起酶的识别序列的特异性发生改变，这一现象称为星号活性。

3. 用于酶切的质粒 DNA 纯度要高，溶液中不能含有痕量酚、氯仿、乙醇、EDTA 等内切酶抑制因子，否则会导致 DNA 切割不彻底。

4. 样品加入的次序为水、缓冲液、质粒 DNA，混匀后最后加酶，不应颠倒。加酶步骤要在冰浴中进行，且加酶操作要迅速，用后立即放回低温冰箱中；加酶后要避免剧烈振荡，否则易使限制酶变性。

5. 尽可能地降低反应总体积，增大酶与底物间的碰撞机会，增加反应速度。严格控制内切酶的用量在总反应体积的 1/10 以内，否则，甘油浓度过高会抑制酶活性。

6. 酶切要完全，在 37℃，绝大多数酶切反应时间为 1~2h。一般说来，如酶的纯度不佳，酶切时间不能太长，以免产生一些非专一性切割。

7. 至于酶的用量，一般的做法是控制 1U 酶在 15～20μl 中酶解 1μg DNA，但具体地分析应该对不同的 DNA，酶的用量有所不同，如 *Eco*R Ⅰ 酶对 4.3kb 的 pBR322 有一个切点，而对 14.5kb 的 pXZ6 有两个切点，故后者的酶用量应适当增多。

8. 双酶切时，需要注意以下几点：①如果所用两种酶的反应条件完全相同（温度、盐离子浓度等），那么，可以将它们同时加到一个试管中进行酶切。②如果所用的两种酶对温度要求不同，那么要求低温的酶先消化，即在第一个反应结束后，加入第二个酶，升高温度后继续进行酶切。③如果两种酶对盐离子浓度要求不同，则要求低盐的酶先消化，要求高盐的酶后消化，具体方法是：在低盐缓冲液中加入第一个酶，反应结束后，补加 1/10 体积的高盐缓冲液，加入第二个酶再消化，或第一个反应结束后抽提 DNA，再用高盐缓冲液酶切。目前，各试剂商都提供了双酶切缓冲液或通用缓冲液，可以根据说明书进行操作。

9. 酶切反应后，若不需进行进一步的酶学反应，加 EDTA 灭活限制酶；若仍需进行下一步反应（如连接、限制酶切等），可采用 65℃ 保温 20min，方法简单但对某些酶灭活不彻底；用酚/氯仿抽提、乙醇沉淀，最有效且有利于下一步 DNA 的酶学反应。

【思考题】

1. 酶切时间不够会产生哪些结果？

2. 使用 *Kpn* I 单酶切或 *Kpn* I 和 *Sac* I 双酶切 pTA2-TP53 重组载体，其酶切产物和电泳结果如何？

3. 什么是星号活性？如何避免星号活性？

（陈巧云　张春冬）

实验二十　凝胶中 DNA 片段的纯化回收

【实验目的】

1. 了解琼脂糖凝胶电泳中回收 DNA 片段的常用方法。

2. 掌握低熔点琼脂糖胶法纯化回收 DNA 片段的原理，并根据实际情况选用合适的方法，从琼脂糖凝胶中回收待连接的载体及外源 DNA 片段。

【实验原理】

DNA 片段的分离与回收是基因工程操作中一项重要的技术，可收集特定酶切片段用于克隆或制备探针，回收 PCR 产物用于再次鉴定等。回收实验两个最重要的技术指标是产物的纯度与回收率：纯度未到达时会严重影响以后的酶切、接连、标记等酶参与的反应；回收率低时会大大增加前期工作量。以下是三种常用的从琼脂糖凝胶中纯化回收 DNA 片段的方法。

1. 低熔点胶法　低熔点胶是向普通琼脂糖的多糖链上引入羟乙基形成的，这一变化会使凝胶的熔化与凝固点均降低。低熔点胶在 30℃ 时凝结、65℃ 时熔化，而这一温度不足以使 DNA 分子变性。操作时可先灌一块普通胶，然后用低熔点胶取代其中的回收部分。割下的胶加入 TE 缓冲液后于 65℃ 保温促使凝胶熔化，再加入等体积的酚抽提去除凝胶。低熔点胶的另一个特点是电泳回收后可以立即进行酶切、连接、标记等酶反应。因为这类胶中不含有普通琼脂糖中抑制酶活性的硫酸盐等杂质，并且收集的胶条能在酶反应的合适温度（37℃）始终保持液体状态。

2. 玻璃粉（乳）法　将胶条割下移入离心管并加入 NaI 溶液浸泡，剧烈振荡数分钟促使溶胶。向胶液中加入经酸净化处理的极细玻璃粉（乳），室温反复倒转离心管使 DNA 吸附于其上。离心收集玻璃粉后加入 TE 缓冲液并于37℃保温，洗脱吸附于玻璃粉上的 DNA，再次离心收集含 DNA 的上清液即可。玻璃粉法适用于回收 0.4～1kb 的小分子片段，可达 80%的回收率。

3. QIAgen DNA 片段回收试剂盒　由于凝胶溶于含 NaI 的溶液，DNA 能专一地与离心柱中纤维素结合。结合后的 DNA 经洗涤除去杂质，最后在低盐缓冲液中经离心从纤维素上洗脱下来。

【实验材料与仪器】

1. 仪器　水平式凝胶电泳槽，稳流稳压电泳仪，制胶模具，点样梳，紫外透射仪，台式离心机，恒温水浴锅，微波炉，手术刀片，微量移液器，Eppendorf 管，吸嘴，胶带纸。

2. 试剂

（1）琼脂糖，低熔点琼脂糖。

（2）0.5×TBE 电泳缓冲液。

（3）6×凝胶加样缓冲液：0.25%溴酚蓝，0.25%二甲苯青 FF，30%甘油。

（4）无菌水。

（5）质粒 pUC18 的双酶切（*Eco*R Ⅰ +*Sca* Ⅰ）产物。

（6）溴化乙锭（EB，10mg/ml）。

（7）凝胶平衡缓冲液：20mmol/L Tris-HCl（pH 8.0），1mmol/L EDTA（pH8.0）。

（8）饱和酚（用 pH8.0 的 0.1mol/L Tris-HCl 缓冲液饱和）。

（9）氯仿。

（10）10mol/L 醋酸铵：将 770g 醋酸铵溶解于 800ml 水中，加水定容至 1L 后过滤除菌。

（11）无水乙醇。

（12）TE（pH7.6）缓冲液：10mmol/L Tris-HCl（pH7.6），1mmol/L EDTA（pH8.0）。

（13）DNA 片段回收试剂盒，Glodview™染料等。

【实验步骤】

1. 低熔点胶回收法

（1）先灌制普通凝胶，然后在离加样孔适当距离处切下一定大小的普通凝胶，用相应浓度的低熔点琼脂糖填充，室温中凝固，加入适量 Goldview™染料。

（2）将待分离的 DNA 样品上样电泳，当 DNA 片段迁移至低熔点凝胶内时，停止电泳。

（3）在长波长紫外线灯下（365nm），切下含所需要 DNA 片段的低熔点凝胶，移入 1.5ml 的 Eppendorf 管中。

（4）加入凝胶条 5 倍体积的凝胶平衡缓冲液，65℃水浴中加温 5min 熔化凝胶。

（5）冷却到室温，加入等容积的 0.1mol/L Tris-HCl（pH 8.0）饱和酚，剧烈振荡混匀 20s，室温下 4000r/min，离心 10min，有机相与水相交界面为白色的低熔点琼脂糖粉末。

（6）用等容积的酚/氯仿、氯仿各抽提1次。

（7）上层水相转移至1个清洁的1.5ml Eppendorf管中，加入0.2倍体积的10mol/L醋酸铵，2倍体积预冷的无水乙醇，混匀后，室温下放置10min。4℃，12000r/min，离心5min，去乙醇，干燥后加适当容积TE缓冲液溶解。

2. 柱回收法（按试剂盒说明操作）

（1）割下含DNA的琼脂糖块，使它尽可能小，放入1.5ml Eppendorf管中。

（2）按每100mg琼脂糖加入300μl的比例加入S1液，置55℃水浴10min。每两分钟颠倒混匀一次。

（3）加入1/3倍S1液体积的异丙醇并混匀，55℃温浴1min。

（4）将熔化后的琼脂糖液移入吸附柱，高速离心1min。倒掉收集管中的液体，再将吸附柱放入同一个收集管中。

（5）在吸附柱中加入450μl W1液，静置1min后，高速离心30s。倒掉收集管中的液体，将吸附柱放入同一收集管中。

（6）在吸附柱中加入450μl W1液，静置1min后，高速离心30s。倒掉收集管中的液体，将吸附柱放入同一收集管中。

（7）高速离心1min。

（8）将吸附柱放入一个干净的1.5ml Eppendorf管中，在吸附膜中央加入30μl T1液，静置1min后，高速离心1min。将此1.5ml Eppendorf管（DNA）储备于-20℃。

【注意事项】

1. 切胶时，尽量切除不含DNA的多余凝胶，保证样品凝胶含量高。

2. 酚和氯仿对皮肤有伤害，使用时要小心并戴乳胶手套或一次性薄膜手套。

3. DNA片段回收试剂盒可从多个公司购买，使用时应严格按照说明书进行操作。

【思考题】

1. 低熔点琼脂糖有何特点？在分子生物学研究中有何用处？

2. 为何要在长波长（365nm）紫外线灯下切胶？

实验二十一　DNA连接实验

【实验目的】

1. 了解DNA连接方法。

2. 掌握克隆工作中常用的黏性末端的连接方法，并将酶切回收的目的DNA片段与载体连接。

【实验原理】

DNA的连接就是在一定的条件下，由DNA连接酶催化两个双链DNA片段相邻的5′端磷酸基和3′端羟基之间形成磷酸二酯键的过程。连接反应在DNA重组技术中是非常关键的一步，纯化切割后的目的基因需与特定的载体连接，方能转化成功得到正确克隆。

在进行DNA连接时，广义的DNA连接的技术包括两类：DNA连接（酶切连接、T-A克隆）与DNA重组，本实验主要介绍酶切连接与T-A克隆。

T-A 克隆技术是利用 Taq 聚合酶具有末端转移酶(TdT)活性,但却不具有 3′-5′端外切酶校准活性的特点,在 PCR 产物的 3′端加上一个非模板依赖碱基 A;而 T 克隆载体 3′端带有一个突出的 T,能高效地与带有尾的 PCR 产物连接,克隆效率极高,因此 T-A 克隆是目前克隆 PCR 产物最简便、快捷的方法。

酶切克隆,选择适当的限制酶消化目的 DNA 片段和载体,在相同酶切割下,可使两者产生同源黏性末端。具有同源黏性末端的片段 DNA 和载体 DNA 因为相同的黏性末端容易通过碱基配对氢键形成一个相对稳定的结构,行使间隙连接,就可以使两个 DNA 分子连接在一起。单酶切和双酶切均能产生黏性末端。但是载体单酶切后产生的黏性末端能够自连,这样就会导致大量的自连产物。为了减少载体自连,可对载体进行 5′末端去除磷酸基团处理,原理是连接酶只能连接 DNA 片段的 3′OH 末端与 5′P 末端,所以除磷酸基团后载体不会自连。一旦有外源片段插入时,外源片段提供的 5′P 末端就能与载体进行连接。通过这种方法可大大减少由载体的自连造成的干扰。而对于双酶切来说,由于载体在不同位点分别被两个酶进行切割产生不同的黏性末端,这样就避免了载体的自连,使连接效率大大增加。同时,双酶切的另一个优点是能将目的基因 DNA 片段定向连接到载体上。

在制定酶切与连接策略时,除了要考虑单/双酶切、黏性末端连接等情况外,连接过程还有一个因素要考虑,这就是载体与目的基因 DNA 片段的比例。一般来说,如果载体的自连转化子能被筛选掉而目的基因 DNA 片段又非常宝贵的情况下,可考虑使用相对较多的载体,以提高目的基因 DNA 片段的利用率。相反,当载体的自连转化子无法被筛选掉而目的基因 DNA 片段又非常充足时,可考虑使用相对较多的目的基因 DNA 片段,以减少载体自连的可能性。但插入片段较多时易造成双插入转化子的增加。一定大小的目的基因 DNA 片段与载体都有一固定的最适 DNA 总浓度,形成最适总浓度的原因是,DNA 浓度过稀时不能频繁碰撞造成有效连接减少;而浓度过高时又因形成很多多聚体而使有效的环化重组子减少。在可以对载体的自连转化子进行有效筛选时,推荐使用的载体与目的基因 DNA 片段的摩尔比例为 1∶1。

本实验利用 *Hind* Ⅲ和 *Not* Ⅰ酶进行酶切,将 *TP53* 基因克隆至 pcDNA3.0 真核表达载体。目的基因 DNA 片段(*TP53* 基因)获得:利用 *Hind* Ⅲ和 *Not* Ⅰ酶进行双酶切 pTA2-*TP53* 质粒产生带两个黏性末端的 *TP53* 片段,图 2-11 为 *Hind* Ⅲ和 *Not* Ⅰ酶切图谱。同时 pcDNA3.0 载体也通过 *Hind* Ⅲ和 *Not* Ⅰ双酶切产生黏性末端,图 2-12 为 pcDNA3.0 载体图谱。

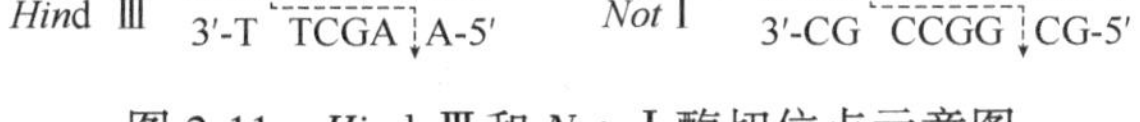

图 2-11　*Hind* Ⅲ和 *Not* Ⅰ酶切位点示意图

DNA 连接酶最适温度为 37℃,但在这个温度下黏性末端的四个碱基对氢键结合不稳定。因此在实际操作时,DNA 分子黏性末端的连接反应,其温度是折中采取催化反应与末端黏合的温度,为 12~16℃,连接时间为 12~16h。

【实验材料与仪器】

1. 仪器　恒温水浴箱,台式高速离心机,微波炉,水平式凝胶电泳槽,稳流稳压电泳仪,紫外透射仪,紫外分光光度计,磁力搅拌器,手术刀片,点样梳,微量加样器,Eppendorf 管,吸嘴,胶带纸。

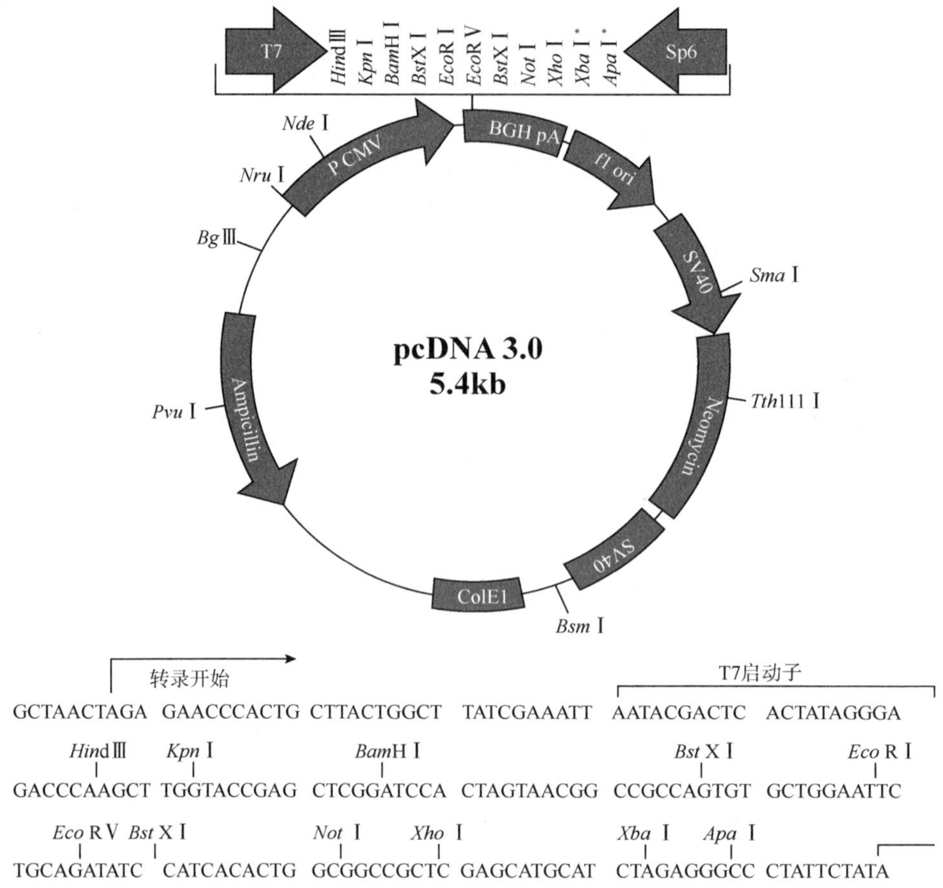

图 2-12 pcDNA3.0 载体图

2. 试剂

(1) 琼脂糖。

(2) pcDNA3.0 质粒，pTA2-*TP53* 质粒。

(3) 限制性内切酶：*Hind* Ⅲ和 *Not* Ⅰ。

(4) 10×限制性内切酶缓冲液。

(5) 6×凝胶加样缓冲液：0.25%溴酚蓝，0.25%二甲苯青 FF，30%甘油。

(6) Goldview™染料（溶于 DMSO，10000×贮存液，2～8℃保存）。

(7) 5×TBE（电泳时稀释 10 倍）：称取 54g Tris 碱，27.5g 硼酸，加蒸馏水约 900ml 使完全溶解，再加入 0.5mmol/L EDTA（pH 8.0）溶液 20ml，定容至 1 L。

(8) DNA 片段回收试剂盒。

(9) T_4噬菌体 DNA 连接酶。

(10) 10×T_4噬菌体 DNA 连接酶缓冲液（购酶时附带）。

【实验步骤】

黏性末端连接实验步骤如下。

1. 载体和插入片段的酶切消化　分别在 2 支灭菌的 0.5ml Eppendorf 管中酶切消化

pcDNA3.0 质粒 DNA 和 λDNA(表 2-26)。

表 2-26 pcDNA3.0 质粒 DNA 和 pTA2-TP53 的酶切消化

	ddH_2O	pcDNA3.0 质粒	pTA2-TP53 质粒	10×缓冲液	*BSA*	*Hind* Ⅲ酶	*Not* Ⅰ酶
管 1	15μl	1μl(1μg)		1μl	2μl	1μl	1μl
管 2	9μl		5μl(5μg)	1μl	2μl	1.5μl	1.5μl

于 37℃保温 3h。

2. 载体和插入片段的回收与纯化

(1) 保温结束后,在两管中分别加入 6×凝胶加样缓冲液 4μl,混匀后作低熔点琼脂糖凝胶电泳。

(2) 在紫外线灯下观察结果并拍照记录,用手术刀片小心地将 pcDNA3.0 质粒的 5.4kb 条带和 pTA2-TP53 的 1179bp 条带从琼脂糖凝胶中切下,分别移入 1.5ml Eppendorf 管中。

(3) 回收 pcDNA3.0 质粒的 5.4kb 片段和 pTA2-TP53 的 1179bp 片段。

3. 插入片段与载体的连接

(1) 按摩尔数为 1∶1 将纯化的带有 *Eco*R Ⅰ和 *Not* Ⅰ酶切黏性末端的 TP53 1179bp 片段 pcDNA3.0 质粒 5.4kb 片段加入 0.5ml Eppendorf 管中,另加入 10×T_4噬菌体 DNA 连接酶缓冲液 2μl,T_4噬菌体 DNA 连接酶 2μl(5U),最后加入无菌蒸馏水补至 20μl,置 15℃保温 14~16h。

(2) 取出连接物,稍加离心,-20℃保存,备作转化实验。

【注意事项】

1. 在黏性末端连接时,除重组体外,还有一定数量的载体自身环化分子,这将产生转化菌中较高的假阳性克隆背景。

2. 用一种限制性内切酶切割载体和外源 DNA,连接时插入片段可以从两个方向插入载体。

3. 一般情况下,酶浓度高,反应速度越快、产量也高,而连接酶是保存于 50% 甘油中,当连接反应系统中甘油含量过高时,则会影响连接效果,建议使用适当的酶量,一般连接酶的体积不超过总体积的 1/10。

4. 载体上应具备两个以上的容易检测的遗传标志,以区分阳性重组子和阴性重组子。选择性标记包括抗药性基因、酶基因、营养缺陷性基因及形成噬菌斑的能力等。

5. 载体应该具有多个限制性内切酶的单一切点,以便从中选出一种酶,使它在目的基因上没有切点,保存目的基因的完整性。载体上的酶切位点最好是位于检测表型的遗传标记基因内,这样目的基因是否连进载体就可以通过这一表型的改变与否而得知,便于筛选重组体。

【思考题】

1. 如何实现定向克隆?它有什么优点?

2. 如何克服单酶切时载体自身环化的问题?

3. 为何黏性末端连接得到的重组体可以用原切割内切酶将插入片段从重组体上完整地切割下来。

实验二十二　感受态细胞的制备

【实验目的】

1. 了解使细菌细胞转变为感受态细胞的方法。

2. 掌握 $CaCl_2$ 法制备细菌感受态细胞的原理和实验方法,为重组体的转化做准备。

【实验原理】

正常情况下,细菌细胞很难接受外源 DNA 分子,但利用适当物理或化学方法处理后,细菌细胞对摄取外源 DNA 分子变得敏感,这种经过处理而容易接纳外源 DNA 分子的细胞称为感受态细胞。常用的使细菌成为感受态细胞的方法有化学法和电穿孔法。化学法中最经典的是 $CaCl_2$ 方法,其基本原理是,当细菌处于 0℃、低渗的 $CaCl_2$ 溶液中时,细菌细胞壁和膜的通透性增强,菌体膨胀成球形。外源 DNA 与 Ca^{2+} 结合形成抗 DNase 的羟基-钙磷酸复合物黏附于细胞表面,42℃短暂的热冲击处理(热休克)促进细菌细胞吸收外源 DNA 复合物。然后在营养丰富的培养基中生长 1h 左右,细菌细胞形态恢复正常,获得了外源 DNA 的细菌称为转化子。随着转化子中的抗性基因表达,随后将菌液涂布于含某种抗生素的选择性培养基平板上,转化子可分裂、增殖,形成菌落。

电穿孔法的基本原理是利用高压脉冲,在宿主细胞表面形成暂时性的微孔,外源 DNA 乘隙而入,脉冲过后,微孔复原,在丰富培养基中生长数小时后,获得了外源 DNA 的细菌增殖,质粒复制。具体操作方法见相关仪器的说明。

【实验材料与仪器】

1. 仪器　恒温培养箱,恒温水浴摇床,分光光度计,低温高速离心机,冰箱,制冰机,超净工作台,扭力天平,高压蒸汽灭菌锅,培养皿,微量加样器,离心管,0. 22μm 滤膜,0. 45μm 滤膜,各种规格量筒,冰盒。

2. 试剂

(1) LB 液体培养基:胰蛋白胨 10g,酵母提取液 5g, NaCl 10g,加去离子水 800ml,搅拌使其完全溶解,用 5mol/L NaOH 调节 pH 至 7. 4,加入去离子水至总体积为 1000ml。15 lbf/in^2 (1.034×10^5 Pa)高压蒸汽灭菌 20min。

(2) LB 固体培养基:试剂(1)中加入琼脂 15g 后,15 lbf/in^2 高压蒸汽灭菌 20min。

(3) 50mg/ml 氨苄西林:用无菌水配制并过滤(0. 22μm)除菌,滤液于-20℃储存。

(4) 含氨苄西林的 LB 平板:配方同试剂(2),高压蒸汽灭菌后,冷却至 65℃左右加入氨苄西林(终浓度为 50~100μg/ml),立即铺板。

(5) 5mol/L NaOH:在 100ml 去离子水中溶解 20g NaOH。

(6) 1mol/L $CaCl_2$:在 200ml 去离子水中溶解 54g $CaCl_2\cdot6H_2O$,用 0. 22μm 滤膜过滤除菌,分装成 10ml 小份,储存于-20℃。

(7) 0. 1mol/L $CaCl_2$:制备感受态时,取出 1mol/L $CaCl_2$ 一小份解冻并用去离子水稀释至 100ml,用 0. 45μm 滤膜过滤除菌,然后骤冷至 0℃。

(8) 10%甘油:高压蒸汽灭菌后储存于 4℃。

【实验步骤】

1. 受体菌的培养　将甘油储备的受体菌在LB平板上划线，37℃培养16～20h，然后从LB平板上挑取单菌落接种于1ml LB液体培养基，37℃振荡过夜。次日，将上述培养菌液转入50ml LB液体培养基中，37℃ 300r/min，强烈振荡培养2.5～3h，使细胞的浓度达5×10^6个/ml，此即为对数生长期或对数生长前期。

2. 感受态细胞的制备($CaCl_2$法)　将上述培养菌液冰上放置10min，然后转移到适宜的离心管中，4000r/min、4℃离心10min。弃上清液，将离心管倒置于吸水纸上，使剩余的液体流尽。加入10ml预冷的0.1mol/L $CaCl_2$使沉淀轻轻悬浮，然后冰浴30min。4000r/min、4℃离心10min，回收细胞，弃上清液。每50ml原培养物再加入2ml冰冷的0.1mol/L $CaCl_2$溶液悬浮细胞，此即为感受态细胞。

3. 感受态细胞保存　在上述新制得的$CaCl_2$溶液悬浮的感受态细胞中加入终浓度为10%的灭菌甘油，按每份200μl分装在离心管中，置-70℃冰箱或液氮中冻存。

【注意事项】

1. 制备感受态细胞前的受体菌应处于对数生长期。转化时菌体浓度应控制在不超过10^7/ml，过浓说明菌体生长已过了对数生长期；过稀则菌数太少，这段时间只有1%～10%的细菌能成为感受态。

2. 为了提高转化率，最好将配制好的0.1mol/L $CaCl_2$致敏缓冲液避光储存于4℃冰箱。此外，$CaCl_2$必须为分析纯。

3. 感受态细胞可以在低于-70℃保存，但储存时间过长将导致转化率下降。一般环化重组子分子愈小转化率越高，环状DNA分子比线性DNA分子的转化率高。

4. 整个操作过程要在洁净的环境中进行，防止污染杂菌。

【思考题】

1. 什么是感受态细胞？$CaCl_2$法制备感受态细胞的原理？

2. 为何要用对数生长期的细菌制备感受态细胞？

实验二十三　重组DNA转化与蓝白斑筛选

【实验目的】

1. 掌握α互补蓝白斑筛选重组体的原理和实验方法。

2. 掌握影响转化率的关键因素和步骤，将目的基因片段与载体连接的连接产物转化感受态细菌，通过蓝白斑筛选法筛选出含目的基因插入到载体的重组体转化菌。

【实验原理】

在基因克隆技术中，转化是指质粒DNA或以其为载体构建的重组DNA分子导入细菌细胞的过程。

转化率是衡量转化方法的一个重要指标，一般定义为1μg环状质粒DNA在感受态细胞过量的情况下产生转化子的个数。Ca^{2+}处理的感受态细胞，转化率可达10^5～10^6个转化子/1μg环化DNA；电穿孔法的转化率为10^9～10^{10}个转化子/1μg DNA。影响转化率的关键因素有:①生长时期。实验发现在对数中期的大肠埃希菌易生成感受态细胞。②$CaCl_2$ 法 0℃ 放置时间的影响。细菌经 0℃ $CaCl_2$ 处理后转化率随时间的推移而增加,24h 达到最高,之后转化率逐渐下降。③化合物及无机离子的影响。在 Ca^{2+} 的基础上,联合其他二价金属离子(如 Mn^{2+},Co^{2+})、DMSO 或还原剂等物质处理细菌,可使转化率提高 100~1000 倍。④质粒大小、构型的影响。通过构建相同复制起始点的不同大小质粒进行转化时发现,从 2kb 到 3.2kb 转化效率上升,此后到 6.6kb 转化率线性下降。同时,开环状质粒只有超螺旋质粒转化率的 75%,线性质粒的转化率更要低得多。线性质粒转化率低是因菌体中核酸外切酶将进入的线性 DNA 降解的原因。⑤菌株基因型 *rec*A$^+$与 *rec*A$^-$的影响。*rec*A 基因是 *rec* 系列中最主要的基因,编码同源重组蛋白。考虑到质粒 DNA 在 *rec*A$^+$菌中存在与细菌染色体 DNA 整合的可能,因而,通常在转化实验中都选用 *rec*A$^-$菌株作为宿主菌。

现在使用的许多质粒载体(如 pUC 系列、pBluescript、pGem 和它们的衍生载体)都含有 β-半乳糖苷酶基因(*LacZ* 基因)的调控序列和前 146 个氨基酸的编码信息。在这个编码区中插入了一个多克隆位点,它不破坏阅读框,但增加少数几个氨基酸到 β-半乳糖苷酶的 N 端,而不影响功能。这种类型的载体适用于可编码 β-半乳糖苷酶 C 端部分的宿主细胞。尽管宿主与载体编码的片段都没有活性,但当它们融为一体,可形成具有酶活性的蛋白质。这样,*LacZ* 基因上缺失近操纵基因区段的突变体与带有完整的近操纵基因区段的 β-半乳糖苷酶阴性突变体之间实现互补,这种互补现象称为 α 互补。由 α 互补而产生的 *Lac*$^+$细菌落易于识别,因为它们在生色底物 X-gal 存在的情况下,形成蓝色菌落,然而外源 DNA 片段插入到质粒的多克隆位点后,几乎不可避免的导致产生无 α 互补能力的 N 端片段。因此,携带重组质粒的细菌形成白色菌落。这一简单的颜色试验大大简化了在这种构建质粒载体中鉴定重组子的工作,仅仅通过目测就可以轻而易举地筛选数千个菌落。然后通过小量制备质粒 DNA,进行限制酶酶切分析或其他方法就可以确定这些质粒的结构。

α 互补的常用菌种并不产生明显数量的 *Lac* 抑制子。因此,一般不需要诱导 β-半乳糖苷酶的 N 端和 C 端片段的合成来进行组织化学分析。如有必要,用 IPTG 可诱导两种片段的合成。IPTG 是非发酵性乳糖类似物,具有失活 *LacZ* 抑制子的功能。

【实验材料与仪器】

1. 仪器　恒温培养箱,恒温水浴摇床,分光光度计,低温高速离心机,冰箱,制冰机,超净工作台,扭力天平,高压蒸汽灭菌锅,微量加样器,Eppendorf 管,0.22μm 滤膜,0.45μm 滤膜,各种规格量筒,冰盒。

2. 试剂

(1) 感受态细菌 JM109 或 DH5α 等。

(2) 质粒 pUC18 和相应的重组质粒。

(3) LB 液体培养基:胰蛋白胨 10g,酵母提取液 5g,NaCl 10g,加去离子水 800ml,搅拌使其完全溶解,用 5mol/L NaOH 调节 pH 至 7.4,加入去离子水至总体积为 1000ml。15 lbf/in^2(1.034×10^5 Pa)高压蒸汽灭菌 20min。

(4) LB 固体培养基:试剂(1)中加入琼脂 15g 后,15 lbf/in^2 高压蒸汽灭菌 20min。

(5) LB 顶层胶:试剂(1)中加入琼脂 7g 后,15 lbf/in^2 高压蒸汽灭菌 20min。

(6) 50mg/ml 氨苄西林:用无菌水配制并过滤(0.22μm)除菌,滤液于-20℃储存。

（7）含氨苄西林的 LB 平板：配方同试剂（4），高压蒸汽灭菌后，冷却至 65℃左右加入氨苄西林（终浓度为 50～100μg/ml），立即铺板。

（8）5mol/L NaOH：在 100ml 去离子水中溶解 20g NaOH。

（9）20% IPTG 溶液：IPTG 即异丙基硫代-β-*D*-半乳糖苷（分子量为 238.3Da），在 8ml 蒸馏水中溶解 2g IPTG 后，用蒸馏水定容至 10ml，用 0.22μm 滤膜过滤除菌，分装成 1ml 小份储存于-20℃。

（10）2% X-gal 溶液：5-溴-4-氯-3-吲哚-β-*D*-半乳糖苷（X-gal），用二甲基甲酰胺溶解 X-gal 配制成 20mg/ml 的储备液。保存于玻璃管或聚丙烯管中，装有 X-gal 溶液的试管须用铝箔包裹以防因受光照而被破坏，并储存于-20℃。X-gal 溶液无须过滤除菌。

【实验步骤】

1. 质粒转化感受态细菌 JM109

（1）取 3 支 1.5ml Eppendorf 管，按表 2-27 加入试剂和操作。

表 2-27 质粒 pUC18 转化感受态细菌 JM109

	管 1	管 2	管 3
质粒载体 pUC18	1μl		
连接产物		10μl	
H_2O	9μl		10μl
感受态细菌 JM109	200μl	200μl	200μl

（2）冰浴中放置 30min。

（3）42℃热冲击 90s 后，立即放回冰浴。

（4）每管加入新鲜 LB 培养液 1ml。

（5）37℃振荡培养 60min。

（6）取各管反应物 100～200μl，分别涂布于含氨苄西林的 LB 平板，加入的菌液用玻璃棒均匀推开。以上操作均需在无菌条件下进行。平板在 37℃温箱内培养过夜。次日观察计数平板上菌落生长情况，并算出转化率即每微克 DNA 能转化出多少个菌落。

2. 蓝白斑筛选

（1）在含有适当抗生素预制的 90mm 培养板中央滴加 40μl 2% X-gal 和 7μl 20% IPTG。如用 150mm 培养板，则加 100μl 2% X-gal 和 20μl 20% IPTG。

（2）用一个无菌的涂布器拨散 X-gal 和 IPTG 溶液，使之分散于培养板整个表面。于 37℃温育至全部液体消失（由于二甲基甲酰胺的挥发性低，如用新鲜琼脂板这一过程要持续 3～4h）。

（3）取重组 DNA（连接产物）转化菌悬液 100～200μl 铺板。

（4）待菌液完全吸收后，颠倒培养板于 37℃培养过夜。

（5）取出培养板于 4℃放置数小时，使蓝色在这一时期充分显色。

（6）鉴定所带重组质粒的克隆，携带野生型质粒的克隆含 β-半乳糖苷酶活性，菌落的中央呈淡蓝色，外周呈深蓝色。携带重组质粒的克隆无 β-半乳糖苷酶活性，菌落呈奶白色（以鲜黄色为背景观察可增强眼的辨别蓝色和白色的能力）。

（7）筛选和培养携带重组质粒的克隆。

【注意事项】

1. 42℃热处理时间很关键，转移速度要快，且温度要准确。

2. 菌液涂皿操作时，应避免反复来回涂布，因为感受态细菌的细胞壁有了变化，过多的机械挤压涂布会使细胞破裂，影响转化率。

3. 实验用的玻璃器皿、吸嘴及 Effendorf 管等，应彻底洗净并进行高压蒸汽灭菌，表面去污剂及其他化学试剂的污染往往大幅度降低转化率。

【思考题】

1. 涂布菌液时应注意什么？

2. 影响 $CaCl_2$ 法转化率的关键因素有哪些？如何提高转化率？

3. 什么是 α 互补？为何白色菌落含有重组子？

（张春冬）

第8章 分子杂交技术

待测核酸序列在体外与探针杂交一般采用将待测核酸凝胶电泳分离后转移到膜上进行印迹杂交，待测序列为 DNA 的印迹杂交称为 Southern 印迹法，待测序列为 RNA 的印迹杂交称为 Northern 印迹法，也可以根据实际情况不进行电泳分离而将待检测核酸直接用斑点或狭缝点样的方法转移到膜上进行杂交，称为斑点杂交或狭缝杂交。在细胞内直接进行核酸分子杂交的技术称为细胞原位杂交。

实验二十四 RNA 印迹法检测 *C-MYC* 基因表达水平

【实验目的】

1. 掌握 RNA 印迹法的基本原理和实验方法。
2. 了解 RNA 印迹法检测人体不同组织中 *C-MYC* 基因表达水平的基本步骤。

【实验原理】

RNA 印迹法也称 Northern 印迹法（Northern blotting），是用来检测真核生物 RNA 的量和大小的实验方法，并可从大量的 RNA 样本中同时获得上述信息，这是其他实验方法无法比拟的。Northern blotting 于 1977 年发表，后成为研究真核细胞基因表达的基本方法。目前，该方法虽有了许多变动和改进，但其基本步骤没有改变，首先通过琼脂糖凝胶电泳使完全变性的 RNA 按大小分离，然后将 RNA 转移到固相支持物上，再采用探针分子与固相支持物上的 RNA 杂交，最后检测并分析特异结合探针分子的图像。

1. 根据 RNA 的大小对其进行分离 RNA 变性方法与 DNA 不同，不能用碱变性，因为碱会导致 RNA 水解。利用琼脂糖凝胶电泳使变性 RNA 按大小分离是 Northern blotting 的第一步。目前在 Northern blotting 中常用的分离变性 RNA 的两种方法分别是：①用乙二醛对 RNA 变性，然后进行琼脂糖凝胶电泳。②用甲醛对 RNA 变性，在含 2.2mol/L 甲醛的凝胶中电泳。这两种方法分辨率大致相同。

（1）乙二醛化 RNA 的琼脂糖凝胶电泳：乙二醛在琼脂糖凝胶电泳中的作用是消除单链 RNA 的二级结构。在微酸条件下，乙二醛的两个乙醛基与鸟苷的亚氨基相互作用形成环状化合物，抑制链间 Watson-Crick 键的形成。在室温下且 pH≤7.0 的时候，这种加合物一旦形成便很稳定，因此不需要在琼脂糖凝胶中加入乙二醛。乙二醛化 RNA 的琼脂糖凝胶电泳一定要在低离子强度下进行以抑制 RNA 复性。迄今为止，广泛使用的缓冲液（如 10mmol/L 磷酸盐）具有有限的缓冲能力。在这种情况下，使用乙二醛作为变性剂面临的问题是：阴极周围标准电泳缓冲液的 pH 在电泳过程中会变大，继而形成显著的 pH 梯度。缓冲液中的小离子从阴极沿着凝胶迅速迁移，导致与 RNA 结合的乙二醛流失。因此多年以来，电泳过程中需要机械循环缓冲液或不断更换缓冲液。新的解决方法是，使用含弱酸弱碱的 p*K* 值相似但更稳定的电泳缓冲液。

由于溴化乙锭会与乙二醛反应，并且溴化乙锭染色会使 RNA 转移到膜上以后的杂交效率降低，所以如果不能接受杂交效率的降低，那么乙二醛反应体系、凝胶和电泳液中就不能含有溴化乙锭。

（2）在含有甲醛的琼脂糖凝胶中进行 RNA 电泳：甲醛与谷氨酸残基的单亚氨基基团形成不稳定的 Schiff 碱基对，这些加合物通过阻止链内 Watson-Crick 碱基配对使 RNA 维持在变性状态。因为 Schiff 碱基对不稳定而且容易被稀释除去，因此只有甲醛存在于缓冲液或凝胶中时，RNA 才能维持在变性状态。但需要注意的是，含有甲醛的溶液应该在化学通风橱中谨慎处理，因为甲醛通过呼吸或与皮肤接触具有很高的毒性，已经被美国职业安全与健康管理局（OSHA）认定为致癌因子。

含有甲醛的琼脂糖凝胶比非变性的琼脂糖凝胶更易碎，更缺乏弹性，将其从一个容器转到另一个容器时要格外小心。尽管如此，因为甲醛凝胶电泳的变性 RNA 比乙二醛凝胶电泳的变性 RNA 更易从凝胶上分离，故甲醛凝胶电泳仍然是分离 RNA 时普遍采用的方法。然而，在甲醛琼脂糖凝胶上的 RNA 条带总是模糊不清，无法与乙二醛琼脂糖凝胶电泳的清晰条带相媲美。

2. 将 RNA 转移到固相支持物　将电泳分离开的变性 RNA 从琼脂糖凝胶转移到二维固相支持物上是 Northern blotting 中关键的一步。起初，将 RNA 固定在活化的纤维素纸上进行杂交。后来发现变性 RNA 可以像变性 DNA 那样和硝酸纤维素膜牢固结合，硝酸纤维素膜随即成了 Northern blotting 的首选支持物。然而，硝酸纤维素膜并不是理想的固相杂交支持物。首先，它结合核酸的能力较低（$50\sim100\mu g/cm^2$），并且其结合能力随 RNA 大小而变化。其次，RNA 通过疏水作用结合到硝酸纤维素膜上，而不是通过共价结合。因此在高温下杂交和冲洗的过程中，RNA 容易从硝酸纤维素膜上慢慢地被洗掉。最后，在固定核酸的过程中，硝酸纤维素膜在真空 80℃ 烘烤时变脆，变脆的膜之后经受不住两轮以上的高温杂交和洗膜操作。用尼龙膜替代硝酸纤维素膜可以解决上述问题。尼龙膜能不可逆地和核酸结合，因此可以耐受多轮杂交而放射性信号并不减弱。另外，固定在尼龙膜上的核酸可以和几种不同的探针杂交。目前可买到两种类型的尼龙膜，即中性的（未经修饰的）尼龙膜和带正电荷（携带胺基基团）的尼龙膜。这两种类型的尼龙膜都能结合 RNA，但有导致背景信号升高的倾向，这是由于 RNA 中带负电荷的磷酸基团非特异地结合到带正电荷的多聚体表面。通过在预杂交和杂交中通过增加阻断剂的量可控制这种非特异结合。

将变性 RNA 从琼脂糖凝胶转到膜上，不仅要保持分子在整个胶上的分布，而且要对不同大小的核酸都要有效。转移的方法包括电印法、真空印迹、半干印迹和上行毛细管印迹。上行毛细管印迹借助上行流动的缓冲液将核酸从凝胶转移到膜上（图 2-13）。实验者可采用多种试剂和膜用于 RNA 的转移以达到 RNA 和膜紧密结合的效果，最佳方案是在中性或碱性条件下将 RNA 从胶上转移到尼龙膜上。

（1）在碱性条件下将 RNA 转移至带正电荷的尼龙膜上：因为带正电荷的尼龙膜具有在碱性条件下保留核酸的能力，故在 8.0mmol/L NaOH 和 3mol/L NaCl 中，RNA 可从琼脂糖凝胶有效转移至膜上。在碱性条件下的转移，通过部分水解 RNA 可提高大片段 RNA（>2.3kb）的转移速率和效率。因为在碱性溶液中 RNA 是共价结合于带正电荷的尼龙膜上，因此不必在杂交前进行膜的干烤或紫外照射。

（2）在中性条件下将 RNA 转移至不带电荷的尼龙膜上：通常在 10×或 20×SSC 的中性

pH 条件下将 RNA 转移至不带电荷的尼龙膜后，用传统方法真空干烤 2h 或微波炉里加热 2~3min 或将尼龙膜在波长 254/312nm 处紫外照射使 RNA 共价结合于基质。普遍认为通过紫外照射尼龙膜固定 RNA 比干烤法产生的信号更强。

3. 固相 RNA 与探针分子杂交 转移并固定到膜上的 RNA 样品可以与特异的探针杂交，进而对所感兴趣的 RNA 进行定位。视实验人员和条件的差异，有多种制备和标记探针的方法。用抑制非特异性吸附探针的封闭试剂处理膜之后，在适宜杂交的条件下将膜同探针孵育，而后洗膜以去除非特异结合的探针，最终在膜上产生一个紧密结合探针的影像分布。

本实验将采用 Northern blotting 检测人多种组织（肝、肺、脑等）中 *C-MYC* 基因对应的 mRNA 的表达水平，其中涉及甲醛琼脂糖凝胶电泳和上行毛细管印迹等方法。

【实验材料与仪器】

1. 器材 水平电泳仪、水浴锅、微量离心管、微量离心机、微波炉、紫外线透射仪、摇床、水平振荡器、暗盒、保鲜膜、透明直尺、大玻璃皿、玻璃板、裁纸刀片、印迹滤纸（Whatman 3MM）、不带电荷的尼龙膜、X 线片（Kodak XAR-5）。

备注：准备一套电泳设备（包括电泳仪、电泳槽、梳子等）专门用来做 RNA 分析实验。电泳槽和梳子用水冲洗，用乙醇擦干，然后用 3% H_2O_2溶液填充，在室温下放置 10min，用 0.1% DEPC 处理过的水彻底冲洗电泳槽和梳子。

2. 试剂

（1）人不同组织来源（肝、肺、脑等）的总 RNA 样品。

（2）RNA 分子量标准参照物。

（3）^{32}P 标记的双链 DNA 探针（对应于人源 *C-MYC* 基因第一外显子序列）。

（4）DEPC。

（5）甲醛：使用的甲醛为 37%~40% 的 *m/V*（12.3mol/L）的甲醛溶液，其中可能包含像甲醇（10%~15%）这样的稳定剂。当甲醛暴露于空气中时很易氧化成甲酸。如果甲醛溶液的 pH 是酸性的（<pH4.0）或者如果液体变黄，用前须将原液用 Bio-Rad AG-501-xg 或 Dowex XG8 这样的混合床树脂处理，以去除离子。

（6）甲酰胺：购买这种试剂的蒸馏去离子制剂，分成小份在-20℃充氮条件下贮存。

（7）溴化乙锭（200μg/ml）。

（8）琼脂糖。

（9）20×SSC。

（10）亚甲蓝溶液：0.02% 亚甲蓝溶于 0.3mol/L 乙酸钠（pH5.5）。

（11）SDS。

（12）10×MOPS 电泳缓冲液：0.2mol/L MOPS（pH7.0），20mmol/L 乙酸钠，10mmol/L EDTA（pH8.0）。

将 41.8g 的 MOPS 溶解于 700ml 灭菌的 DEPC 处理的水中，用 2mol/L 的 NaOH 调整 pH 到 7.0，加 20ml DEPC 处理的 1mol/L 的乙酸钠和 20ml DEPC 处理的 0.5mol/L EDTA（pH8.0），用 DEPC 处理的水将溶液的体积调整到 1L，通过一个 0.45μm 的微孔滤膜过滤灭菌溶液。同时，将其在室温下避光贮存。如果暴露于光线中或高压灭菌，那么缓冲液会随着贮存时间而变黄，草莓色的缓冲液不影响使用效果，但更深颜色的缓冲液就不能使用。

（13）10×甲醛凝胶电泳加样缓冲液：50%甘油（稀释于 DEPC 处理过的水中），10mmol/L EDTA（pH8.0），0.25%（*m/V*）溴酚蓝，0.25%（*m/V*）二甲苯腈蓝乙酸。

（14）预杂交液：0.5mol/L 磷酸钠（pH7.2），7%（*m/V*）SDS，1mmol/L EDTA（pH7.0）。

【实验步骤】

1. RNA 变性反应

（1）在一灭菌的微量离心管中加入下列试剂并混匀：

RNA（多达 20μg）	2.0μl
10×MOPS 电泳缓冲液	2.0μl
甲醛	4.0μl
甲酰胺	10.0μl
溴化乙锭（200μg/ml）	1.0μl

每一泳道最多可分析 20μg RNA，通常用 10μg 细胞总 RNA 进行 Northern blotting，可检测高丰度 mRNA（占 mRNA 总量的 0.1%以上）。对于低丰度 mRNA 的检测，每孔至少应加 1.0μg poly（A）$^+$RNA。RNA 分子量标准参照物同样经此变性处理。

（2）盖紧微量离心管的盖子，于 55℃ 温育样品 60min，在冰水中冷却样品 10min，然后离心 5s，使所有液体沉积在微量离心管的底部。

（3）加 2μl 10×甲醛凝胶电泳加样缓冲液，并将试管重新置于冰上。

2. 甲醛琼脂糖凝胶电泳

（1）制备 100ml 含有 2.2mol/L 甲醛的 1.5%琼脂糖凝胶：加 1.5g 琼脂糖到 72ml 灭菌水中，用微波炉煮沸法溶解琼脂糖，将溶液冷却到 55℃，同时加入 10ml 10×MOPS 电泳缓冲液和 18ml 去离子甲醛，在化学通风橱内灌制凝胶，插入 3mm 的梳子。允许凝胶在室温下放置 1h。

备注：1.5%琼脂糖凝胶用来分离大小为 0.5～8kb 的 RNA，更大的 RNA 应该用 1.0%或 1.2%琼脂糖凝胶分离。人源 *C-MYC* 基因对应的 mRNA 大小约 3.7kb，故采用 1.5%琼脂糖凝胶分离即可。

（2）将甲醛琼脂糖凝胶装入水平电泳槽中，加入足够 1×MOPS 电泳缓冲液覆盖凝胶约 1mm。以恒压 5V/cm，预电泳 5min。加 RNA 样品到凝胶加样孔中，留出最外侧的两条泳道，加样 RNA 分子量标准参照物。

（3）凝胶浸入 1×MOPS 电泳缓冲液，以恒压 4～5V/cm，进行电泳，直到溴酚蓝移出约 8cm（4～5h）。每隔 1h 更换一次缓冲液。

备注：电泳时用较高电压会导致条带模糊不清。电泳缓冲液的 pH 在电泳过程中会发生变化，装好电泳槽，缓冲液通过蠕动泵不断从一个室到另一个室。因此每隔 1 小时更换一次缓冲液。

（4）电泳结束后，将凝胶放置于保鲜膜上借助紫外线透射仪观察 RNA，照相并用直尺测量照片上每个 RNA 条带至加样孔的距离。以 RNA 片段大小的对数值对 RNA 条带的移动距离作图，用所得曲线计算最后在膜上杂交出来的 RNA 分子的大小。

3. 变性 RNA 通过上行毛细管印迹转移到膜上

（1）转移胶的制备

1）将凝胶转移至一个玻璃干烤皿内，用锋利的刀片修去凝胶的无用部分以保证转移过程中胶与膜对齐。在凝胶的左上角切去一角以作为下列操作过程中凝胶方位的标记。

2）用长和宽均大于凝胶的一块玻璃板作为平台，将其放入大干烤皿内，上面放一张滤纸。

3）于干烤皿内倒入20×SSC转移缓冲液，直至液面略低于平台表面，当平台上面的滤纸完全湿透后，用玻璃棒赶走所有气泡。

备注：0.01mol/L NaOH-3mol/L NaCl的碱性转移缓冲液适用于将RNA转移至带正电荷的尼龙膜，而20×SSC的中性缓冲液适用于将RNA转移至不带电荷的尼龙膜。

（2）转移膜的制备

1）剪裁一张长宽均大于胶1mm的尼龙膜。

备注：接触尼龙膜时戴上手套或用平头镊子，因为油腻的手接触过的尼龙膜不易浸湿。

2）将尼龙膜漂浮在去离子水表面直至滤膜从下往上全部湿透，然后将膜浸入10×SSC中至少5min。切去滤膜一角，使其与凝胶的切角相对应。

（3）转移系统的安装和RNA的转移

1）将胶倒转后置于平台上滤纸的中央，确保厚滤纸和胶之间没有气泡。用保鲜膜围绕凝胶周边，而不是覆盖凝胶。

备注：以此形成的屏障可阻止液体自液池直接流至凝胶上方的纸巾层。若纸巾堆放不整齐，就容易从凝胶的边缘垂下并与纸巾接触，造成的短路是导致凝胶中的RNA转移效率下降的主要原因。

2）用转移缓冲液浸湿胶，在凝胶上方放置湿润的尼龙膜，并使两者的切角相重叠，滤膜的一条边缘应刚好超过凝胶上部加样孔一线的边缘。

备注：滤膜置于凝胶表面的适当位置后，就不要轻易移动膜，并确保胶与膜之间没有气泡。

3）用转移缓冲液浸湿两张与胶大小一致的滤纸，放在湿的尼龙膜上，用玻璃棒赶走所有气泡。

4）剪一叠5～8cm厚、略小于滤纸的纸巾，放于滤纸上。在纸巾上放一玻璃板，然后压上400g的重物。

5）转移时间不超过4h。

6）拆除毛细管转移系统，用圆珠笔在膜上标出凝胶加样孔的位置，将膜转移至含300ml 6×SSC的玻璃平皿中，然后将平皿放进摇床，室温轻摇5min。

备注：为估计RNA的转移效率，可将凝胶放入数倍体积的水中漂洗后，在含有溴化乙锭溶液（0.5μg/ml，用0.1mol/L乙酸铵配制）中染色45min，然后于紫外线灯下观察胶的染色情况并拍照（图2-13）。

4. 膜的染色

（1）将湿膜转移至含亚甲蓝溶液的玻璃器皿中染色，染色时间视鉴定RNA而定（3～5min）。

（2）在可见光下用黄色滤光片对染色的膜照相。

（3）照相后，将膜放入0.2×SSC和1%（*m/V*）SDS中室温脱色15min。

备注：甲基蓝染色可用于监测RNA浓度和估计转移效率以及主要RNA（通常是rRNA）在膜上位置。

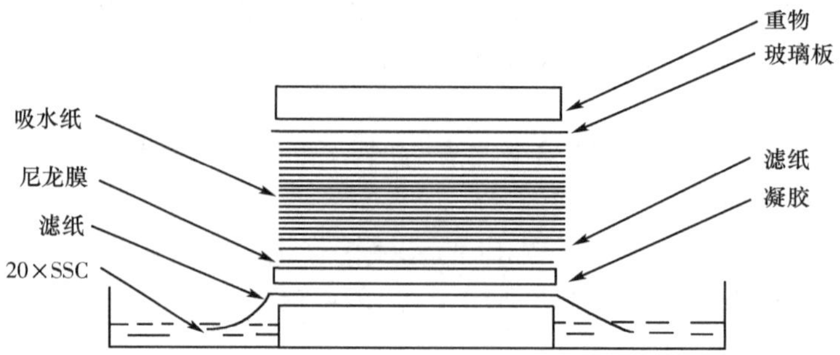

图 2-13 Northern blotting 示意图

5. 将 RNA 固定在不带电荷的尼龙膜上 待膜在空气中晾干后，将干燥的膜夹在两张滤纸间，80℃真空炉干烤 2h。或将湿膜置于干的滤纸上，微波炉里(750～900W)以最大功率加热 2～3min。

备注：若膜不立即用于杂交实验，应将膜彻底干燥后，用锡箔纸或滤纸宽松包裹，最好在真空下储存于室温。

6. 杂交

(1) 在 10～20ml 预杂交液中 68℃温育膜 2h。

(2) 若使用双链探针，在 100℃下加热 ^{32}P 标记的双链 DNA 探针 5min，使之变性，然后迅速移至冰水中冷却。

(3) 把变性的放射性标记的探针直接加到预杂交液中，在合适的温度下继续温育 12～16h。

备注：为了检测低丰度 mRNA，需使用至少 0.1μg 特异活性超过 2×10^8 cpm/μg 的探针。

7. 显影

(1) 杂交后，将膜从塑料袋中取出，在室温下迅速转移到含有 100～200ml 1×SSC 和 0.1% SDS 的塑料盒中，将盒盖好，置于水平振荡器上，温和振荡 10min。

备注：在洗涤步骤中，任何时候都不要让膜变干。如果使用单链探针，将洗液中的 SDS 浓度增至 1%。

(2) 将膜转移至另一含有 100～200ml 预热至 68℃、含 0.1% SDS 的 0.5×SSC 的塑料盒中。68℃下温和振荡 10min。

(3) 重复上一步，再洗涤至少 2 次。

(4) 在印迹滤纸上晾干膜，然后让膜于−70℃下在含增感屏的暗盒内对 X 线片放射自显影 24～48h。

【注意事项】

1. RNA 极易被环境中存在的 RNA 酶所降解，因此须特别注意 RNA 酶污染问题，配制溶液用的 H_2O 均需是 DEPC 水处理过的 H_2O。

2. 本实验采用的 Northern blotting 步骤仅是众多选择中的一种，实际操作应根据具体情况调整。

【思考题】

1. Northern blotting 结果可提供哪些信息？

2. 若采用 Northern blotting 检测小 RNA(如 microRNA),操作上有何不同之处?

(张　莹　易发平)

实验二十五　蛋白质印迹法检测 GAPDH

【实验目的】

1. 掌握蛋白质印迹法的基本原理。
2. 了解蛋白质印迹法检测 GAPDH 表达水平的基本步骤。

【实验原理】

蛋白质印迹法(Western blotting),又称 Western 印迹法,免疫印迹法(immunoblotting),是将经过凝胶电泳分离的蛋白质转移到膜(硝酸纤维素膜、尼龙膜等)上,再对转移膜上的蛋白质进行检测的技术。检测常用与特定蛋白质结合的标记抗体。该技术可用于判断特定蛋白质的存在与否、分子量大小和表达水平高低等。

蛋白质印迹法通过以下步骤实现对蛋白质的检测和分析:

1. 蛋白质的样品制备　首先用蛋白质裂解液将细胞或组织中的蛋白质提取出来并溶解,加入含有阴离子去污剂十二烷基磺酸钠(sodium dodecylsulfate,SDS)和还原剂(β-硫基乙醇或二硫苏糖醇)的上样缓冲液并加热,将蛋白质解离。SDS 与蛋白质多肽链的结合能使其变性并带上负电荷,从而掩盖了肽链的天然内在电荷。SDS 的结合量通常与序列无关,而与分子量成正比。在饱和状态下,大约每一个 SDS 分子与两个氨基酸结合,或者每克肽链结合约 1.4g 的 SDS。因此,SDS 肽链复合物在电场作用下的迁移与多肽链的相对大小成正比,未知蛋白质的分子量就可通过对比其与一系列已知标准蛋白质的迁移率而确定。需要注意的是,疏水性、高电荷序列和特定的翻译后修饰(如糖基化或磷酸化等)也都可能影响蛋白质的迁移速率。

2. 蛋白质的电泳分离　电泳将蛋白质样品中的各类蛋白质按其分子量大小不同进行分离。蛋白质在电场的作用下迁移,通过凝胶孔径的筛分,较小的蛋白质迁移得更远,而较大的蛋白质迁移得较近。电泳所使用的方法为十二烷基磺酸钠-聚丙烯酰胺凝胶电泳(sodium dodecylsulfate-polyacrylamide gel electrophoresis,SDS-PAGE)。聚丙烯酰胺基质的间隙决定了其可以有效分离蛋白质的分子量范围。聚丙烯酰胺凝胶是由直链聚合的丙烯酰胺被双功能试剂 *N,N'*-亚甲基双丙烯酰胺交联而构成的。孔径的大小取决于制备该凝胶的丙烯酰胺的浓度和交联的程度。也就是说,这些孔的大小随着丙烯酰胺和双丙烯酰胺浓度的升高而减小。交联也增加了凝胶的刚性和拉伸强度。大多数的 SDS-聚丙烯酰胺凝胶制备时,丙烯酰胺与双丙烯酰胺的摩尔比为 29∶1,可以分辨大小差异少至 3% 的多肽。一般而言,高浓度的胶和更彻底的交联能够提高小蛋白质的分辨率,大蛋白质则反之。因此,根据分离蛋白质分子量的不同可选用不同的丙烯酰胺浓度(表 2-28)。

表 2-28　分离不同分子量蛋白质的丙烯酰胺浓度

丙烯酰胺浓度(%)	分离线性范围(kDa)
15	10~43
12	12~60
10	20~80
7.5	36~94
5.0	57~212

3. 蛋白质的转移　将分离后的蛋白质从凝胶转移到一张固相支持体上，如硝酸纤维素(nitrocellulose，NC)膜或聚偏二氟乙烯(polyvinylidenefluoride，PVDF)膜。本实验所用固相支持体为 PVDF 膜。转移过程中，用有孔的塑料或有机玻璃板将凝胶和 PVDF 膜夹成“三明治”形状，而后浸入两个平行电极中间的缓冲液中进行电泳，选择适当的电泳方向就可以使蛋白质从凝胶向 PVDF 膜迁移并附着在 PVDF 膜的表面。

所用到的转移方法有湿转和半干转。对于湿转，蛋白质在转印缓冲液中从胶上转移到膜上，大多数蛋白质印迹实验都可以用湿转；半干转则是则将膜和胶放在吸有转印缓冲液的滤纸之间，电流直接通过膜胶，所以其转移条件比较严酷，但其转移时间短，效率高。

4. 封闭非特异性结合位点　为阻止抗体与膜上非特异性区域结合，PVDF 膜首先用蛋白质溶液(通常使用脱脂奶粉或牛血清白蛋白等)处理以封闭 PVDF 膜上剩余的疏水结合位点。

5. 一抗孵育　将 PVDF 膜与所要研究的蛋白质的抗血清(一抗)孵育，PVDF 膜中只有待研究的蛋白质与一抗结合，而其他蛋白质不与一抗结合，这样清洗去除未结合的一抗后，PVDF 膜中只有待研究的蛋白质的位置上结合着一抗。

一种免疫球蛋白可优先识别其靶表位的某一特定构象(如变性构象或天然构象)。因此，并非所有单克隆抗体都适合作为探针用于蛋白质印迹法，因为在这一实验中靶蛋白质是彻底变性的。而另一方面，多克隆抗血清是由单一免疫球蛋白组成的不确定混合物，通常对其特异性、亲和力以及浓度都一无所知。所以很难判定用特定多克隆抗血清来测定某一固定化变性靶蛋白质上的不同抗原表位的效果。

对于了解较少的靶蛋白质，蛋白质印迹法在实际应用中可以通过设置适当的对照加以解决。这些对照包括：

(1)不与靶蛋白质反应的抗体(即免疫前血清或非相关单克隆抗体)。

(2)样品对照，即含有已知量靶抗原或完全不含有靶抗原的制品。

一般情况下，用于蛋白质印迹技术的免疫学试剂没有太大的选择余地，往往只需根据手头上所能得到的任何一种抗体来设计实验。但如果能够有所选择，则以选用抗变性蛋白质的高滴度多克隆抗血清或单克隆抗体混合物为佳。只依赖某一单克隆抗体则有一定风险，因为与靶抗原不相关的蛋白质能引起高频率的交叉反应假象。如果正像通常的情况那样，已制备抗天然靶蛋白的单克隆或多克隆抗体，就有必要查证它们所识别的表位究竟是可以耐受 SDS 和还原剂变性处理，还是经过这种变性处理后所产生的。这可以用变性靶抗原进行固相放射免疫测定或斑点印迹法予以确定。

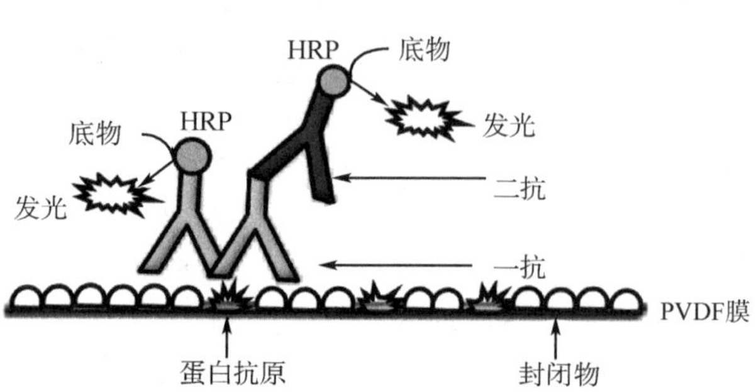

图 2-14　蛋白质印迹法抗原抗体结合示意图

在某些实验中，一抗上已经直接结合了标记物(如酶或荧光物质)。在这种情况下，实验步骤可以省去二抗孵育的过程，而直接进行显色或检测(图 2-14)。这种方法简化了操作步骤，并减少了潜在的非特异性背景信号。

6. 二抗孵育　若一抗没有结合标记物，孵育过一抗的 PVDF 膜则需要进一步用适当标记的二抗处理。二抗是指能与一抗特异性结合的抗体。例如，如果单克隆 IgG 抗体用作一抗（几乎所有的单克隆 IgG 抗体都是用小鼠生产），那么二抗应为抗鼠 IgG 的抗体。某些其他类型的单抗如 IgM，则需要与其类型相匹配的二抗。如果一抗是多克隆抗体，需确定其由哪种动物（多数是兔，也可能是羊或者其他大动物）产生，再选择相应的二抗。二抗孵育处理后，带有标记的二抗与一抗结合，可以指示一抗的位置，即是待研究的蛋白质的位置。

目前有结合各种标记物的抗特定 IgG 的抗体可以直接购买作为标记的二抗。最常用的一种标记是酶连的二抗，PVDF 膜用酶连二抗处理后，再用适当的底物溶液处理，当酶催化底物生成有颜色的产物时，就会产生可见的区带，指示所要研究的蛋白质的位置。在酶连抗体中使用的酶通常是碱性磷酸酶或辣根过氧化物酶（horseradish peroxidase，HRP）。碱性磷酸酶可以将无色的底物 5-溴-4-氯吲哚磷酸盐转化为蓝色的产物；而 HRP 可以以 H_2O_2 为底物，将 3-氨基-9-乙基咔唑氧化成褐色产物或将 4-氯萘酚氧化成蓝色产物。另一种检测 HRP 的方法为增强化学发光（enhanced chemiluminescence，ECL）法，HRP 在 H_2O_2 存在下，氧化化学发光试剂鲁米诺（luminol，化学名称为氨基苯二酰一肼）并发光，在化学增强剂存在下光强度可以增大 1000 倍，通过将 PVDF 膜放在照相底片上感光就可以检测 HRP 的存在。由于 ECL 灵敏度非常高，已成为目前最常用的检测方法。除了酶连二抗作为指示剂，也可以使用其他指示剂，例如，^{125}I 标记的二抗，可以通过放射性自显影检测；荧光素异硫氰酸盐标记的二抗，可以通过在紫外线灯下产生荧光来检测；^{125}I 标记金黄色葡萄球菌蛋白 A（protein A），protein A 可以与 IgG 的 Fc 区特异性结合，因此 protein A 可以代替二抗，^{125}I 标记的 protein A 通过放射性自显影检测；金标记的二抗，二抗通过微小的金颗粒包裹，与一抗结合时可以表现红色。

本实验所采用的一抗为兔源多克隆 GAPDH 抗体，二抗为标记了 HRP 的纯化羊抗兔 IgG 抗体。

7. 信号检测与显影　通过加入底物或显色剂，酶与底物反应产生可检测的信号，如发光、显色或荧光。信号的强弱与样品中目标蛋白的含量成正比。使用 X 线片、化学发光成像系统或荧光成像设备进行信号捕捉和分析。本实验采用前述的增强化学发光（ECL）法进行检测。

8. 结果分析　结合蛋白质分子量标准物，分析待检测蛋白质条带的位置、强度等信息，以确定目标蛋白质的表达水平或存在状态。

甘油醛-3-磷酸脱氢酶（glyceraldehyde-3-phosphate dehydrogenase，GAPDH）是糖酵解途径中的一个重要的酶，负责催化甘油醛-3-磷酸转化为 1,3-双磷酸甘油酸。GAPDH 由 4 个相同的亚基组成，每个亚基具有一个活性中心，每个亚基含有 335 个氨基酸残基，分子量约 36kDa。*GAPDH* 基因属于管家基因，呈现组成性表达的特征，其表达水平在生物体几乎所有组织细胞中持续表达，表达水平变化很小，较少受环境变化的影响。因此，在基因表达水平检测时，*GAPDH* 常作为内参基因进行定量研究。另外，参与细胞骨架组成的 β 肌动蛋白（β-actin）也是常用的内参基因。GAPDH 在各种组织细胞中表达水平都很高，容易被检测，本实验采用蛋白质印迹法检测 HeLa 细胞中 GAPDH 蛋白质的表达。

【实验材料与仪器】

1. 材料　离心机，金属浴，掌上离心机，微量移液器，电泳仪，垂直电泳槽，半干式转印电泳仪，水平振荡器，化学发光成像系统。

2. 试剂

(1) HeLa 细胞(HeLa 细胞裂解液也可采用重组人 GAPDH 溶液作为替代品,重组人 GAPDH,50μg/支,溶解成 0.25μg/μl,共 200μl)。

(2) 磷酸缓冲盐液(PBS):将 8g NaCl,0.2g KCl,1.44g Na_2HPO_4 和 0.248 KH_2PO_4,用 HCl 将 pH 调至 7.4,定容至 1L。将溶液分装,高压蒸汽灭菌,于室温存储。

(3) 蛋白质裂解液:50mmol/L Tris-HCl(pH 7.4),150mmol/L NaCl,1%(*V/V*)NP-40(非离子性洗涤剂),0.5%(*m/V*)脱氧胆酸钠(sodium deoxycholate),0.1%(*m/V*)SDS,1mmol/L 乙二胺四乙酸(ethylenediaminetetraacetic acid,EDTA)。短期存储于 4℃,或分装存储于 -20℃下以长期保存。在使用前加入蛋白酶抑制剂。

(4) 100mmol/L 苯甲基磺酰氟(phenylmethylsulfonyl fluoride,PMSF):称取 1.74g PMSF,用无水异丙醇或者二甲基亚砜定容至 100ml,4℃存储。PMSF 是一种广泛应用且价格低廉的蛋白酶抑制剂,能够有效抑制丝氨酸蛋白酶和半胱氨酸蛋白酶的活性。然而,PMSF 具有神经毒性,可能对中枢神经系统造成损伤,同时对皮肤、眼睛和呼吸道具有强烈的刺激性。因此,在操作 PMSF 时,需特别注意安全防护措施。称取 PMSF 干粉时应佩戴口罩,以防止吸入;处理含有 PMSF 的溶液时,应佩戴手套以避免皮肤接触。此外,配制完溶液后,应立即用水彻底清洁称量区域,确保操作环境的安全。

(5) 5×SDS-PAGE 蛋白质上样缓冲液:250mmol/L Tris-HCl(pH6.8),8%(*m/V*)SDS,0.1%(*m/V*)溴酚蓝,40%(*V/V*)甘油,分装存储于-20℃,使用前加入 1mol/L 的二硫苏糖醇储备液,使之浓度为 100mmol/L。

(6) 30%丙烯酰胺和 N,N′-亚甲基双丙烯酰胺混合液(29∶1):是一种常用于 PAGE 的试剂,但具有显著的毒性。丙烯酰胺是神经毒性物质,能够通过皮肤吸收,并对中枢神经系统产生危害。此外,丙烯酰胺和 N,N′-亚甲基双丙烯酰胺均具有致癌性,对皮肤、眼睛和呼吸道也具有强烈的刺激作用。因此,在操作过程中,务必戴上防护手套和口罩,避免皮肤接触和吸入气体。实验后需彻底清洗双手,并及时清理操作台面,确保实验室安全。

(7) 1.5mol/L Tris 碱(pH 8.8):用于分离胶的制备。

(8) 1.5mol/L Tris 碱(pH 6.8):用于浓缩胶的制备。

(9) 10%过硫酸铵(ammonium persulfate,APS):取 1gAPS,用去离子水定容至 10ml,4℃存储。APS 会缓慢分解,应经常配制更换新鲜溶液(间隔 1~2 周)。

(10) 四甲基乙二胺(tetramethylethylenediamine,TEMED)。

(11) 12% Tris-甘氨酸 SDS-PAGE 电泳预制胶。

(12) 蛋白质分子量标准物(预染双色)。

(13) 10×Tris 甘氨酸 SDS-PAGE 电泳缓冲液:30.3g Tris 碱,144g 甘氨酸,10g SDS,pH 调至 8.3,并用去离子水定容至 1L,室温保存,使用前稀释成 1×后再使用。

(14) 浸润活化液:甲醇,本实验用商业化试剂 PVDF 膜浸润活化液代替。

(15) 半干法转膜缓冲液:3g Tris 碱,15g 甘氨酸,200ml 甲醇,用去离子水定容至 1L,现配现用。

(16) 封闭液(5%的脱脂奶粉):取 5g 脱脂奶粉,用 TBST 缓冲溶液定容至 100ml。

(17) TBS-T(Tris-buffered saline with Tween 20)洗涤缓冲液:10mmol/L Tris-HCl(pH7.4),0.9%(*m/V*)NaCl,0.02%(*V/V*)吐温 20,用去离子水定容至 1L,室温保存。本实

验用商业化试剂 0.01mol/L PBS 代替。

(18) 一抗:根据生产厂商的建议,用封闭液将一抗稀释至工作浓度,通常在(1∶1000)~(1∶10000),或 0.2~1μg/ml 的工作浓度。本实验一抗为兔源 GAPDH 抗体,按照 1∶1000 进行稀释。

(19) 二抗:根据生产厂商的建议,用封闭液将二抗稀释至工作浓度,通常在(1∶5000)~(1∶50000),或者 20~200ng/ml。最佳的稀释度取决于特定的 HRP 偶联物、膜上的抗原量以及检测系统。本实验二抗为 HRP 标记的纯化羊抗兔 IgG 抗体,按照 1∶5000 进行稀释。

(20) ECL 化学发光试剂盒:成分包括 H_2O_2,鲁米诺和化学增强剂等。

3. 材料　离心管,PVDF 膜,滤纸,洗膜盒,镊子,短玻璃棒,切胶铲,黑色塑料暗盒。

【实验步骤】

操作流程:

样品制备 → 电泳 → 转移 → 封闭 → 一抗孵育 → 二抗孵育 → 检测 → 结果分析

1. 样品制备

(1) 收集 HeLa 细胞于离心管中并用 PBS 洗 3 遍。

(2) 加入裂解液 101μl(蛋白质裂解液∶PMSF = 100∶1)后冰浴 30min,此期间每隔 10min 重悬一次。

(3) 14000×*g*,4℃,离心 15min,收集上清液,即为 HeLa 细胞裂解液。本实验采用重组人 GAPDH 溶液作为替代品。

(4) 取 4μl 蛋白质裂解液和 1μl 5×蛋白质上样缓冲液混合,100℃加热 5min。瞬时离心,待上样用。

2. 电泳

(1) 配制 SDS 聚丙烯酰胺凝胶

1) 清洗玻璃板,晾干后进行组装。

2) 配制分离胶溶液:根据所要分离蛋白质的分子量大小,选用不同浓度的分离胶制备方案。参照表 2-29 中给出的数值,配制适当体积的分离胶溶液,按所示顺序加入相应试剂后混匀溶液。

备注:一旦加入 TEMED 后,丙烯酰胺就会开始快速聚合。因此,快速混匀混合液后,应立即进行下一步操作。由于氧气能够抑制丙烯酰胺溶液的聚合反应,因此在混匀混合液时应避免产生气泡。

表 2-29　Tris-甘氨酸 SDS-PAGE 不同浓度分离胶的制备方案(5ml 量)

成分	不同丙烯酰胺浓度(%)				
	6	8	10	12	15
水	2.6	2.3	1.9	1.6	1.1
30%丙烯酰胺	1.0	1.3	1.7	2.0	2.5
1.5mol/L Tris 碱(pH8.8)	1.3	1.3	1.3	1.3	1.3
10% SDS	0.05	0.05	0.05	0.05	0.05
10% APS	0.05	0.05	0.05	0.05	0.05
TEMED	0.004	0.003	0.002	0.002	0.002

3）将分离胶溶液加入到两玻璃板间隙，注意为浓缩胶留出足够的空间（梳齿长度加1cm）。液面覆盖一层水或95%乙醇，放置室温待凝。

备注：覆盖液可以防止氧气扩散进入凝胶抑制聚合，并除去表面的气泡。

4）当界面有一条折射线时，说明胶已凝了。再等3min使胶充分凝固就可倒去胶上层覆盖液并用滤纸将水吸干。

表 2-30 Tris-甘氨酸 SDS-PAGE 5%浓缩胶制备方案（1ml）

成分	体积（ml）
水	0.68
30%丙烯酰胺	0.17
1.5mol/L Tris 碱（pH6.8）	0.13
10% SDS	0.01
10% APS	0.01
TEMED	0.001

5）配制浓缩胶溶液：参照表 2-30 中给出的数值，计算所需浓缩胶的量并按顺序加入相应试剂后混匀。

备注：一旦加入 TEMED 后，丙烯酰胺就会开始快速聚合。因此，快速混匀混合液后，应立即进行下一步操作。

6）将浓缩胶缓缓加入到分离胶上层，插入梳子，小心避免引入气泡。放置室温待凝。浓缩胶聚合完成后，小心取出梳子。

以上所配制的 SDS 聚丙烯酰胺凝胶也可采用商业化的预制胶，本实验采用 12% Tris-甘氨酸 SDS-PAGE 电泳预制胶。

（2）电泳

1）将预制胶装入电泳槽主体，矮玻璃在内侧。放进电泳槽（注意先撕掉预制胶底部的膜条），倒入电泳缓冲液，内槽倒满，外槽1/3体积，上样。

备注：在所有未使用的胶孔中加入相同体积的1×蛋白质上样缓冲液，可以减少凝胶边缘处蛋白质样品电泳迁移率的差异。

2）电泳条件：浓缩胶阶段80V电泳20min，进入分离胶后120V电泳50~70min。

备注：不要在加入样品前电泳，否则会破坏不连续缓冲液系统的作用。

3. 转移（半干式转移）

（1）膜处理：预先裁好与胶条同样大小的六层滤纸（每块胶需要2个六层滤纸）和PVDF膜，并做好膜的切角标记，PVDF膜放入膜浸润活化液中活化5min。

（2）胶和滤纸准备：电泳结束后将胶条割至合适大小，用转膜缓冲液平衡5min×3次。六层滤纸用转膜缓冲平衡液浸湿。

（3）装置：转膜装置从下至上依次按阴极碳板、六层滤纸、凝胶、PVDF膜、六层滤纸、阳极碳板的顺序放好（图 2-15），滤纸、凝胶和 PVDF 膜精确对齐，每一步用短玻璃棒去除气泡，放置好后再用移液器加入适量转膜缓冲平衡液到滤纸上，保证“三明治”结构充分被缓冲液浸湿但又没有液体外流。

（4）转膜：接通电源，按照 $1mA/cm^2$ 滤纸设定电流，恒流电泳转移25min。转移结束后，断开电源将膜取出。电泳过程中需要实时观察电流、电压，有剧烈变化时及时停止电泳。

4. 封闭

（1）用0.01mol/L PBS洗涤缓冲液洗膜，5min ×3次。

（2）加入封闭液，平稳摇动，室温1h。

（3）用0.01mol/L PBS洗涤缓冲液洗膜，5min×3次。（根据膜的大小加入适当量的洗涤缓冲液，以能完全浸没膜为准，约10ml）

图 2-15　半干式蛋白质印迹法转印系统

5. 一抗孵育

(1) 加入一抗(液体必须覆盖膜的全部),4℃放置过夜或室温 1 小时平稳摇动。

(2) 用 0.01mol/L PBS 洗涤缓冲液洗膜,5min×3 次。

6. 二抗孵育

(1) 加入辣根过氧化物酶偶联的二抗,平稳摇动,室温 1h。

(2) 用 0.01mol/L PBS 洗涤缓冲液洗膜,5min ×4 次。

7. 检测(A 液：B 液=1：1 混合,临用前配制)

将膜放置在黑色塑料暗盒,化学发光显色液滴加到膜上,确保试剂均匀覆盖住膜,放置 2~3min,弃显色液,用吸水纸轻轻吸走膜表面的液体,将膜放进薄膜手套里(避免膜快速干掉),立即进行化学发光成像拍摄。

8. 结果分析　结合蛋白质分子量标准物,分析 GAPDH 对应的条带位置和信号强度,判断 HeLa 细胞中是否有 GAPDH 表达及其表达水平高低。

【注意事项】

1. 转膜时滤纸与胶、胶与膜、膜与滤纸之间不能有气泡,否则会影响转膜的效果。
2. 确定电极是否连接正确,避免不必要的损失。
3. 不能徒手操作,一定戴干净的手套,使用镊子操作。
4. 显色液必须新鲜配制使用。

【思考题】

1. 简述蛋白质印迹实验中一抗和二抗的作用。
2. 本次检测到的 GAPDH 条带是 GAPDH 四聚体蛋白质还是其单个亚基,为什么?

(高正君)

第三篇

综合性实验

实验一　血清γ球蛋白的分离纯化与鉴定

【实验目的】

1. 了解凝胶过滤层析和离子交换层析分离纯化蛋白质的原理。
2. 了解从复杂体系分离纯化蛋白质的实验设计思路。

【实验原理】

蛋白质的分离、纯化及鉴定是研究蛋白质化学性质及生物学功能的重要手段之一。分离纯化蛋白质的方法是利用蛋白质的某些物理、化学性质的差异而建立的分离流程，其中有盐析、离子交换、凝胶过滤、亲和层析、制备电泳和离心技术等。在分离纯化时，根据情况选用几种方法，相互配合达到分离纯化一种蛋白质的目的。

本实验采用盐析、凝胶过滤、离子交换层析方法，分离纯化血清γ球蛋白，最后用醋酸纤维素膜电泳法鉴定分离的γ球蛋白纯度，纯度高者只出现一条γ球蛋白区带。

1. 盐析法分离血清球蛋白　盐析法是根据不同蛋白质在一定浓度的盐溶液中溶解度不同而沉淀析出以达到彼此分离的方法。

决定蛋白质溶解度的因素是分子表面疏水和亲水残基的分布，蛋白质在水溶剂中的溶解度是溶质与水溶剂的极性相互作用和水溶剂中存在的盐离子相互作用的结果。当溶剂中加入少量盐类时，盐类分子与水分子对蛋白质分子上的极性基团的影响，使蛋白质在水中的溶解度增大（盐溶作用）。但盐浓度高到一定程度时，蛋白质表面的电荷大量被中和，而且使蛋白质的水化膜被破坏，蛋白质分子相互聚集而沉淀析出（盐析作用）。由于各种蛋白质的溶解度不同，故可以在不同盐浓度时分别析出。

影响蛋白质溶解度还有其他一些因素。①pH：由于在等电点时，蛋白质溶解度最小，容易沉淀析出。因此，盐析时溶液的 pH 常选择在被分离蛋白质的等电点附近。②温度：盐析操作一般可在室温下进行，至于某些对热敏感的酶，则宜维持低温。一般情况下，随着温度升高而蛋白质的溶解度下降。③蛋白质浓度：蛋白质浓度越大越易沉淀，使用盐的饱和度的极限越低。但浓度过高，也容易引起其他蛋白质的共沉淀作用。因此，必须选择适当的浓度，尽可能避免共沉淀作用的干扰。

盐的选择也很重要，应考虑盐的溶解度大小、沉淀蛋白的效果、不希望溶解时放出大量的热、盐溶液的密度应该和蛋白质沉淀的密度有一定的区别以便离心分离沉淀等。

本实验中，在半饱和硫酸铵溶液中，清蛋白不发生沉淀，而球蛋白沉淀析出，经离心所得的沉淀即为球蛋白的粗提液。

2. 葡聚糖凝胶柱层析脱盐　欲去除用盐析法分离而得到的蛋白质溶液中的盐，通常有两种方法：一是凝胶层析法，二是透析法。

凝胶层析法又叫凝胶过滤。基本原理是用一般的柱层析方法，使分子量不同的溶质通过具有分子筛性质的固定相，从而使物质分离。它利用一些多孔的细珠支持物，这些小孔大小不一，可以允许半径在一定范围内的分子透过它。把经过充分溶胀的凝胶装入层析柱中，加入样品后，由于凝胶的三维空间网状结构，分子量小的物质能进入凝胶，流程长，移动速度慢。分子量大的物质则被排阻在交联网状物之外，沿着凝胶颗粒间的孔隙随溶剂流动，其流程短，移动速度快，先流出层析床。经过分步收集流出液，分子量不同的物质便互相分离。

用作凝胶的材料有多种，如交联葡聚糖、琼脂糖、聚丙烯酰胺凝胶、聚苯乙烯和多孔玻璃等。交联葡聚糖（商品名 Sephadex）是以右旋葡萄糖为残基的多糖，用交联剂环氧氯丙烷交联形成的具有三维空间的网状结构物。控制葡萄糖和交联剂的配比及反应条件，就可决定其交联度的大小（交联度大，“网眼”就小），从而得到各种规格的交联葡萄糖（不同型号的凝胶），“G”表示交联度，G 越小，交联度越大，吸水量就越小。

影响凝胶层析的因素：

(1) 凝胶的选择：一般来讲，选择凝胶首先要根据样品的情况确定一个合适的分离范围，根据分离范围来选择合适型号的凝胶。混合物的分离程度主要决定于凝胶颗粒内部的孔径和混合物分子量的分布范围这两个因素。所以，分离时要选择能将大分子完全排阻而小分子完全渗透的凝胶，确保分离效果好。

选择凝胶的另外一个方面就是凝胶颗粒的大小。凝胶颗粒大，流速快，但分辨率较低、分离效果差；凝胶颗粒小，分离效果较好，但因流速慢，洗脱时间延长。选择凝胶时要依据分离的具体情况而定，例如，样品中各个组分差别较大，则可以选用大颗粒的凝胶，这样可以很快地达到分离的目的；如果有个别组分差别较小，则要考虑使用小颗粒凝胶以提高分辨率。

(2) 洗脱速度：流速过快会使色谱变形，影响分离效果。流速太慢样品物质又易扩散。

(3) 离子强度和 pH：有时为了使样品溶解而使用含盐的洗脱液，盐类的另一重要作用是抑制交联葡聚糖的吸附性质。在酸性 pH 时，碱性物质易于洗脱，在碱性 pH 时，酸性物质易于洗脱。

(4) 样品液体积：样品液的体积比其浓度更影响分离效果。通常样品液的体积不超过凝胶床总体积的 5%～10%，样品体积过大，分离效果不理想。

(5) 凝胶柱的长度、直径和分离效果的关系：凝胶柱的长度与直径之比通常为 10∶1 或 7∶1。层析柱的长度对分辨率影响较大，长的层析柱分辨率要比短的层析柱分辨率高，但层析柱长度不能过长，否则会引起柱子不均一、流速过慢等一些困难。脱盐柱由于对分辨率要求较低，所以一般比较短。

还有一种脱盐方法，叫作透析。透析用半透膜来分离大小不同的分子，其根据的原理是半透膜允许小分子通过，而阻碍大分子通过，将大分子和小分子的混合物装进透析袋，浸泡在大量水溶剂中，小分子通过半透膜跑到透析袋外面，直到透析袋里外的浓度达到平衡为止。如果反复更换溶剂，最后可能除去混合物中的小分子，而达到脱盐的目的。

本试验采用凝胶 Sephadex G-25 过滤层析方法，除去球蛋白粗提液中的盐，以便下一步用离子交换的层析方法，进一步提纯球蛋白。

3. DEAE-纤维素离子交换层析纯化 γ 球蛋白　离子交换层析的基本原理：离子交换层析是一种常用的分离方法，最常用的是使用各种类型的离子交换剂的层析法。离子交换剂是通过化学反应将带电基团引入到惰性支持物上形成的。如果带电基团带负电，则能结合阳离子，成为阳离子交换剂；如果带电基团呈正电，则能结合阴离子，称为阴离子交换剂。靠静电引力结合在交换剂上的离子，叫作平衡离子。此法的主要价值在于可以找到适当的条件，使一些化合物静电结合到交换剂上，而使另一些化合物不能结合到交换剂上。可根据实验需要，选择不同的离子交换剂进行离子交换层析。生物化学所遇到的大部分化合物都是离子型的，能溶于水，因此，可用此法分离、提纯这些化合物。如 DEAE-纤维素含有可离子化的碱基（二乙基氨基乙基）与氢离子结合即成为带正电荷的阳离子。

蛋白质是具有两性游离性质的高分子，在等电点（pH = pI）时蛋白质带正电荷和负电荷的离子基团相等，呈电中性。

当 pH<pI，蛋白在溶液中与氢离子结合成阳离子。

当 pH>pI，蛋白在溶液中失去氢离子，羧基解离成阴离子。

所以蛋白质的电荷状态决定于蛋白质的等电点和溶液的 pH。当溶液的 pH 等于蛋白质的等电点时，蛋白质为中性（净电荷等于 0）；当溶液的 pH 高于蛋白质的 pI 时，蛋白质为带负电的阴离子；当溶液的 pH 低于蛋白质的 pI 时，蛋白质为带正电的阳离子（图 3-1）。

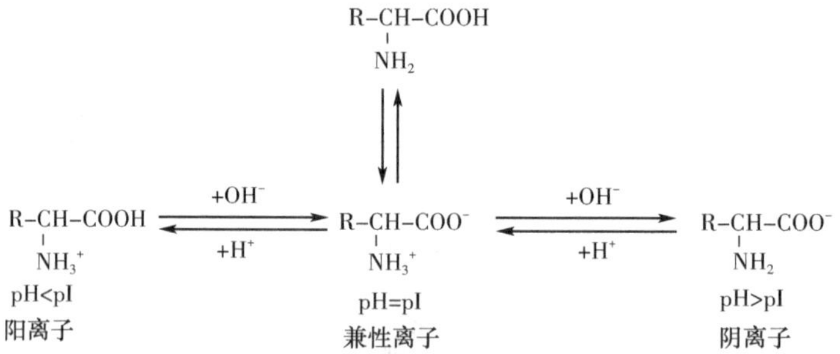

图 3-1　蛋白质的电离示意图

以血清蛋白质在 DEAE-纤维素柱上的交换吸附为例。

根据 α、β、γ 球蛋白（还有微量的清蛋白）的等电点的不同（清蛋白 pI = 4.64，α 球蛋白 pI = 5.06，β 球蛋白 pI = 5.12，γ 球蛋白 pI = 7.3）。当 pH 约为 7 时，血清蛋白质为阴离子形式带负电荷，DEAE-纤维素是具有多个带正电荷游离碱基的聚合物，所以二者主要靠静电吸引形成离子键。这个性质对蛋白质的提纯有很大好处。这时，如果混合物在阳离子交换剂上层析，则很多阴离子蛋白质就可以除去。此后，提高 pH 将蛋白质变成它的阴离子形式，再在阴离子交换剂上层析，这样又可除去好多阳离子成分。应当指出，即使混合物的 pH 不能改变，连续在阴、阳离子交换剂上层析，也能得到很大程度的提纯。

本实验采用 0.02mol/L pH 6.5 磷酸盐缓冲液进行洗脱。在此 pH 条件下，DEAE 带有正电荷，可与带负电荷的残留的清蛋白、α 球蛋白和 β 球蛋白结合，而带正电荷的 γ 球蛋白，不与 DEAE 结合，因而首先从层析柱中洗脱出来，收集到的即是纯化的 γ 球蛋白。

4. γ 球蛋白提取液的浓缩　利用葡聚糖凝胶富含羟基，吸水，不允许大分子蛋白进入微孔的特性，在样品溶液中加少量凝胶，浓缩蛋白。

5. γ 球蛋白电泳鉴定 用醋酸纤维素膜电泳的方法，以血清电泳图谱为对照，即可鉴定出所分离的蛋白的种类和纯度（参见血清蛋白质醋酸纤维素膜电泳）。

【实验材料与仪器】

1. 仪器与器材 微量紫外光度计、低速离心机、蠕动泵（可选）、移液器、15ml 离心管、层析柱、铁架台及铁夹、控速阀、止水阀、白瓷板、Eppendorf 管、玻璃棒、滴管、15ml 超滤管（可选）。

2. 试剂

(1) 葡聚糖：葡聚糖 G-25（G 后面的阿拉伯数为凝胶得水值的 10 倍。例如，葡聚糖 G-25 为每克凝胶膨胀时吸水 2.5g）：每克干胶加水 5ml，沸水浴 1h 或室温 24h 溶胀，间隙搅拌。蒸馏水洗 2 次，用 2 倍体积磷酸缓冲液浸泡保存。（100g 干胶-400ml 凝胶）。

(2) DEAE-52（碱-酸-碱-缓冲）：DEAE-52 按 1∶15 用 0.5mol/L NaOH 溶液浸泡 30min 以上，去上层碱液，用无离子水漂洗抽滤，使 pH 至 8 左右。再改用 0.5mol/L HCl 溶液浸泡 30min 以上，去上层酸溶液，用无离子水漂洗抽滤，使 pH 至 6 左右。再改用 0.5mol/L NaOH 溶液浸泡 60min，用无离子水漂洗抽滤，使 pH 至 7 左右。以 2 倍体积 0.02mol/L pH6.5 磷酸缓冲液，浸泡平衡后使用。

对于离子交换纤维素要用流水洗去少量碎的不易沉淀的颗粒，以保证有较好的均匀度，对于已溶胀好的产品则不必经这一步骤。溶胀的交换剂使用前要用稀酸或稀碱处理，使之成为带 H^+ 或 OH^- 的交换剂型。阴离子交换剂常用“碱-酸-碱”处理，使最终转为—OH—型或盐型交换剂；对于阳离子交换剂则用“酸-碱-酸”处理，使最终转为—H—型交换剂。

洗涤好的纤维素使用前必须平衡至所需的 pH 和离子强度。已平衡的交换剂在装柱前还要减压除气泡。为了避免颗粒大小不等的交换剂在自然沉降时分层，要适当加压装柱，同时使柱床压紧，减少死体积，有利于分辨率的提高。

(3) 饱和硫酸铵：称取固体硫酸铵（分析纯）850g，置于 1000ml 蒸馏水中，在 70～80℃ 水浴中搅拌溶解，将酸碱度调节至 pH 7.2。室温中放置过夜，瓶底析出白色结晶，上清液即为饱和硫酸铵溶液。

(4) 0.02mol/L 磷酸缓冲液 pH 6.5：磷酸氢二钠·$12H_2O$（分子量 358.14）2.18g，磷酸二氢钠·$2H_2O$（分子量 156.01）2.15g 分别溶解后加水至 1000ml。

（0.02mol/L 分离 γ 球蛋白；0.06mol/L 洗脱 β、α；0.3mol/L 洗脱 α、白蛋白）

（pH 是离子交换层析的关键必须准确，白蛋白 pI＝4.64，α 球蛋白 pI＝5.06，β 球蛋白 pI＝5.12，γ 球蛋白 pI＝7.3）

(5) 奈斯勒试剂：检测铵离子。若不能购买，可改用 10g/L 氯化钡（$BaCl_2$）检测硫酸根。

称取 16.0g 氢氧化钠（NaOH），溶于 50ml 蒸馏水中，冷却至室温。称取 7.0g 碘化钾（KI）和 10.0g 碘化汞（HgI_2 剧毒），溶于蒸馏水中，然后将此溶液在搅拌下，缓慢加入到上述 50ml 氢氧化钠溶液中，用蒸馏水稀释至 100ml。贮于聚乙烯瓶内，用橡皮塞或聚乙烯盖子盖紧，于暗处存放，有效期 1 年。

(6) 浓缩：葡聚糖 G-50。

(7) 醋酸纤维膜电泳全套试剂。

【实验步骤】

1. 盐析

（1）微量紫外光度计测定蛋白质浓度。

（2）盐析沉淀球蛋白：在15ml离心管中加入血清或血浆1.0ml，再缓慢加入饱和硫酸铵1.0ml（加快了会造成局部浓度过高），静置10min，3000r/min离心10min，弃上清液。加2.0ml磷酸盐缓冲液溶解沉淀（球蛋白粗提液）。

2. 脱盐

（1）安装：选择有滤芯的水流速较快的层析柱，将层析柱垂直固定在铁架台上。高处放置磷酸盐缓冲液，连接层析柱，上端胶管加控速阀，下端胶管加装止水阀。下口正下方放烧杯接排出的液体。

（2）装柱：关闭下口，在层析柱中用滴管加入已溶胀的葡聚糖G-25，待其自然沉降后，打开下口，让液体从下口流出。搅匀交界处凝胶，继续加葡聚糖G-25，直至凝胶加至距顶端2cm，此过程中液面不能低于凝胶上缘。接上口，开控速阀，磷酸盐缓冲液冲洗平衡。

（3）加样：关控速阀，打开上口，放出多余缓冲液，当液面略高于凝胶表面时，用滴管加入球蛋白粗提液至柱面中央（注意不要冲击胶面）。连接上口，开控速阀控制下口出液速度10滴/min左右。若下口出液速度过慢，可在下端胶管再外接蠕动泵以提高流速。

（4）收集：用Eppendorf管收集流出液，每收集1ml换一支。脱盐时，大分子蛋白先流出，小分子的盐后流出。

（5）检测每管的NH_4^+：每收集一管就在白瓷盘上加奈斯勒试剂1滴，再加入洗脱液1滴，若出现砖红色沉淀，停止收集。

（6）测定：微量紫外光度计测定各管蛋白质浓度，将有蛋白的几管合并混匀，重新测定浓度，记录体积，放入4℃冰箱保存。

（7）清洗层析柱：用长玻璃棒搅匀后倒出后，用蒸馏水浸泡。

3. 离子交换层析

（1）安装：选择有滤芯的水流速较快的层析柱，将层析柱垂直固定在铁架台上。高处放置磷酸盐缓冲液，连接层析柱，上端胶管加控速阀，下端胶管加装吸头和止水阀。下口正下方放烧杯接排出的液体。

（2）装柱：关闭下口，在层析柱中用滴管加入已处理的DEAE，待其自然沉降后，打开下口，让液体从下口流出。搅匀交界处，继续加DEAE排除液体，直至凝胶加至距顶端2cm，此过程中液面不能低于凝胶。接上口，开控速阀，磷酸盐缓冲液冲洗平衡。

（3）加样：关控速阀，打开上口，放出多余缓冲液，当液面略高于凝胶表面时，用滴管加入样品（注意不要冲击胶面）。连接上口，开控速阀控制下口出液速度10滴/分左右（速度高会影响结合效率）。

上样量要适当，不要超过柱的负荷能力。柱的负荷能力可用交换容量来推算，通常上样量为交换剂交换总量的1%~5%，我们选择上样量为10~20mg。

（4）收集：用Eppendorf管收集流出液，每收集1ml换一支。（一般需要1个柱体积）。

（5）再生：高浓度盐（1.5mol/L NaCl-0.3mol/L 磷酸盐缓冲液）洗脱蛋白后，在用0.02mol/L磷酸盐缓冲液pH6.5平衡。

（6）检测蛋白质含量：微量紫外光度计测定各管蛋白质浓度，将有蛋白的几管合并混合后再测浓度记录体积备用。

4. 浓缩　在样品中加葡聚糖 G-50 干粉（1g 干粉吸水 5ml），一般 8ml 样品中加入 1g 干粉。也可使用超滤管进行浓缩，将样品加入 15ml 超滤管中，4000r/min 离心 15min，加 1ml 蒸馏水溶解，取出备用。

记录并分析各步骤蛋白的损失和纯化状况（表 3-1）。

表 3-1　各步骤蛋白的损失和纯化状况记录分析表

	血清	盐析	脱盐（合并后）	纯化（合并后）	浓缩后
浓度（mg/ml）					
体积（ml）					
蛋白含量（mg）					

5. 电泳鉴定　在大膜上进行醋酸纤维薄膜电泳，每张膜跑 3 泳道，点样线对齐，用移液器点状上样。

血清组×1：血清上样量 20～40μg。

脱盐组×1：蛋白上样量 5～10μg。

浓缩组×1：蛋白上样量 3～6μg。

【注意事项】

1. 本次实验的柱填料，葡聚糖 G-25 和 DEAE-纤维素的价钱昂贵，在使用时应注意随时回收重复使用。

2. 盐析时应逐滴加入饱和硫酸铵，边加边摇，静止要充分。

3. 准确配制磷酸缓冲液并严格调整其 pH 至 6.5。

4. 装柱时柱内要严防断层与气泡，凝胶床面要平整。严防空气进入层析柱床内，小心控制下端聚乙烯管，使柱上缓冲液刚好下降到层析柱床表面。

5. 样品进入层析柱床内，打开出口应立即收集。

6. 保持层析柱床表面完整，上样或加缓冲液时，动作应轻、慢，切勿将柱床表面冲起。

7. 洗脱时，注意收集样品，切勿使样品丢失，并注意不要使层析柱干涸，保留部分液体在凝胶柱床表面。

【思考题】

1. 此实验用凝胶过滤的方法除去样品中的盐，还可以用哪些方法除去盐？

2. 离子交换层析和凝胶过滤分离蛋白质的原理是什么？

3. 如何对分离、纯化后所得到的 γ 球蛋白的纯度和含量进行鉴定？

（舒朝忠）

实验二　碱性磷酸酶的分离纯化与动力学研究

【实验目的】

1. 熟悉酶分离纯化的基本原理和技术。

2. 熟悉酶动力学研究的相关原理和方法。

【实验原理】

酶分离、纯化的方法和蛋白质相似。要制备有活性的酶,应选择新鲜的、该酶含量丰富的原料。体液中分布的酶可以直接提取,组织细胞内的酶则必须先破碎细胞再提取。盐析法、电泳法、层析法、有机溶剂沉淀及等电点沉淀法等分离纯化方法也适用于酶。通常需要多种方法配合使用,才能获得较理想的分离纯化效果。同时,在分离纯化的过程中,为保证酶的活性,需要严格控制温度、pH,选择合适的介质和离子强度,避免巯基氧化、重金属离子污染及蛋白酶污染等情况发生。

本实验采用有机溶剂沉淀法从肝匀浆中提取分离碱性磷酸酶(alkaline phosphatase, AKP)。制备肝匀浆时,低浓度的乙酸钠可达到低渗破裂细胞膜的作用,乙酸镁则具有保护和稳定 AKP 的作用。匀浆液中加入正丁醇,能使部分杂蛋白变性,过滤除去杂蛋白即得到含有 AKP 的提取液。再进一步用冷乙醇和冷丙酮进行分离纯化。AKP 在终浓度为 30% 乙醇或 33% 丙酮中溶解,而在终浓度为 60% 乙醇或 50% 丙酮中不溶,通过多次离心的方法重复分离提取,即可得到初步纯化的 AKP。

在分离纯化的过程中,常常需要测定酶活性、比活性,以此来判断实验设计及实验操作是否得当。酶的比活性是指每毫克酶蛋白所含有的活性单位数,是反映酶纯度的一个重要指标。对于同一种酶,酶的比活性愈高,纯度就愈高。一个较合理、理想的操作程序,随着实验的进行,总蛋白量会逐渐减少,但酶的比活性不断增加,酶的纯度提高。本实验提纯的 AKP 在碱性条件下催化磷酸苯二钠水解,生成苯酚和磷酸氢二钠。苯酚与 4-氨基安替比林、铁氰化钾反应生成红色醌类化合物,在 510nm 处有最大光吸收,颜色的深浅反映酶活性的高低。与同样条件下处理的酚标准应用液结果进行比较,可以判定出样品中碱性磷酸酶活性。

酶促反应动力学研究酶促反应速度及其影响因素,这些因素主要包括底物浓度、酶浓度、pH、温度、抑制剂和激活剂等。酶的动力学研究是酶学的主要内容,有助于确定酶促反应的最适条件,有助于阐明酶的作用机制和某些药物的作用机制。

【实验材料与仪器】

1. 器材　新鲜兔肝、手术剪、匀浆器或玻璃研钵、天平、滤纸、漏斗、试管及试管架、刻度离心管、吸量管、离心机、恒温水浴箱、冰水浴、沸水浴、分光光度计、坐标纸。

2. 试剂

(1) 0.5mol/L 乙酸镁溶液。

(2) 0.01mol/L 乙酸镁-0.01mol/L 乙酸钠溶液。

(3) 0.01mol/L Tris-乙酸镁缓冲液(pH8.8):称取三羟甲基氨基甲烷 12.1g,溶解于蒸馏水中并稀释至 1000ml,即为 0.1mol/L Tris 溶液。量取该溶液 100ml,加蒸馏水约 800ml,再加入 0.5mol/L 乙酸镁溶液 20ml,混匀后,用 1% 乙酸调节 pH 至 8.8,再用蒸馏水稀释至 1000ml。

(4) 正丁醇(AR)。

(5) 95% 乙醇(AR)。

(6) 丙酮(AR)。

(7) 0.04mol/L 底物液:称取磷酸苯二钠($C_6H_5PO_4Na_2 \cdot 2H_2O$)10.16g,溶解于蒸馏水

1000ml 中，迅速煮沸并迅速冷却。加氯仿 4ml 防腐。棕色瓶中 4℃保存。

（8）酚标准液。

（9）0.1mol/L 碳酸盐缓冲液（pH10）。

（10）0.3%氨基安替比林溶液。

（11）0.5%铁氰化钾溶液。

（12）0.5mol/L NaOH 溶液。

（13）碱性铜试剂。

（14）酚试剂。

（15）0.1mg/ml 蛋白标准液。

（16）0.05mg/ml 碱性磷酸酶溶液。

（17）0.1mol/L 碳酸盐/磷酸盐缓冲液（pH10）：称取磷酸氢二钠 14.3g，溶解于 0.1mol/L碳酸盐缓冲液（pH10）1000ml 中。

（18）0.1mol/L 甘氨酸-NaOH 缓冲液：分别配制 pH8.6、pH9.0、pH9.6、pH10.0、pH10.6 五种缓冲液。

【实验步骤】

1. 碱性磷酸酶的分离纯化

（1）取新鲜兔肝 2g，剪碎，置于匀浆器中，按 1∶3 的比例（*W*∶*V*）加入 0.01mol/L 乙酸镁-0.01mol/L 乙酸钠溶液 6ml，制备成肝匀浆液。此为 A 液。取 A 液 0.1ml 于另一干净小试管中，加 Tris 缓冲液（pH8.8）4.9ml。此为 50 倍稀释 A 液，供测定酶活性和蛋白质浓度用。

（2）将剩余 A 液加正丁醇 2ml，玻璃棒充分搅拌约 2min。室温放置 30min，过滤。

（3）滤液置于刻度离心管中，记录体积。加入等体积的冷丙酮，立即混匀。2000r/min 离心 5min。

（4）弃上清液。沉淀中加入 0.5mol/L 乙酸镁溶液 4ml，搅拌使沉淀溶解。此为 B 液。取 B 液 0.1ml 于另一干净小试管中，加 Tris 缓冲液（pH8.8）1.9ml。此为 20 倍稀释 B 液，供测定酶活性和蛋白质浓度用。

（5）记录剩余 B 液体积，缓慢加入 95%冷乙醇溶液，使乙醇终浓度为 30%。混匀后，2000r/min 离心 5min。

（6）上清液倒入另一刻度离心管中，记录体积，再缓慢加入 95%冷乙醇溶液，使乙醇终浓度为 60%。混匀后，2500r/min 离心 5min。

（7）弃上清液。沉淀中加入 0.5mol/L 乙酸镁溶液 3ml，搅拌使沉淀溶解。此为 C 液。取 C 液 0.1ml 于另一干净小试管中，加 Tris 缓冲液（pH8.8）1.9ml。此为 20 倍稀释 C 液，供测定酶活性和蛋白质浓度用。

（8）记录剩余 C 液体积，逐滴滴加冷丙酮，使丙酮终浓度为 33%。混匀后，2000r/min 离心 5min。

（9）上清液倒入另一刻度离心管中，逐滴滴加冷丙酮，使丙酮终浓度为 50%。混匀后，4000r/min 离心 10min。

（10）弃上清液，沉淀中加入 Tris 缓冲液（pH8.8）4ml，搅拌使沉淀溶解。此为 D 液。取 D 液 0.5ml 于另一干净小试管中，加 Tris 缓冲液（pH8.8）2.0ml。此为 5 倍稀释 D 液，供测定酶活性和蛋白质浓度用。剩余 D 液冰箱保存，供后续实验用。

2. 碱性磷酸酶活性测定

（1）标准曲线的制作：取试管 6 支，编号，按表 3-2 所列步骤操作。

表 3-2 酚标准曲线的制作

试剂	试管编号					
	1	2	3	4	5	6
碳酸盐缓冲液(pH10)(ml)	0.9	0.9	0.9	0.9	0.9	0.9
0.1mg/ml 酚标准应用液(ml)	0	0.1	0.2	0.3	0.4	0.5
蒸馏水(ml)	1.1	1.0	0.9	0.8	0.7	0.6
各管混匀后，置于 37℃水浴中预温 5min						
0.5mol/L NaOH 溶液(ml)	1.0	1.0	1.0	1.0	1.0	1.0
0.3%氨基安替比林溶液(ml)	1.0	1.0	1.0	1.0	1.0	1.0
0.5%铁氰化钾溶液(ml)	2.0	2.0	2.0	2.0	2.0	2.0
充分混匀，放置 10min						
510nm 处比色，以 1 号管调零，读取各管吸光度值						
各管吸光度值 A_{510}						
酚的实际含量(mg)						

以各管吸光度值 A_{510} 为纵坐标，以酚的实际含量(mg)为横坐标，绘制标准曲线。

（2）碱性磷酸酶活性的测定：取试管 5 支，编号，按表 3-3 所列步骤操作。

表 3-3 碱性磷酸酶活性的测定

试剂	试管编号				
	1	2(A 液)	3(B 液)	4(C 液)	5(D 液)
碳酸盐缓冲液(pH10)(ml)	0.9	0.9	0.9	0.9	0.9
0.04mol/L 底物液(ml)	1.0	1.0	1.0	1.0	1.0
各管混匀后，置于 37℃水浴中预温 5min					
蒸馏水(ml)	0.1	—	—	—	—
酶液(ml)	—	0.1	0.1	0.1	0.1
迅速混匀，立即置于 37℃水浴中准确保温 15min					
0.5mol/L NaOH 溶液(ml)	1.0	1.0	1.0	1.0	1.0
0.3%氨基安替比林溶液(ml)	1.0	1.0	1.0	1.0	1.0
0.5%铁氰化钾溶液(ml)	2.0	2.0	2.0	2.0	2.0
充分混匀，放置 10min					
510nm 处比色，以 1 号管调零，读取各管吸光度值					
各管吸光度值 A_{510}					

根据各管吸光度值 A_{510}，在标准曲线上查出生成酚的 mg 数，计算各管酶液的 AKP 活性

(U/ml)。本方法规定在37℃、pH10时与AKP底物液作用15min,每生成1mg酚所需的酶量为1个酶活性单位(U)。

$$\text{AKP 活性(U/ml)}=\frac{\text{查出生成酚的 mg 数}}{0.1\text{ml}}\times\text{稀释倍数}$$

3. 蛋白质浓度和比活性测定

(1) 取试管6支,编号,按表3-4所列步骤操作。

表3-4　蛋白质浓度的测定

试剂	试管编号					
	1	2(标准)	3(A液)	4(B液)	5(C液)	6(D液)
pH8.8 Tris 缓冲液(ml)	1.0	—	—	—	—	—
0.1mg/ml 蛋白标准液(ml)	—	1.0	—	—	—	—
酶液(ml)	—	—	1.0	1.0	1.0	1.0
碱性铜试剂(ml)	5.0	5.0	5.0	5.0	5.0	5.0
混匀,室温放置15min						
酚试剂(ml)	0.5	0.5	0.5	0.5	0.5	0.5
每管加入酚试剂后立即混匀,室温放置30min 650nm处比色,以1号管调零,读取各管吸光度值						
各管吸光度值 A_{650}						

根据各管吸光度值 A_{650},计算各管酶液的蛋白质浓度(mg/ml)。

$$\text{蛋白质浓度(mg/ml)}=\frac{A_{测定}}{A_{标准}}\times C_{标准}\times\text{稀释倍数}$$

(2) 比活性的测定:按下列公式分别计算出A液、B液、C液、D液的比活性。

$$\text{比活性}=\frac{\text{每毫升酶液的活性单位(U/ml)}}{\text{每毫升酶液的蛋白浓度(mg/ml)}}$$

4. 底物浓度对酶促反应速度的影响及米氏常数和最大反应速度的测定

(1) 取试管6支,编号,按表3-5所列步骤操作。

表3-5　碱性磷酸酶 K_m 值的测定

试剂	试管编号					
	1	2	3	4	5	6
碳酸盐缓冲液(pH10)(ml)	0.9	0.9	0.9	0.9	0.9	0.9
0.04mol/L 底物液(ml)	—	0.2	0.4	0.6	0.8	1.0
蒸馏水(ml)	1.0	0.8	0.6	0.4	0.2	—
各管混匀后,置于37℃水浴中预温5min						
碱性磷酸酶溶液(ml)	0.1	0.1	0.1	0.1	0.1	0.1

续表

试剂	试管编号					
	1	2	3	4	5	6
迅速混匀,立即置于37℃水浴中准确保温15min						
0.5mol/L NaOH 溶液(ml)	1.0	1.0	1.0	1.0	1.0	1.0
0.3%氨基安替比林溶液(ml)	1.0	1.0	1.0	1.0	1.0	1.0
0.5%铁氰化钾溶液(ml)	2.0	2.0	2.0	2.0	2.0	2.0
充分混匀,放置10min						
510nm处比色,以1号管调零,读取各管吸光度值						
各管吸光度值 A_{510}						

(2) 计算底物浓度([S])和酶促反应速度(V)

根据各管吸光度值,在标准曲线上查出生成酚的mg数,计算出各管酶促反应速度:

$$酶促反应速度\ V=\frac{查出生成酚的\ mg\ 数}{0.1ml}$$

根据下列公式,计算出各管的底物浓度:

$$底物浓度=\frac{底物液浓度\times底物液加入体积}{酶促反应总体积}=\frac{0.04mol/L\times底物液加入体积(ml)}{2ml}$$

(3) 以底物浓度的倒数(1/[S])为横坐标,以酶促反应速度的倒数(1/V)为纵坐标,作图。求出 K_m 值、V_{max} 值。

5. 抑制剂对酶促反应速度的影响

(1) 取试管6支,编号,按表3-6所列步骤操作。

表3-6 抑制剂对酶促反应速度的影响

试剂	试管编号					
	1	2	3	4	5	6
碳酸盐/磷酸盐缓冲液(pH10)(ml)	0.9	0.9	0.9	0.9	0.9	0.9
0.04mol/L 底物液(ml)	—	0.2	0.4	0.6	0.8	1.0
蒸馏水(ml)	1.0	0.8	0.6	0.4	0.2	—
各管混匀后,置于37℃水浴中预温5min						
碱性磷酸酶溶液(ml)	0.1	0.1	0.1	0.1	0.1	0.1
迅速混匀,立即置于37℃水浴中准确保温15min						
0.5mol/L NaOH 溶液(ml)	1.0	1.0	1.0	1.0	1.0	1.0
0.3%氨基安替比林溶液(ml)	1.0	1.0	1.0	1.0	1.0	1.0
0.5%铁氰化钾溶液(ml)	2.0	2.0	2.0	2.0	2.0	2.0
充分混匀,放置10min						
510nm处比色,以1号管调零,读取各管吸光度值						
各管吸光度值 A_{510}						

（2）计算各管底物浓度（[S]）和酶促反应速度（V）。

（3）以底物浓度的倒数（$1/[S]$）为横坐标，以酶促反应速度的倒数（$1/V$）为纵坐标，作图。根据 K_m 值、V_{max} 值的变化情况，判断抑制剂的作用类型。

6. 酶浓度对酶促反应速度的影响

（1）取试管6支，编号，按表3-7所列步骤操作。

表3-7　酶浓度对酶促反应速度的影响

试剂	试管编号					
	1	2	3	4	5	6
碳酸盐缓冲液（pH10）（ml）	0.9	0.9	0.9	0.9	0.9	0.9
0.04mol/L 底物液（ml）	1.0	1.0	1.0	1.0	1.0	1.0
各管混匀后，置于37℃水浴中预温5min						
蒸馏水（ml）	0.1	—	—	—	—	—
不同浓度酶溶液（ml）	—	0.1	0.1	0.1	0.1	0.1
		酶液1	酶液2	酶液3	酶液4	酶液5
迅速混匀，立即置于37℃水浴中准确保温15min						
0.5mol/L NaOH 溶液（ml）	1.0	1.0	1.0	1.0	1.0	1.0
0.3%氨基安替比林溶液（ml）	1.0	1.0	1.0	1.0	1.0	1.0
0.5%铁氰化钾溶液（ml）	2.0	2.0	2.0	2.0	2.0	2.0
充分混匀，放置10min						
510nm处比色，以1号管调零，读取各管吸光度值						
各管吸光度值 A_{510}						

注：对提纯的碱性磷酸酶溶液按适当比例进行稀释，分别作为不同浓度的酶液

（2）根据各管吸光度值，分别计算出酶活性。观察酶浓度对酶活性的影响情况。

7. pH对酶促反应速度的影响

（1）取试管6支，编号，按表3-8所列步骤操作。

表3-8　pH对酶促反应速度的影响

试剂	试管编号					
	1	2	3	4	5	6
甘氨酸-NaOH 缓冲液（ml）	0.9	0.9	0.9	0.9	0.9	0.9
	pH10.0	pH8.6	pH9.0	pH9.6	pH10.0	pH10.6
0.04mol/L 底物液（ml）	—	1.0	1.0	1.0	1.0	1.0
蒸馏水（ml）	1.0	—	—	—	—	—
各管混匀后，置于37℃水浴中预温5min						
碱性磷酸酶溶液（ml）	0.1	0.1	0.1	0.1	0.1	0.1
迅速混匀，立即置于37℃水浴中准确保温15min						
0.5mol/L NaOH 溶液（ml）	1.0	1.0	1.0	1.0	1.0	1.0
0.3%氨基安替比林溶液（ml）	1.0	1.0	1.0	1.0	1.0	1.0

续表

试剂	试管编号					
	1	2	3	4	5	6
0.5%铁氰化钾溶液(ml)	2.0	2.0	2.0	2.0	2.0	2.0
	充分混匀,放置10min					
	510nm处比色,以1号管调零,读取各管吸光度值					
各管吸光度值 A_{510}						

注:每一pH均应设置对照。但为实验简便,此处只设置pH10对照

(2) 根据各管吸光度值,分别计算出酶活性。观察在哪种pH条件下酶活性最高。

8. 温度对酶促反应速度的影响

(1) 取试管6支,编号,按表3-9所列步骤操作。

表3-9 温度对酶促反应速度的影响

试剂	试管编号					
	1	2	3	4	5	6
碳酸盐缓冲液(pH10)(ml)	0.9	0.9	0.9	0.9	0.9	0.9
0.04mol/L底物液(ml)	—	1.0	1.0	1.0	1.0	1.0
蒸馏水(ml)	1.0	—	—	—	—	—
混匀,预温5min	37℃水浴	冰水浴	室温	37℃水浴	75℃水浴	沸水浴
碱性磷酸酶溶液(ml)	0.1	0.1	0.1	0.1	0.1	0.1
迅速混匀,准确保温15min	37℃水浴	冰水浴	室温	37℃水浴	75℃水浴	沸水浴
0.5mol/L NaOH溶液(ml)	1.0	1.0	1.0	1.0	1.0	1.0
0.3%氨基安替比林溶液(ml)	1.0	1.0	1.0	1.0	1.0	1.0
0.5%铁氰化钾溶液(ml)	2.0	2.0	2.0	2.0	2.0	2.0
	充分混匀,放置10min					
	510nm处比色,以1号管调零,读取各管吸光度值					
各管吸光度值 A_{510}						

注:每一温度均应设置对照。但为实验简便,此处只设置37℃对照

(2) 根据各管吸光度值,分别计算出酶活性。观察在哪种温度条件下酶活性最高。

【注意事项】

1. 酶的分离纯化步骤在0~4℃操作为宜。不宜长时间在室温条件下放置和操作,以免酶活性降低。

2. 组织要新鲜,必须是刚屠宰的新鲜组织或立即低温存放的,否则可能因组织自溶而导致实验失败。

3. 酶的分离纯化实验中,有机溶剂应预先冷却;加入有机溶剂时应该慢慢滴加,并要充分搅拌,以避免局部浓度过高或释放出大量的热而使酶蛋白变性;有机溶剂沉淀时还应控制中性盐的浓度,浓度过高会导致沉淀不完全;加入有机溶剂的量要计算准确,否则影响实验结果。

4. 如不连续实验，提取的酶液可置于冰箱中短期保存。各实验室可根据情况选择部分指标进行后续实验。

5. 兔肝提取的 AKP 测定 K_m 值时，一般稀释 5～7 倍即可。但是，不同实验室由于实验条件、所用试剂及配制等有所差异，在后续实验时可以根据酶活性对实验方案进行适当调节。

6. 酶促反应动力学研究以测定反应初速度为宜，这样可以尽量避免反应产物等因素的影响。在研究某一因素对酶促反应速度的影响时，应该把其他因素控制在最适状态并保持不变，只改变要研究的某一种因素。

7. 为了保证测定结果的准确性，实验中应控制好各项条件，如配制底物溶液一定要用同一母液稀释，溶液的加量要准确，各管的反应时间等测定条件要一致。

【思考题】

1. 在酶分离纯化过程中，哪些环节会直接影响产率？
2. 测定酶的比活性有什么意义？
3. 酶的动力学分析包括哪些内容？测定时应该注意哪些方面？

（李　梨）

实验三　人 *ALDH2* 基因片段的克隆

【实验目的】

1. 系统掌握基因克隆的基本原理、步骤及相关实验方法。
2. 了解 *ALDH2* 基因的作用。

【实验原理】

本实验是一个基因克隆综合性实验，以人口腔黏膜细胞为材料，首先提取基因组 DNA 并对获得的 DNA 进行定量分析。然后以人基因组 DNA 为模板通过 PCR 扩增出 *ALDH2* 基因的部分序列，并对 PCR 产物进行纯化后与 pMD 19T 载体连接并转化感受态细胞，最后挑取阳性克隆进行扩大培养，并使用限制性内切酶对获得的重组质粒进行酶切鉴定。

pMD 19T 载体是一种 T-A 克隆载体。T-A 克隆的原理为常用的 Taq 聚合酶具有末端转移的活性，在 PCR 反应时在每条 PCR 扩增产物的 3′端自动添加一个 3-‘A’突出端，因此通过连接酶能够把 PCR 片段与一个具有 3-‘T’突出的载体 DNA 连接起来。

人肝脏中的乙醇脱氢酶将乙醇氧化为乙醛，产生的乙醛进一步在乙醛脱氢酶（ALDH）催化下转变为无害的乙酸。乙醛具有毒性并且属于致癌物，它与恶性肿瘤的发生发展存在一定关系。ALDH 由三个基因家族所编码：ALDH1A1、ALDH2 及 ALDH1B1 家族（共包含 19 个不同编码基因）。根据底物特异性和亚单位组成 ALDH1（位于细胞质）和 ALDH2（位于线粒体）是主要负责人体内乙醛转化的两种同工酶，它们的基因分别位于 9 号和 12 号染色体。且研究发现 ALDH2 对乙醛的亲和力远高于 ALDH1，是肝脏中主要负责乙醛转化为乙酸的酶。在亚洲黄种人中广泛存在 ALDH2 基因第 12 外显子 1510 位点已发生 G→A 突变，导致 504 位氨基酸由谷氨酸转变为赖氨酸，而酶活性显著降低。本实验根据 ALDH2 基因组序列设计引物,扩增该多态性位点附近 340bp 片段。

【实验材料与仪器】

1. 仪器 恒温培养箱、冰箱、制冰机、超净工作台、高压灭菌锅、微波炉、水平式凝胶电泳槽、电泳仪、紫外透射仪/凝胶成像系统、微量加样器、Eppendorf 管、吸头、剪刀、牙签、锥形瓶、PCR 仪、PCR 管、水浴箱、微量高速离心机、托盘、镊子和各式量筒、L 棒和酒精灯等。

2. 试剂

(1) 实验材料:人口腔黏膜上皮细胞。

(2) 双蒸水,无水乙醇。

(3) 琼脂糖(电泳级)。

(4) 5×TBE(电泳时稀释 10 倍):称取 54g Tris 碱,27. 5g 硼酸,加蒸馏水约 900ml 使完全溶解,再加入 0. 5mol/L EDTA(pH8. 0)溶液 20ml,定容至 1L。

(5) 200bp DNA 分子量标准参照物。

(6) 核酸染料。

(7) 6×凝胶加样缓冲液:0. 25%溴酚蓝,0. 25%二甲苯青 FF,30%甘油。

(8) 2%的 X-gal:用二甲基酰胺溶解,-20℃保存。

(9) 20%的 IPTG:0. 4g 的 IPTG 溶于 2ml 水中,0. 22μm 过滤,-20℃保存。

(10) 100mg/ml 的 Amp:0. 2g 的 Amp 溶于 2ml 水中,0. 22μm 过滤,-20℃保存。

(11) 感受态细胞 DH5α。

(12) pMD 19-T Vector。

(13) 质粒提取试剂盒。

(14) 限制性内切酶:*Xba* Ⅰ和 *Acc* Ⅰ。

(15) LB 液体培养基:1g 酵母粉,0. 5g 酵母提取物,0. 5gNaCl,100ml 双蒸水溶解后 120℃高压 20min。

(16) PCR 反应物:(上游引物 ALDH2-F:5′ GACCATCCTGGCTAACATGG-3′,下游引物 ALDH2-R:5′-CTCAACCCATTTGCCTCTTC-3′),模板 DNA,Taq 酶(5U/μl),4 种 dNTP 混合液 2. 5mmol/L,10×PCR 缓冲液。

(17) 基因组 DNA 提取试剂盒。

(18) PCR 产物纯化试剂盒。

(19) LB 固体培养基 1g 酵母粉,0. 5g 酵母提取物,0. 5gNaCl,1. 5g 琼脂粉,100ml 双蒸水溶解后 120℃高压 20min,冷却后加入 Amp(终浓度 100μg/ml)。

【实验步骤】

1. 人口腔黏膜上皮细胞基因组 DNA 的提取

(1) 准备

1) 实验材料:人口腔黏膜上皮细胞。

2) 基因组 DNA 提取试剂盒存放。

3) 灭菌水 65℃水浴。

4) 离心管,加样器,吸头(1000μl、100μl),PE 手套。

5) 仪器:微量高速离心机、65℃水浴箱、微量光度计。

6）试剂：无水乙醇。

（2）步骤

1）人口腔黏膜上皮细胞的收集：在收集细胞前，一定要用矿泉水漱洗口腔，以去除口腔内的食物残渣。有多种收集人口腔黏膜上皮细胞的方法，如从漱口水中沉降上皮细胞、用牙签刮取上皮细胞、用扁平刮片刮取上皮细胞和用刀片轻刮上皮细胞，本实验选择最为简单方便的直接从漱口水中沉淀人口腔黏膜上皮细胞。用 40ml 的无菌水（实际操作时可以用矿泉水）分 4 次漱口，每次漱口约 45s，收集漱口水，倒入装有 10ml 异丙醇的 50ml 无菌离心管内，室温条件下 2000r/min 离心 10min，收集细胞，弃掉上清液。加入 1ml 生理盐水洗涤细胞，并将细胞转移至新的 1.5ml 离心管中，3000r/min 离心 5min，弃掉上清液，再用 1ml 生理盐水洗涤细胞 2 次，离心弃上清液保留细胞。

2）加入 180μl 的 Buffer GB、20μl 的 Proteinase K 和 10μl 的 RNase A（10mg/ml），充分吸打混匀，于 56℃水浴温浴 10min。

3）12000r/min 离心 2min，吸取上清液至新的 1.5ml 离心管中。

4）向裂解液中加入 200μl 无水乙醇，充分吸打混匀。

5）将 Spin Column 安置于 Collection Tube 上，溶液移至 Spin Column 中，12000r/min 离心 2min，弃滤液。

6）将 500μl 的 Buffer WA 加入至 Spin Column 中，12000r/min 离心 1min，弃滤液。

7）将 700μl 的 Buffer WB 加入至 Spin Column 中，12000r/min 离心 1min，弃滤液。请确认 Buffer WB 中已经加入了指定体积的无水乙醇。并请沿 Spin Column 管壁四周加入 Buffer WB，这样有助于完全冲洗附着于管壁上的盐分。

8）重复操作步骤 7）。

9）将 Spin Column 安置于 Collection Tube 上，12000r/min 离心 2min。

10）将 Spin Column 安置于新的 1.5ml 的离心管上，在 Spin Column 膜的中央处加入 50～150μl 的灭菌水或 Elution Buffer，室温静置 5min。将灭菌水或 Elution Buffer 加热至 65℃使用时有利于提高洗脱效率。

11）12000r/min 离心 2min 洗脱 DNA。

12）使用紫外分光光度计测定提取得到的基因组 DNA 的浓度。

13）样品-20℃保存。

14）实验结束后：补充吸头、加样枪调至最大刻度。

（3）结果：记录实验结果基因组 DNA 浓度大小。

（4）实验同时高压灭菌消毒以下实验材料，为 PCR 扩增实验做准备：PCR 管、3 种吸头、水、5ml 离心管、Eppendorf 管。

2. PCR 扩增及产物纯化

（1）准备

1）使用制冰机制冰。

2）纯化试剂盒准备。

3）电泳试剂：0.5×TBE、琼脂糖、6×上样缓冲液和核酸染料。

4）仪器：PCR 仪、微量光度计、60℃水浴箱、微量高速离心机、制冰机、微波炉、电泳槽、电泳仪。

(2) 步骤

1) PCR 配制反应液:冰上进行。

上游引物	1μl(10μmol/L)
下游引物	1μl(10μmol/L)
基因组 DNA	4~10μl(0.1~0.3μg)
Premix Taq	10μl
灭菌水	至 20μl
总体积	20μl

混匀瞬时离心放入 PCR 仪。

2) 反应条件。

94℃	4min	1 循环
94℃	30s	30 循环
55℃	30s	1 循环
72℃	30s	
72℃	10min	

3) 凝胶电泳检测 PCR 结果

A. 配制电泳缓冲液:0.5×电泳缓冲液。

B. 配制琼脂糖凝胶:浓度为 1.0%。放置好模具,插好点样梳。称取 1.0g 琼脂糖,用 100ml 电泳缓冲液(0.5×TBE)配制,微波炉加热溶解。待凝胶冷却至 50℃ 左右(手感能耐受),在凝胶中加入 5μl Goldview™ 染料,摇匀后将凝胶缓慢倒入模具中。室温放置 30~50min,使其凝固。

C. 连接电泳槽与电泳仪之间的电源线,正极为红色,负极为黑色。

D. 小心移去点样梳,将模具放入电泳槽中,加样孔在负极端。

E. 加入 0.5×TBE 电泳缓冲液,液面高出凝胶表面 1~2mm,注意加样孔不可有气泡,以免影响加样。

F. 在 5μl 的 PCR 产物中加入 1μl 的 6×上样缓冲液并混匀。

G. 用微量加样器将 DNA 样品加入梳孔中。电泳样品为泳道 1:PCR 产物;泳道 2:5μl 分子量标准参照物。

H. 接通电源线,开启电源开关,调电压 150V,至溴酚蓝移到凝胶前沿约 1 cm 处,停止电泳,一般需要 30min。

I. 切断电源后使用凝胶成像仪观察结果,检测是否在 340bp 处有特异条带,拍照记录。

4) PCR 纯化

A. PCR 反应液+5 倍体积结合液混匀(PCR 管)。

B. 将混合溶液转移至 Collection Tube 上的 Spin Column 中,放置 2min,12000r/min 离心 1min。

C. 将滤液转移至 Collection Tube 上的 Spin Column 中,放置 2min,12000r/min 离心 1min,弃滤液(上一步重复一次)。

D. 将 600μl 的漂洗液加入 Collection Tube 上的 Spin Column 中,静置 3min,12000r/min 离心 30s,弃滤液。

E. 重复上述步骤一次。弃滤液后离心 1min，弃滤液。晾干数分钟。

F. 将 Spin Column 移至新的 Eppendorf 管上，在 Spin Column 膜的中央处加入 25～30μl 60℃的 Elution Buffer 静置 2min，12000r/min 离心 1min。收集滤液加入膜中央，静置后离心。

G. 微量紫外分光光度计测定纯化后 PCR 产物浓度，样品-20℃保存。

(3) 结果：记录实验结果，PCR 产物浓度纯度。

(4) 实验同时消毒：LB 平板，冷却前加 Amp。

实验结束高压灭菌消毒以下实验材料，为 DNA 连接、转化和接种实验做准备：吸头 3 种、PCR 管、LB 液体培养基。

3. DNA 连接、转化及接种

(1) 准备

1) 感受态细胞 DH5α（干冰运输）-70℃保存。

2) 制冰机制冰。

3) 仪器：低温水浴箱（PCR 仪）、空气浴摇床、42℃水浴箱、恒温培养箱、微量高速离心机、制冰机。

4) 耗材：L 棒、酒精灯。

5) 试剂：①2% X-gal；②20% IPTG；③100mg/ml Amp。

(2) 步骤

1) 纯化后的 *ALDH2* 基因片段的 PCR 产物与 pMD 19-T 载体连接。

pMD 19-T Vector	1μl
纯化的 PCR 产物	4μl
Solution I	5μl
总体积	10μl

2) 混匀，16℃反应 30min（无低温水浴箱时可在 PCR 仪中进行）。

3) 转化：①10μl 反应液加入 100μl 的 DH5α 感受态细胞中，冰中放置 30min。②42℃热激 45s，再在冰中放置 1min。③加入 890μl 的 LB 液体培养基，37℃振荡培养 60min。

4) 平板制备：熔化固体 LB 培养基，冷却至 50℃左右后加入 Amp（终浓度为 100μg/ml），混合均匀并制板，凝固后反向置于 4℃冰箱保存。

5) 接种：①40μl 的 X-gal 与 4μl 的 IPTG 混合后涂布平板。②取 100μl 菌液在含 Amp 的 LB 平板上进行涂布。③37℃培养过夜（向下放置，长好后可保存于 4℃的冰箱）。④余下的 LB 液体培养基保存于 4℃的冰箱（备用）。

(3) 实验同时消毒以下材料，为阳性克隆筛选及扩大培养实验准备：小吸头。

4. 阳性克隆筛选及扩大培养

(1) 准备

1) 试剂：LB 液体培养基，100mg/ml 的 Amp。

2) 耗材：酒精灯、打火机、镊子。

3) 仪器：空气浴摇床。

(2) 步骤

1) 在消毒好的 LB 培养基中加入 Amp（终浓度 100μg/ml）。

2) 用消毒的小吸头挑选白色单菌落接种至 4ml 含 Amp 的 LB 液体培养基中，37℃摇床培养过夜。

5. 质粒提取及酶切鉴定

(1) 准备

1) 质粒提取试剂盒。

2) 质粒提取试剂盒准备:①将 RNase A 全部加入到溶液Ⅰ,混匀,4℃保存。②溶液Ⅱ 37℃复温溶解。③漂洗液中加入无水乙醇。

3) 电泳试剂:0.5×TBE、琼脂糖、6×上样 buffer、核酸染料、200bp DNA Marker。

4) 加样器、吸头、吸头盒、Eppendorf 管、废液瓶、PE 手套。

5) 仪器:微量高速离心机、电泳仪、电泳槽、微波炉、37℃水浴箱、60℃水浴箱、制冰机。

(2) 步骤

1) 质粒提取

A. 取 1~5ml 过夜培养菌液于 Eppendorf 管中,12000r/min 离心 1min,弃上清液。

B. 加入 250μl 的溶液Ⅰ(含 RNase A)充分悬浮细菌沉淀(吹打)。

C. 加入 250μl 的溶液Ⅱ翻转混匀 6~8 次,使细胞充分裂解,不超过 5min。

D. 加入 350μl 的 4℃的溶液Ⅲ翻转混匀 6~8 次,形成白色絮状沉淀。

E. 12000r/min 离心 10min,取上清液。

F. 将上清液转移至 Collection Tube 上的 Spin Column 中,12000r/min 离心 1min,弃滤液。

G. 将 500μl 的去蛋白液加入 Collection Tube 上的 Spin Column 中,12000r/min 离心 30s,弃滤液。

H. 将 600μl 的漂洗液加入 Collection Tube 上的 Spin Column 中,12000r/min 离心 30s,弃滤液。

I. 将 600μl 的漂洗液加入 Collection Tube 上的 Spin Column 中,12000r/min 离心 30s,弃滤液。

J. 将 Spin Column 放入 Collection Tube 中,12000r/min 离心 2min,将残余的漂洗液去除。

K. 将 Spin Column 移至新的 Eppendorf 管上,在 Spin Column 膜的中央处加入 50~100μl 60℃的 Elution Buffer 静置 2min,12000r/min 离心 2min,将质粒溶液收集到 Eppendorf 管中。

2) *ALDH2* 重组 T 载体的酶切鉴定(PCR 管中进行)

Xba Ⅰ	1μl
Acc Ⅰ	1μl
10×M Bufer	2μl
质粒 DNA	10μl
灭菌水	6μl
总体积	20μl

放置于 37℃恒温箱中,酶切消化 1h。

3) 电泳鉴定

A. 配制琼脂糖凝胶:琼脂糖加入 0.5×TBE 中加热溶化,温度下降后加入核酸染料混匀,缓慢倒入上好梳子制胶器中冷却凝固。

B. 连接电泳槽与电泳仪之间的电源线，正极为红色，负极为黑色。

C. 小心移去点样梳，将模具放入电泳槽中，加样孔在负极端。

D. 加入 0.5×TBE 电泳缓冲液，液面高出凝胶表面 1~2mm，注意加样孔不可有气泡，以免影响加样。

E. 在 10μl 的酶切产物样品中加入 2μl 的 6×上样缓冲液并混匀。

F. 用微量加样器将 DNA 样品加入梳孔中。电泳样品为泳道 1：酶切产物；泳道 2：5μl 的 DNA 分子量标准参照物。

G. 接通电源线，开启电源开关，调电压 150V，至溴酚蓝移到凝胶前沿约 1cm 处，停止电泳，一般需要 30min。

H. 切断电源后观察结果，检测是否在 340bp 处有特异条带，拍照记录。

（3）所有实验结束后，补充吸头盒，加样枪调至最大刻度。

【注意事项】

参考“基因组 DNA 的提取制备与检测”“PCR 技术扩增人 TP53 基因”“重组 DNA 转化与蓝白斑筛选”“重组质粒的酶切与电泳检测”相关章节。

【思考题】

1. 本实验最终获得的含有 *ALDH2* 基因片段的 pMD19T 重组载体能否用于表达外源 *ALDH2*？为什么？

2. 请设计一个人胰岛素基因的克隆、表达与产物纯化的完整实验方案。

3. 请设计一个检测患者 *ALDH2* 基因突变的完整实验方案。

（王婷婷）

实验四　用双萤光素酶报告基因检测启动子活性

【实验目的】

1. 掌握启动子的概念及其活性检测策略。

2. 了解报告基因的种类及其应用。

3. 掌握用双萤光素酶进行启动子功能分析的基本原理和实验方法。

【实验原理】

启动子（promoter）是指位于基因转录起始位点上游、能够与 RNA 聚合酶和其他转录因子结合并进而调节其下游目的基因转录起始和转录效率的一段 DNA 序列。从功能上来说，启动子可以分为核心启动子区和调节启动子区，核心启动子区域主要含有与 RNA 聚合酶和通用转录因子结合的 DNA 序列，为基因转录起始所必需，而调节启动子区则主要含有与特异性转录因子结合的 DNA 序列，通过与不同的特异性转录因子结合而调节基因转录水平的高低。

在对基因的转录调控机制进行研究时，对基因启动子区域包含的不同的顺式作用元件和与之相结合的转录因子进行研究非常有助于阐明基因的详细转录调控机制，这都涉及启动子活性的分析。目前，研究者都是通过连接报告基因（reporter gene）来对启动子的活性进行间接的体外检测分析。报告基因是一种编码可被检测的蛋白质或酶的基因，也就是说，是一个其表达产物非常容易被检测或鉴定的基因。通常将包含基因启动子的 DNA 片段置于一个无关的缺乏内源性启动子活性的报告基因编码序列的上游，通过检测报告基因的活性或表达水平来间接度量启动子的活性。

作为报告基因，通常须具有以下几个条件：①报告基因的表达产物在受体细胞中不存在，即在被转染的细胞中没有或者无相似的内源性表达产物；②报告基因的编码产物应该易于检测，相应的有一个简单、快速、灵敏及经济的检测方法；③报告基因的核苷酸和相应氨基酸全序列已得到测定，其编码产物的理化性质、分子结构等也应非常清楚；④报告基因的分析结果应该具有很宽的线性范围，便于分析启动子活性的大小变化情况；⑤报告基因的表达必须不改变受体细胞或生物的生理活动。

目前常用的报告基因有氯霉素乙酰转移酶(chloramphenicol acetyltransferase, CAT)基因、β-半乳糖苷酶基因、绿色荧光蛋白基因及萤光素酶基因等，这些报告基因不仅广泛用于检测真核基因启动子的活性，也广泛用于顺式作用元件的鉴定、基因转染效率的监测、基因表达产物的组织细胞定位、细胞信号转导等分子细胞生物学相关内容的研究。

氯霉素乙酰转移酶催化将乙酰基从乙酰辅酶 A 转移到氯霉素上的反应。作为最常用的报告基因之一，CAT 来源于原核生物，具有在哺乳动物中内源性活性极低、蛋白稳定(在哺乳动物细胞中的半衰期为 50h)和具有多种分析方法等优点，但也具有灵敏度相对低和线性范围窄(2 个数量级)等的缺点，另外，针对 CAT 报告基因的许多分析方法也都需要相对昂贵的放射性底物，不仅分析费时、工作量大，而且分析成本也较高。

β-半乳糖苷酶来源于大肠埃希菌的 *LacZ* 基因编码的 β-半乳糖苷酶，也是应用广泛的报告基因之一。该酶催化 β-半乳糖苷类物质的水解，目前可以使用各种不同的底物来进行 β-半乳糖苷酶报告基因的体外和体内分析。基于该酶建立的报告基因系统具有不使用同位素、有多种灵活的体内及体外分析方法的优点，其中的化学发光分析法非常灵敏，具有极宽的线性范围(5~6 个数量级)，其缺点在于许多细胞类型都具有内源性的 β-半乳糖苷酶活性。

绿色荧光蛋白来源于生物发光水母，该蛋白在细菌及真核细胞中的表达没有明显的毒性作用。与其他报告基因相比，绿色荧光蛋白的检测不需要其他任何试剂，检测成本几乎为零，在活细胞内基因表达和蛋白定位的检测方面具有不可替代的应用优势，但其信号强度相对较弱。

萤光素酶基因最早从萤火虫中克隆得到，该报告基因是广泛用于哺乳动物细胞的第一个非核素报告基因系统。萤光素酶可以催化底物进行转化，同时发射出生物荧光，通过萤光素酶和其底物这一生物发光体系，可以极其灵敏、高效地检测目的基因的启动子活性。萤光素酶基因作为报告基因，具有哺乳动物细胞内活性极小、检测速度快、灵敏度高(比 CAT 基因高 30~1000 倍)、线性范围宽(4 个数量级)、费用低、不需使用放射性同位素等优点。由于萤光素酶基因的表达无需翻译后修饰等过程，最适于转录调控的研究，因此萤光素酶报告基因在启动子活性的检测方面应用最为广泛。

目前使用萤光素酶为报告基因进行启动子活性检测时多使用双萤光素酶报告基因系统，检测方法均采用双萤光素酶报告基因检测系统，各商业公司均提供有该系统的检测试剂盒，使用非常方便，已经被世界范围内的各个实验室所广泛使用。本实验部分内容即重点介绍最常用的双萤光素酶报告基因检测系统(Dual-Luciferase® Reporter Assay System)。

双萤光素酶报告基因系统使用两种不同的萤光素酶报告基因，即来源于萤火虫的萤光素酶(firefly luciferase)和来源于海肾的萤光素酶(Renilla luciferase)，其中萤火虫萤光素酶作为实验报告基因，海肾萤光素酶作为对照报告基因。通常把感兴趣的外源基因的启动子克隆在萤火虫萤光素酶基因的上游，构建成携带有外源基因启动子的重组萤火虫萤光素酶报告基因质粒。然后将该重组萤火虫萤光素酶报告基因质粒和由 T7 等强启动子驱动的海肾萤光素酶报告基因质粒共转染细胞，转染后经过一定时间后裂解细胞，分别测定两种萤光素酶的活性，其中萤火虫萤光素酶用于度量感兴趣的外源基因启动子的活性，而海肾萤光素酶则作为内参对照，用于消除因为培养细胞数目及活力的差异、细胞转染及裂解的效率不同而造成的实验误差。

双萤光素酶报告基因检测系统可以实现在单个样品管中对萤火虫萤光素酶和海肾萤光素酶的连续测量，其检测原理和步骤：首先加入萤光素酶检测试剂Ⅱ(即 luciferase assay reagent Ⅱ，LAR Ⅱ)测量萤火虫萤光素酶的活性，萤火虫萤光素酶可以催化萤光素(luciferin)底物氧化生成氧化萤光素(oxyluciferin)，同时发出生物萤光，其最强发光波长为 560nm。定量萤火虫萤光素酶产生的萤光强度之后，再在同一样品中加入海肾萤光素酶检测试剂(即 Stop & Glo 试剂)，该试剂含有抑制萤火虫萤光素酶催化萤光素发光的物质以及海肾萤光素酶的底物即腔肠素(coelenterazine)，在抑制萤火虫萤光素酶催化反应的同时也立即启动检测海肾萤光素酶活性的反应，海肾萤光素酶可以催化腔肠素氧化生成腔肠酰胺(coelenteramide)，在腔肠素氧化的过程中也会发出生物萤光，其最强发光波长为 465nm，由此实现双萤光素酶报告基因的检测。这两种萤光素酶催化的氧化过程中释放的生物荧光可以通过荧光测定仪(也称化学发光仪)或液闪测定仪进行测定。

【实验材料与仪器】

1. 器材 台式冷冻高速离心机，水平摇床，化学发光仪，1.5ml Eppendorf 管，玻璃管或硅化的聚丙烯塑料离心管，化学发光检测用管，移液器，吸头等。

2. 试剂

(1) 磷酸盐缓冲液(PBS)：NaCl 8g，KCl 0.2g，Na_2HPO_4 1.44g，KH_2PO_4 0.24g，800ml 蒸馏水溶解，用 HCl 调节 pH 至 7.4，加水定容至 1 L，高压蒸汽灭菌 20min，保存于室温。

(2) 转染试剂：Lipofectamine 2000 或 FuGENE 6。

(3) 双萤光素酶报告基因检测系统(Dual-Luciferase® reporter assay system)：该检测系统一共包括五种试剂，分别是 5×细胞裂解缓冲液(5×passive lysis buffer，5×PLB)、萤光素酶分析缓冲液Ⅱ(luciferase assay buffer Ⅱ)、萤光素酶分析底物(luciferase assay substrate)、Stop & Glo 缓冲液(Stop & Glo® buffer)和 50×Stop & Glo 底物(50×Stop & Glo® substrate)。

3. 细胞 通常采用目的基因表达水平不同的多种细胞系。

4. 质粒

(1) 不携带任何启动子的萤火虫萤光素酶报告基因空载体(如 pGL3-basic 载体)。

(2) 组成性强启动子驱动(如 SV40)的萤火虫萤光素酶报告基因载体。

(3) 海肾萤光素酶报告基因载体。

(4) 携带外源基因启动子的重组萤火虫萤光素酶报告基因载体。

【实验步骤】

1. 细胞转染

(1) 转染实验设置:一般用12孔板进行细胞培养和转染,分别设置阴性对照组、阳性对照组和实验组,阴性对照组同时转染不携带任何启动子的萤火虫萤光素酶报告基因空载体(如pGL3-basic载体)和海肾萤光素酶报告基因载体,阳性对照组同时转染组成性强启动子驱动(如SV40)的萤火虫萤光素酶报告基因载体和海肾萤光素酶报告基因载体,实验组同时转染携带外源基因启动子的重组萤火虫萤光素酶报告基因载体和海肾萤光素酶报告基因载体。

(2) 转染方法:由于启动子活性分析的敏感性较高,所以对细胞的转染效率要求不高,常规的转染方法和转染试剂均可以满足需要。推荐使用Lipofectamine 2000或FuGENE 6转染试剂来进行,这些转染试剂均附有非常详细的使用方法说明,研究者可以直接参照其使用说明,此处不再详细列举。

2. 细胞裂解液的制备

(1) 首先室温融化5×细胞裂解缓冲液(5×passive lysis buffer,5×PLB),然后用蒸馏水稀释为1×细胞裂解缓冲液(1×passive lysis buffer,1×PLB)。

(2) 转染48h后,从细胞培养箱中取出细胞,弃去培养基,每孔细胞先用1×PBS洗2次。

(3) 加入250μl 1×PLB,放置于水平摇床上于室温120r/min摇15min以使细胞裂解。

(4) 收集细胞裂解液,同时用移液器上下吹打数次以充分混匀细胞裂解液,将细胞裂解液转移至一1.5ml Eppendorf管中,置于冰上。

(5) 4℃ 15000r/min离心15min以去除细胞碎片,将上清即细胞裂解液再转移至一新的1.5ml Eppendorf管中,置于冰上备用。

3. LAR Ⅱ试剂的准备 取出萤光素酶分析缓冲液Ⅱ(luciferase assay buffer Ⅱ)和萤光素酶分析底物(luciferase assay substrate),在室温条件下融化萤光素酶分析缓冲液Ⅱ,待融化后,用该缓冲液溶解重悬萤光素酶分析底物,即配制成LAR Ⅱ试剂。

4. Stop & Glo试剂的准备 将Stop & Glo缓冲液(Stop & Glo® buffer)和50×Stop & Glo底物(50×Stop & Glo® substrate)按照1∶50的体积比进行混合,即制成Stop & Glo试剂,注意必须用玻璃管或硅化的聚丙烯塑料离心管来混合。

5. 萤光素酶活性检测

(1) 按照细胞裂解液样品的数量取相应数量的化学发光仪管,每管中分别加入100μl LAR Ⅱ试剂。

(2) 将化学发光仪程序设定为每次报告基因分析均为在开始正式检测之前的2s预测定延迟时间和紧接其后的10s的正式测定时间。

(3) 取上述制备好的细胞裂解液20μl小心加入到含有100μl LAR Ⅱ试剂的化学发光仪管中,用移液器上下吹吸2~3次进行混匀(注意不能涡旋混匀),然后将化学发光仪管放入化学发光仪中并开始读数,该读数为萤火虫萤光素酶活性的测量值。

(4) 如果化学发光仪配置有试剂注射器,则用试剂注射器加入100μl Stop & Glo试剂。或者直接取出化学发光仪管,用移液器加入100μl Stop & Glo试剂,用移液器上下吹吸2~3次进行混匀或者瞬时涡旋混匀,然后再将化学发光仪管放入化学发光仪中并开始读数,该读数为海肾萤光素酶活性的测量值。

(5) 重复上述步骤,完成其他样品的萤光素酶活性测定。

6. 启动子活性的计算与结果分析 启动子的活性通常表示为萤火虫萤光素酶活性与海肾萤光素酶活性的比值,根据上述分析结果,分别求出阴性对照组、阳性对照组和实验组的启动子活性的比值,分析目的基因启动子的相对活性强弱。

【注意事项】

1. 配制好的 1×PLB 可以在 4℃放置 1 个月,但最好应于使用前临时配制。5×PLB 应保存于-20°C。

2. 制备的细胞裂解液可以在室温 22°C 放置至少 6h 或冰上放置 16h 能保持稳定,或者-20°C短期保存 1 个月,或者-70°C 进行长期保存。应避免细胞裂解液的多次冻融,因为多次冻融会导致萤光素酶活性的降低。

3. LAR Ⅱ试剂可以于-20°C 稳定保存 1 个月,或者-70°C 稳定保存一年,且必须避光保存,使用前必须温和摇匀。因为多次冻融可导致 LAR Ⅱ试剂性能的降低,因此配制好的 LAR Ⅱ试剂应分装保存于-70°C。LAR Ⅱ试剂加热时不稳定,因此必须于室温条件下融化。

4. Stop & Glo 试剂的配制必须使用玻璃管或硅化的聚丙烯塑料离心管来进行。Stop & Glo 试剂最好于使用前临时配制,配制好的 Stop & Glo 试剂不稳定,在室温 22°C 放置 48h,该试剂的活性可降低 8%。在必需情况下,配制好的 Stop & Glo 试剂可以在-20°C 稳定保存 15 天。

5. LAR Ⅱ试剂、Stop & Glo 试剂和细胞裂解液样品应该在萤光素酶活性测定之前保持和周围温度一致。在进行正式测定之前,应确认 LAR Ⅱ试剂和 Stop & Glo 试剂已经加热到室温。

6. 将细胞裂解液小心加入到含有 100μl LAR Ⅱ试剂的化学发光仪管中后,应该使用移液器上下吹吸 2~3 次进行混匀,注意不能涡旋混匀。因为涡旋混匀可能使发光溶液在管壁周围形成一层微薄膜,从而不能和下一步加入的 Stop & Glo 试剂充分混合。如果 Stop & Glo® Reagent 是用自动高压注射的方法加入的,就更要特别注意。

7. 如果化学发光仪没有与打印机或计算机相连,则需记录下每次萤光素酶活性的测量值。

8. 在有些情况下,研究者可能只想检测海肾萤光素酶报告基因的活性,这时应使用专门的海肾萤光素酶检测试剂盒。如果仍然使用双萤光素酶报告基因检测系统试剂盒的话,则仍然需要将 100μl LAR Ⅱ试剂、Stop & Glo 试剂和 20μl 的细胞裂解液混合以达到最佳效果。

【思考题】

1. 什么是启动子?有何作用?如何对启动子活性进行检测?

2. 常用的报告基因有哪些、有何用途?不同的报告基因各有何优缺点?

3. 简述双萤光素酶报告系统检测启动子活性的基本原理和方法。

(王义涛 黄 雪)

实验五　人*ALDH2*基因多态性检测

【实验目的】

1. 了解乙醛脱氢酶*ALDH2*基因的多态性。
2. 掌握试剂盒法提取基因组DNA的基本原理和实验方法。
3. 了解分光光度法检测基因组DNA浓度和纯度的原理及其方法。
4. 熟悉PCR技术的基本原理及其方法。
5. 了解琼脂糖凝胶电泳的基本原理及其方法。

【实验原理】

乙醛脱氢酶(aldehyde dehydrogenase, ALDH)(ECl. 2. 1. 10),负责催化乙醛氧化为乙酸的反应。乙醇脱氢酶(alcohol dehydrogenase, ADH)(ECl. 1. 1. 1)能够催化伯醇和醛之间的可逆反应。二者在人体内共同组成了人乙醇脱氢酶系,负责催化人体内乙醇的代谢。其中,ALDH主要有两种,即乙醛亲和力较弱的胞质同工酶(ALDH 1)和亲和力较强的线粒体同工酶(ALDH 2)。ALDH 2在肝和胃中具有很高的表达量,是乙醇代谢途径中最重要的酶之一。

ALDH 2的编码基因*ALDH2*具有高度的多态性,导致ALDH 2存在多种突变体,例如,ALDH 2氨基酸序列第504位谷氨酸突变为赖氨酸的突变体Glu504Lys,突变体Glu504Lys是由*ALDH2*基因的第12个外显子内出现单碱基突变而形成的,即核苷酸序列第1510位的鸟嘌呤G突变为腺嘌呤A,此突变为显性突变,对应基因型为*ALDH2 * 2*。

在亚洲的黄种人群中,*ALDH2 * 2*是频率最高且最重要的突变型。在正常情况下,ALDH 2为同型二聚体,由两个相同的野生型蛋白单体ALDH 2 * 1组成,而在*ALDH2 * 2*携带者体内,突变型蛋白单体(ALDH2 * 2)能与野生型蛋白单体共同组装,形成新的二聚体(ALDH 2 * 1/ * 2),导致ALDH 2对短链脂肪族醛类的催化活性明显降低。而对于ALDH 2的最适底物乙醛,突变型二聚体的催化活性也不及野生型二聚体催化活性的10%。

突变型基因*ALDH2 * 2*的存在能导致ALDH 2活力的严重缺失,当*ALDH2 * 2*携带者饮酒后,经乙醇氧化形成的乙醛由于无法被及时消除,在较长时间内继续留存在体内,使得体内乙醛浓度持续升高,导致个体出现脸红、出汗、心悸、头疼甚至呕吐等不同程度的醉酒症状,最终可能导致酒精性肝病或消化道癌等疾病的发生。在药物转化和个性化用药方面,当*ALDH2 * 2*携带者服用硝酸甘油后(舌下服用硝酸甘油为抗冠心病的首选常规治疗方法),由于ALDH 2活力的严重缺失,药物在体内不能被催化生成一氧化氮,因此其扩血管的作用受到抑制而影响药效发挥,并且服药后会出现面色潮红、头疼等现象,因此服用硝酸甘油的患者应检测*ALDH2*基因多态性,根据其基因型指导硝酸甘油用药,避免用药无效导致的意外死亡。

因此,检测乙醛脱氢酶*ALDH2*基因的多态性具有重要的临床意义。要分析*ALDH2*基因的多态性,首先需要获得人基因组DNA,以此作为后续PCR的模板,然后设计两对引物扩增单核苷酸多态性位点所在序列,通过观察凝胶电泳的条带分布分析该基因在个体中的多态性情况,可用于判断个体对硝酸甘油等药物的转化能力、饮酒能力等。

人口腔黏膜上皮细胞基因组 DNA 的提取：经典的 DNA 提取方法是用酚-氯仿法提取血液中白细胞的 DNA，但收集血液样品有较高的拒绝率。已有研究表明，从同一个体的口腔黏膜上皮细胞和血液细胞中提取的 DNA，在进行基因多态性分析时结果完全一致。并且，口腔黏膜上皮细胞的采集十分简便、快捷，不仅方便易得，而且无创，患者易于接受。因此，相对于全血细胞，脱落的口腔黏膜上皮细胞是理想的替代物。由于从口腔黏膜上皮细胞提取基因组 DNA 进行分析的优势，近年来已被广泛地用于法医学、群体遗传学、临床疾病的遗传学及分子流行病学的研究。收集口腔黏膜上皮细胞的方法主要有以下几种：直接从漱口水中沉降、用牙签刮取、用扁平刮片刮取和用刀片轻刮。已有研究表明，从漱口水中提取到的基因组 DNA 数量与质量都较理想，并且从口腔洗液中提取口腔黏膜上皮细胞基因组 DNA 做的基因多态性检测结果与全血标本的基因组 DNA 分析结果完全一致，因此，本实验采用从漱口水中收集口腔黏膜上皮细胞。

目前，从人体口腔黏膜上皮细胞提取基因组 DNA 的方法主要有酚-氯仿法、Chelex-100 法及试剂盒法等，本实验采用试剂盒法提取口腔黏膜上皮细胞的基因组 DNA。人基因组 DNA 的分子量大，在分离纯化提取基因组 DNA 时尤其要注意对其一级结构的保护，完整的一级结构是最基本的要求，也是 DNA 分离纯化的一个总的原则。在真核细胞内，DNA 与组蛋白盘绕形成核小体，并进一步折叠包装压缩形成染色体。因此，在提取基因组 DNA 时，首先要将核蛋白做解聚处理，以释放出 DNA，同时还必须去除蛋白质、RNA 等其他分子的污染，以保证 DNA 样品的纯度，满足后续实验的要求。目前，虽然有多种提取 DNA 的方法，但根据分离纯化 DNA 的原则，提取 DNA 的步骤基本一致，即破碎细胞，去除与 DNA 结合的蛋白质以及多糖、脂质、RNA 等生物大分子，沉淀 DNA，去除盐类、有机溶剂等杂质，纯化 DNA 等。

本实验采用的试剂盒法提取基因组 DNA 的原理如下：首先用蛋白酶 K、SDS、RNA 酶消化裂解细胞和解聚核蛋白以释放 DNA；然后在高浓度盐溶液中，核酸吸附到硅类介质表面；最后在低盐溶液中洗脱下来，从而达到提取纯化目的。该方法是目前真核基因组 DNA 分离提取的普遍使用的方法。

提取基因组 DNA 后，还需要对其浓度、纯度和完整性进行检测，确认所获得的 DNA 样品具有高纯度和质量后，方可进行后续的实验研究。DNA 的浓度一般使用紫外分光光度计来进行检测，其原理在于核酸分子中的碱基具有共轭双键结构，因而可以吸收紫外线，其最大吸收波长为 260nm。在波长 260nm 紫外线下，1OD 值的光密度相当于双链 DNA 浓度为 50μg/ml，单链 DNA 浓度为 40μg/ml，由此来计算核酸样品的浓度。基因组 DNA 的纯度用 A_{260}/A_{280} 比值来判断，即在 TE 洗脱液中，纯基因组 DNA 的 A_{260}/A_{280} 比值在 1.4～2.5，比值高于 2.5 提示有 RNA 残留，而比值低于 1.4 则提示有蛋白质残留。DNA 的完整性主要通过琼脂糖凝胶电泳来进行检测，基因组 DNA 的分子量很大，在电场中泳动很慢，如果发生降解，电泳图谱中的基因组 DNA 条带则呈现拖尾状。通过检测分析，获得高质量的基因组 DNA 后，可以进行后续的 PCR 实验分析基因的多态性。

聚合酶链式反应技术：聚合酶链式反应（polymerase chain reaction，PCR）技术是目前常用的单核苷酸多态性分型技术之一，具有操作简便、快速、判断准确的优点。

PCR 技术分析 *ALDH2* 基因多态性的原理如下：利用基因组 DNA 序列上某一碱基的突变，设计两对引物，一对正常引物扩增碱基未发生突变的 DNA 片段，一对突变引物扩增碱基发生突变的 DNA 片段,通过凝胶电泳检测相应 PCR 产物,根据产物条带分布来确定是否发生突变。本实验检测的乙醛脱氢酶 *ALDH2 * 2* 突变体是由该基因第 12 外显子内出现单碱基突变而成,即核苷酸序列第 1510 位的鸟嘌呤 G 突变为腺嘌呤 A,可以应用 PCR 技术分析 *ALDH2* 基因的多态性。

综上,本实验的基本流程如下:首先从人口腔黏膜上皮细胞中提取基因组 DNA,检测所获得的 DNA 质量;然后进行 PCR 扩增含有突变位点的特异 DNA 片段;最后通过凝胶电泳检测 PCR 产物,根据 DNA 条带分布进行判断是否是 *ALDH2 * 2* 携带者。

【实验材料与仪器】

1. 器材　恒温水浴箱,台式离心机,紫外分光光度计,电泳仪,电泳槽,50ml 离心管,1.5ml Eppendorf 管,移液器,吸头,PCR 仪,PCR 管,锥形瓶,微波炉,凝胶成像系统等。

2. 试剂

(1) 细胞:人口腔黏膜上皮细胞。

(2) 生理盐水:称取 9g NaCl,800ml 蒸馏水溶解,加水定容至 1 L,高温高压蒸气灭菌 20min,保存于室温。

(3) 广谱型基因组 DNA 小量纯化试剂盒。试剂盒包括 RNase A(10mg/mL)、Buffer GB、Buffer WA、Buffer WB、Elution Buffer 试剂和配套的 Spin Columns 纯化柱、Collection tubes 收集管等。

(4) PCR 反应物:Premix Taq,基因组 DNA,引物,灭菌水。

(5) 5×TBE 电泳缓冲液:54g Tris 碱,27.5g 硼酸,20ml 0.5mmol/L EDTA(pH8.0),800ml 蒸馏水溶解,加水定容至 1L。

(6) 其他试剂:矿泉水,异丙醇,无水乙醇,琼脂糖,Goldview™核酸染料,6×DNA Loading buffer,50bp DNA ladder marker 等。

【实验步骤】

1. 人口腔黏膜上皮细胞基因组 DNA 的提取(试剂盒法)及 DNA 质量的检测

(1) 人口腔黏膜上皮细胞的收集:在收集细胞前,一定要用矿泉水漱洗口腔,以去除口腔内的食物残渣。有多种收集人口腔黏膜上皮细胞的方法,如从漱口水中沉降上皮细胞、用牙签刮取上皮细胞、用扁平刮片刮取上皮细胞和用刀片轻刮上皮细胞,本实验选择最为简单方便的直接从漱口水中沉淀人口腔黏膜上皮细胞。用 40ml 的无菌水(实际操作时可以用矿泉水)分 4 次漱口,每次漱口约 45s,收集漱口水,倒入装有 10ml 异丙醇的 50ml 无菌离心管内,室温条件下 2000r/min 离心 10min,收集细胞,弃掉上清液。加入 1ml 生理盐水洗涤细胞,并将细胞转移至新的 1.5ml 离心管中,3000r/min 离心 5min,弃掉上清液,再用 1ml 生理盐水洗涤细胞 2 次,离心弃上清液保留细胞。

(2) 加入 180μl 的 Buffer GB、20μl 的 Proteinase K 和 10μl 的 RNase A(10mg/ml),充分吸打混匀,于 56℃水浴温浴 10min。

(3) 12000r/min 离心 2min,吸取上清液至一新的 1.5ml 离心管中。

(4) 向裂解液中加入 200μl 无水乙醇,充分吸打混匀。

(5) 将 Spin Column 安置于 Collection Tube 上,溶液移至 Spin Column 中,12000r/min 离心 2min,弃滤液。

(6) 将 500μl 的 Buffer WA 加入至 Spin Column 中,12000r/min 离心 1min,弃滤液。

(7) 将 700μl 的 Buffer WB 加入至 Spin Column 中,12000r/min 离心 1min,弃滤液。注)请确认 Buffer WB 中已经加入了指定体积的无水乙醇。请沿 Spin Column 管壁四周加入 Buffer WB,这样有助于完全冲洗附着于管壁上的盐分。

(8) 重复操作步骤(7)。

(9) 将 Spin Column 安置于 Collection Tube 上,12000r/min 离心 2min。

(10) 将 Spin Column 安置于新的 1.5ml 的离心管上,在 Spin Column 膜的中央处加入 50~150μl 的灭菌水,室温静置 5min。注)将灭菌水加热至 65℃ 使用时有利于提高洗脱效率。

(11) 12000r/min 离心 2min 洗脱 DNA。

(12) 基因组 DNA 定量。提取得到的基因组 DNA 可通过吸光度测定以定量。

2. 基因组 DNA 的浓度与纯度检测　取 2μl 基因组 DNA 样品,灭菌水作为空白对照,在紫外分光光度计上测定 A_{260} 和 A_{280} 值,并计算 A_{260}/A_{280} 比值。按照下面公式计算基因组 DNA 样品的浓度:

$$\text{DNA 浓度}(\mu g/\mu l) = A_{260} \times 50 \times \text{稀释倍数}/1000$$

计算 A_{260}/A_{280} 的比值,以此判断基因组 DNA 的纯度,A_{260}/A_{280} 比值应在 1.4~2.5。比值高于 2.5 提示有 RNA 残留,而比值低于 1.4 则提示有蛋白质残留。

3. 人乙醛脱氢酶 *ALDH2* 基因的多态性检测

(1) PCR 扩增含有突变位点的特异 DNA 片段

1) PCR 反应体系:扩增 *ALDH2* 基因特异 DNA 片段的 PCR 引物序列为:ALDH2-F:5′-CAAATTACAGGGTCAACTGCT-3′。

ALDH2-N:5′-CCACACTCACAGTTTTCACTTC-3′。

ALDH2-M:5′-CCACACTCACAGTTTTCACTTT-3′。

扩增获得的目的 DNA 片段长度为 135bp。PCR 反应体系的总体积为 20μl,按照表 3-10 加入相应体积的各成分至 PCR 管中,并轻轻地混匀后瞬时离心。设置 2 个 PCR 管,管 1 加入正常引物 ALDH2-N,管 2 加入突变引物 ALDH2-M(表 3-10)。

2) PCR 扩增条件:将配制好的 PCR 反应体系按照如下的扩增条件进行目的 DNA 片段的扩增,95℃ 预变性 4min,然后进行 30 个循环(95℃,30s;58℃,30s;72℃,30s),最后 72℃ 延伸 5min。

表 3-10　PCR 加样体系表

成分	体积
Premix Taq	10μl
模板 DNA	4~10μl(0.1~0.3μg)
10μmol/L ALDH2-F	1μl
10μmol/L ALDH2-N 或 ALDH2-M	1μl
ddH_2O	至 20μl

(2) PCR 产物的电泳分离与结果判断:PCR 扩增结束后,向 PCR 扩增产物中加入 DNA Loading buffer,轻轻吸打混匀后备用。

1) 1% 琼脂糖凝胶的制备:称取 0.5g 琼脂糖于锥形瓶中,加入 50ml 0.5×TBE 电泳缓冲液,在微波炉中加热使琼脂糖完全溶解。同时准备凝胶模具并插上梳子,待凝胶液冷却至 60℃ 左右后,加入 Goldview™ 核酸染料,摇晃混匀后将琼脂糖胶液倒入准备好的凝胶模具中,此时注意不要产生气泡,若有气泡产生可用移液器吸头移去气泡或将气泡赶至凝胶边缘。凝胶厚度一般为 0.3~0.5cm,不宜过厚或过薄。室温静置 20~30min,待琼脂糖胶液完全凝固后，轻轻移去梳子备用。

2）上样：将凝胶连同胶板模具放在电泳槽内，注入适量的0.5×TBE电泳缓冲液，液面应高于胶面5mm左右。用微量移液器将样品加入加样孔中，同时在另一加样孔中加入4μl 50bp DNA ladder marker作为DNA分子量参照物。

3）电泳：加样完毕后，连接电泳槽与电源之间的电源线，正极为红色，负极为黑色，凝胶的加样端置于负极。设置电压和时间，电压一般为100V，时间一般为20~30min。打开电源开关，此时可以观察到负极附近的铂丝会有气泡产生。电泳时间的选择应根据DNA Loading buffer中指示剂溴酚蓝迁移的位置（溴酚蓝和500bp大小DNA的迁移率相近），判断是否终止电泳，切断电源。

4）观察：电泳结束后，使用凝胶成像系统观察凝胶电泳的结果并拍照记录。根据DNA ladder marker的分子量来推测PCR扩增产物的分子量大小，并注意观察管1、管2中PCR产物的有无。

5）*ALDH2*基因型的判断：纯合子型*ALDH2 * 1*（G/G）的电泳结果为管1中有PCR扩增产物，片段长度为135 bp，杂合子型*ALDH2 * 1/ * 2*（G/A）的电泳结果为两条带，即管1和管2中都有PCR扩增产物，片段长度均为135bp，纯合子缺失型*ALDH2 * 2*（A/A）的电泳结果为管2中有PCR扩增产物，片段长度为135bp。据此，根据凝胶电泳的DNA条带分布判断供试者的乙醛脱氢酶*ALDH2*的基因型。

【注意事项】

1. 整个实验操作过程中，实验人员都需要戴上手套和口罩，并在干净的环境里进行操作，确保实验人员的安全，同时保证实验过程中不会引入环境和人为污染。

2. 人口腔黏膜上皮细胞收集前，需要进行口腔清洁，去除口腔中残留的食物残渣，以减少对基因组DNA提取的影响。

3. 由于人基因组DNA的分子量很大，易受剪切力作用而发生断裂，因此在基因组DNA提取过程中的每一步都应轻柔。

4. PCR扩增过程中，模板的质量和引物的特异性对于成功扩增目的DNA片段最为重要，因此基因组DNA提取后需要检测DNA的质量。

5. 电泳仪与电泳槽间正、负极不能接错，否则样品将会反方向泳动，导致实验失败，电泳时应选用合适的电流、电压，过高或者过低都会影响电泳效果。

【思考题】

1. 人乙醛脱氢酶*ALDH2*的突变类型有哪些？其中*ALDH2 * 2*携带者与哪些疾病相关？

2. 人口腔黏膜上皮细胞的收集及提取其基因组DNA的过程中需要注意哪些方面？

3. 紫外分光光度法检测DNA浓度和纯度原理是什么？

4. 根据PCR扩增产物的凝胶电泳结果如何判断*ALDH2*的基因型。

（王婷婷）

第四篇

英文版实验

Experiment 1 Spectrophotometry & Spectrophotometer

【Objective】

1. To understand the principle and application of spectrophotometry.

2. To learn how to operate the spectrophotometer correctly.

【Principle】

1.Introduction of Spectrophotometry

(1) Basic Principle of Spectrophotometry

Spectrophotometry is a method used in qualitative and quantitative analysis in which the light absorption of the substance being examined is measured at a specific wavelength. Spectrophotometric measurement often involes using the absorption of light in the visible (380nm to 760nm) and ultraviolet regions (200nm to 380nm). Measurement of intensity of colored solutions (absorption of visible light) is also called Colorimetry.

(2) The Application of Spectrophotometry

1) Identify Unknown Compounds

The extent to which a sample absorbs light depends strongly on the wavelength of light(λ). For a new unknown material in a solution, one should measure the absorbance(A) of the solution for each wavelength and construct the absorption spectrum by plotting A vs λ . Each substance has its own unique absorption spectrum. The absorption spectrum is characterized by the greatest wavelength (wavelength of maximal absorption, λ_{max}). The λ_{max} is characteristic of each compound and provides information on the electronic structure of analyte.

The shape of the absorption spectra, λ_{max} and ε (molar extinction coefficient) can be used to identify the property of an unknown compound.

The chlorophylls in plants absorb strongly in the blue wavelengths (about 450nm) and red wavelengths (about 650nm) but reflect light at green wavelengths (about 525nm). A plot of absorbance versus visible wave lengths (400nm to 700nm) for a solution of chlorophyll a shows two major peaks, one at 450nm and one at 650nm, and a valley from 500nm to 625nm (Figure 4-1).

This spectrum is characteristic of chlorophyll a and may be used as an aid in its identification.

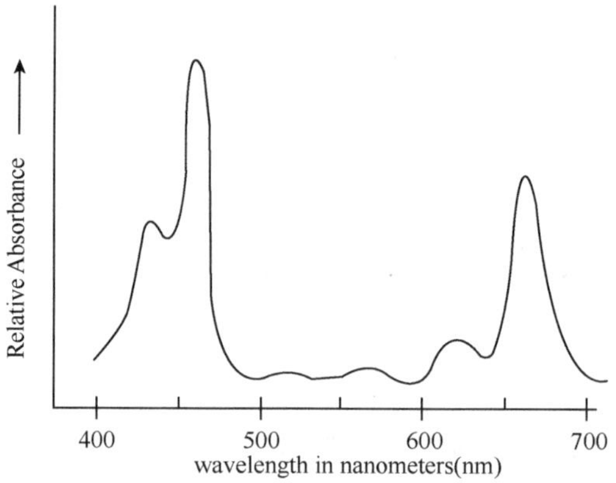

Figure 4-1 The absorption spectrum of chlorophyll a

The absorbance of visible light by chlorophyll a is measured spectrophotometrically as a function of wavelength. The absorption maximum is about 460nm.

2) Determine the Concentration Unknown (quantitative measurement)

①Beer's Law: Laws of Absorption of light

Beer's law, also called Beer-Lambert law or Beer-Lambert law, in spectroscopy, a relation concerning the absorption of radiant energy by an absorbing medium. Formulated by German mathematician and chemist August Beer in 1852, it states that the absorptive capacity of a dissolved substance is directly proportional to its concentration in a solution when monochromatic light (light of a specific wavelength) passes through a solution.

The relationship can be expressed as $A = \log I_0/I = \log 1/T = \varepsilon\ C\ L$. Where,

A is absorbance (a dimensionless number).

I_0 is the intensity of the incident light.

I is the intensity of the transmitted light.

T is the transmittance of the light.

ε is called the molar extinction coefficient or molar absorptivity (which depends on the nature of the chemical and the wavelength of the light used). It is a constant for a given substance, provided the temperature, and wavelength are constant. It has units of liter/(mol · cm).

C is the concentration of a given solution.

L is the length of the path light must travel in the solution in centimetres(cm).

The law is accurate only for dilute solutions. Deviations from the law occur in concentrated solutions because of interactions between molecules of the solute, the substance dissolved in the solvent.

②How to determine Concentration Unknown?

The assays are most sensitive at the extinction peak (absorption) of the substance. The absorption produced is due to the test substances (specific absorbance), not by the solvent and compounds in the reagents (nonspecific absorbance).

Blank solution: contains all the fragments of standard and tests, and undergoes the same stages, but without the standard and test solution. This will help to exclude the absorption due to reagents.

Standard solution: contains all the reagents of test and blank, but it also includes a solution of known concentration of the same substance which is going to be determined in the test container.

Test solution: it contains all the reagents as present in the blank and standard, and undergoes the same steps, but it contains an unknown quantity of the substance.

Two Methods determine Concentration Unknown.

Standard addition method:

The absorbances of the standard solution and test solution are measured in the same testing conditions.

The concentration of the test solution can be calculated by using the Beer's Law formula. The calculation process is as follows:

$$A_s = \varepsilon C_s L_s \tag{4-1}$$

$$A_t = \varepsilon\ C_t\ L_t \tag{4-2}$$

$$L_s = L_t \tag{4-3}$$

$$C_t = A_t / A_s\ C_s$$

A_s and A_t represent the absorbance of the standard solution and the test solution respectively. C_s and C_t represent the substance concentration of the standard solution and the test solution respectively. L_t and L_s represent the inner diameter lengths of the cuvettes containing the standard solution and the test solution respectively.

Standard concentration curve (also called standard curve):

Standard curves are used to determine the concentration of substances. It shows how A changes with C of a solution.

One constructs a standard concentration curve of a solution by measuring the absorbance of several different known concentrations of the solution and graphing the results by plotting absorbance on the y-axis and concentration on the x-axis. Data is analyzed by fitting a line on curve (Figure 4-2). The Beer-Lambert Law ($A = \varepsilon CL$) indicates that when concentration is equal to zero ($c = 0$), absorbance must also be zero ($A = 0$). In other words, the calibration line must pass through the origin.

The concentration of the test solution (C_t) can be determined from the standard curve by drawing a horizontal line on the graph parallel to the x-axis and through the point on the y-axis which corresponds to the absorbance(A_t). This line will intersect the standard curve, at this intersection, a vertical line is dropped to the x-axis and the concentration is read from the x-axis.

Two factors are important in determining unknown or relative concentrations. The λ_{max} should be used, and absorbance rather than percent transmittance should be plotted because absorbance is directly proportional to concentration and transmittance is not. In addition, usually choose to test in a certain low concentration range.

The value of absorbance coefficient for a certain substance is related with the solvent, pH value, temperature and the wavelength used. The testing conditions should be described in detail.

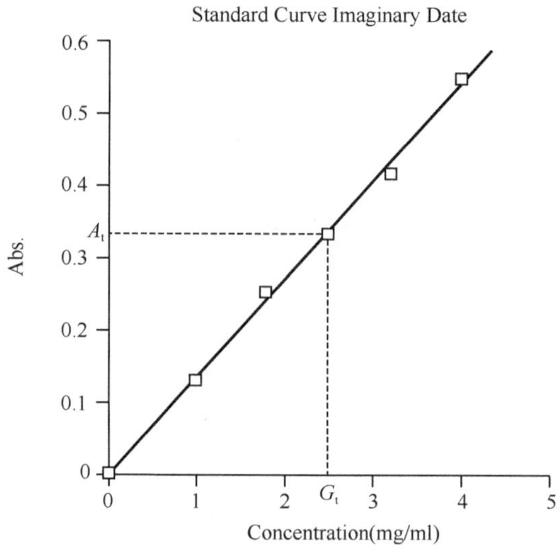

Figure 4-2 This is an example of a standard curve

A best fit line has been generated and the resulting equation and r-squared value are shown below the x-axis label.

2. Introduction of Spectrophotometer

A spectrophotometer is an instrument that measures the absorption (or transmission) of light through a substance at various wavelengths of light.

There are five main components of a spectrophotometer (Figure 4-3):

(1) A light source: This is usually a tungsten-filament or gas-discharge lamp. Different light sources are used in different regions of the spectrum.

(2) A monochromator: The input to the monochromator is the broad-band light from the light source; the output is tunable, highly monochromatic light.

(3) A sample chamber: The material under investigation is placed here.

(4) Photoelectricity transformation: Accept the transmitted light and convert it to an electrical signal. It can be divided into photoresistor and amplifier.

(5) A recording device(output): It displays the amount of transmitted light energy digitally or on a dial.

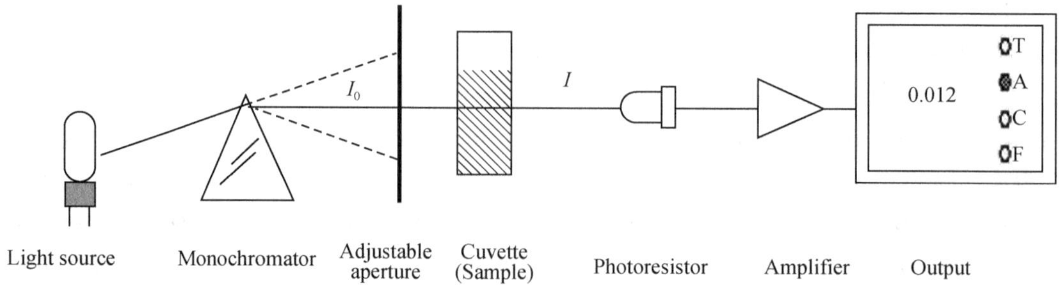

Figure 4-3 A schematic diagram of the components of a single beam spectrophotometer

【Materials】

V-5000 visible spectrophotometer (722 spectrophotometer series, Figure 4-4).

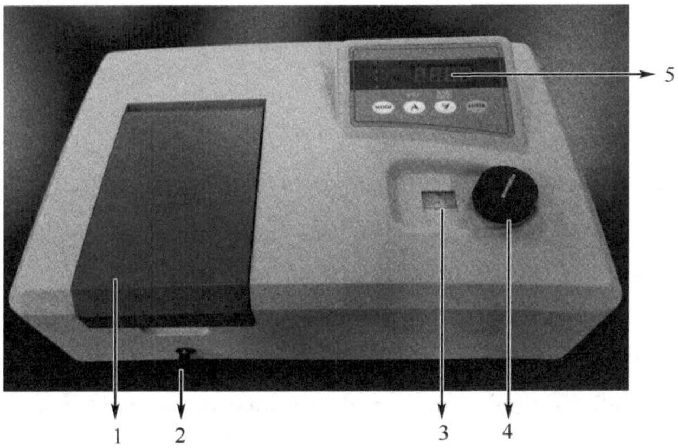

Figure 4-4 The appearance of the V-5000 visible spectrophotometer

1. sample compartment; 2. holder changer knob; 3. wavelength display; 4. wavelength setting knob; 5. LCD & panel

【Procedure】

Test the absorbance (A) by using V-5000 visible spectrophotometer.

1. Plug the instrument into a grounded outlet.

2. Warm up. Turn the instrument on. Allow the instrument to warm up for at least 20 minutes. When preheating the instrument and when not measuring, put the Black Block into the light path to cut off the light path.

3. Set Wavelength. Set to desired wavelength with the wavelength knob.

4. Put cuvettes into the Sample compartment.

(1) Put the blank solution and sample solution into the cuvette respectively.

(2) Black Block at the first cuvette holder, blank solution at the second, and other sample solutions at third and fourth.

5. Correction "T".

(1) Close the sample compartment cover. Press "MODE" key to change to "T" mode.

(2) Pull the holder to make the Black Block in the light path, set 0.0%T by pressing the "△/0%T" key until display reads "0.0". It meaning that there is no light through. Some spectrophotometers do not require Black Block perform 0.0%T correction and can be automatically zeroed.

(3) Pull the holder to make the blank solution in the light path, set 100%T by pressing the "▽/100%T" key until display reads "100.0". It meaning that all light passes through without absorption.

6. Determination "A".

Press "MODE" key to change to "A" mode, the display reads "0.0". Then pull the sample to be measured into the light path, read results directly on the digital display.

7. Shut down. At the end of experiment, cut off the power, clean the cuvette, and clean the waste tank.

* Note: Above is a simplified driagram of a spectrophotometer that can measure one sample at a time. In our labs, we will be using a microplate reader that is capable of measuring the absorbance of 384 samples in about 29 seconds.

【Notice】

1. The glass cuvette is absorbed in the ultraviolet region, so it cannot be used in the ultraviolet region.

2. After the absorbance of one solution has been measured, the cuvette is rinsed with water, followed by a rinse with the next solution to be measured. It is advisable to measure absorbances progressing from the dilute to the concentrated solutions so that any drops of solution remaining in the cuvette will have a negligible effect on the absorbance of the next、more concentrated solution.

【Questions】

1. Describe the principle and application of spectrophotometry.

2. How to operate the spectrophotometer?

(Deng Xiaoyan)

Experiment 2 Protein Determination by the Biuret Method

【Objective】

1. To understand the principle and procedure of protein determination by the biuret method.

2. To learn how to operate the spectrophotometer correctly.

【Principle】

1. Biuret Reaction

Biuret, a product of excess urea and heat, reacts with an alkaline solution of copper sulphate to give a purple tetradentate complex (Figure 4-5), in which the cupric ions form a coordination complex with the four nucleophilic-NH groups.

Proteins and some amines react in a similar manner to biuret. The biuret reagent (sodium hydroxide and copper sulfate) reacts with peptide bonds (which join amino acids to form Proteins) to produce a light blue to violet complex that absorbs light at 540nm. The intensity of the color produced is proportional to the number of peptide bonds participating in the reaction. So, the biuret reaction can be used to determine the amount of soluble protein in a solution. The more protein present the darker the color. The spectrophotometer can then be used the measure the intensity of the color produced.

The biuret reaction is the basis for a simple and rapid colorimetric reagent of the same name for quantitatively determining total protein concentration. The working range for the biuret assay is 5-160 g/L, which is adequate for some types of industrial applications but not nearly sensitive enough for most protein research needs.

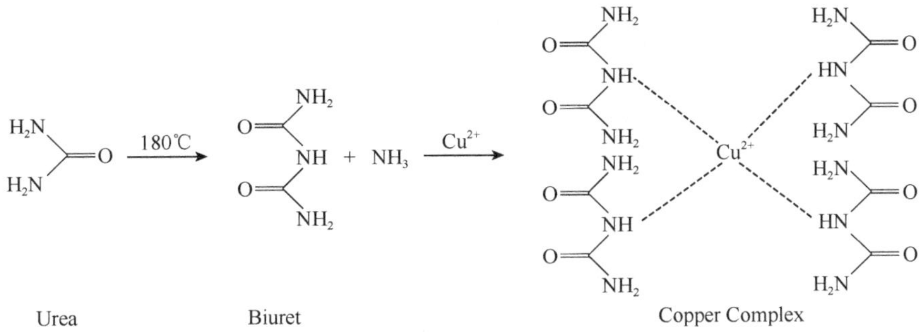

Figure 4-5　Biuret reaction schematic

2. Preparing a Standard Curve

In order to quantitatively determine how much protein is represented by a particular Absorbance reading it is necessary to construct a standard curve.

This is done by performing the biuret reaction on a series of samples containing known amounts of protein. The absorbance readings obtained from these samples are used to construct a graph of absorbance as a function of protein concentration (or mass). This graph is called the standard curve for the assay, which can be used to convert the absorbance readings for the experimental samples into an amount of protein or a concentration.

A new standard curve should be constructed each time you set up to run a series of protein determinations. The standard curve corrects for variations in experimental conditions (solution preparation, spectrophotometer sensitivity, temperature, etc.).

【Materials and Reagents】

1. Materials

V-5000 visible spectrophotometer, graph paper, test tubes and a tube rack, pipettes, serum sample

2. Reagents

(1) 6.0mol/L NaOH: Dissolve 60g of NaOH in distilled water and dilute to 250ml. Store in a closed polyethylene bottle at room temperature.

(2) Standard protein(10g/L): Dissolve 0.1g of Bovine serum albumin in 9g/L NaCl and dilute to 10ml.

(3) Biuret reagent: Dissolve 1.50g of copper sulfate in 250ml of distilled water. Add 4.5g of sodium potassium tartrate and 2.5g of potassium iodide. After solids have dissolved, add 50ml of 6.0mol/L NaOH and dilute to a total volume of 500ml with distilled water. Store in a tightly capped ployethylene bottle at room temperature. The reagent is stable for approximately six months.

【Procedure】

1. Set up 13 test tubes as shown in the following table(Set Duplicate Tubes 2#-7#, Table 4-1).

Table 4-1 The content of serum protein by Biuret method

Reagent	Tube Number						
	1#	2#	3#	4#	5#	6#	7#
Serum sample(ml)	—	—	—	—	—	—	1
Standard protein(10g/L)(ml)	—	0.2	0.4	0.6	0.8	1.0	—
0.9% NaCl solution(ml)	1.0	0.8	0.6	0.4	0.2	-	-
Biuret reagent(ml)	4.0	4.0	4.0	4.0	4.0	4.0	4.0

1#. Blank tube; 2#-6#. Standard curve tubes; 7#. Test tubes

2. Add reagents to each tube and mix. Let the tubes stand for 30 minutes at room temperature (15 minutes at 37℃), then measure the absorbance at 540nm, zeroing the instrument using the tube 1#(Blank tube).

3. Measure and record the absorbance values in tubes 2#-7#.

4. Construct a standard curve (or calibration curve). Plotting absorbance(average of duplicate tubes) on the y-axis and the corresponding standard concentration on the x-axis. Data is analyzed by fitting a line to the curve.

* Since the standard curve can be constructed in many different ways(e.g. by plotting ml or mg of standard protein), it is most important that the axes are carefully and precisely labeled.

* The straight line, up to the point at which significant deviations commence, represents the region in which Beer's Law is obeyed.

5. Determine the concentration of the unknown sample from the absorbance of tube 7# and the standard curve.

【Additional Information】

There are several methods available in biochemistry for protein assay. Each of them has its own advantages and disadvantages which should be considered seriously when choosing a method as fit for protein assay purpose. The Biuret method is the most linear because its color depends on a direct complex between the peptide bonds of the protein and Cu^{2+}. It is not highly sensitive since the complex does not have a high extinction coefficient. The following methods are in widespread use in biochemistry(Table 4-2):

Table 4-2 Methods for protein assay

Method	How it Works	Sensitivity Range
Biuret	Cu^{2+}-Peptide Bond Complex	1mg to 20mg Protein
Folin(Lowry)	Heavy Metal Complex with Aromatic Amino Acids	10g to 60g Protein
Bradford(Bio-Rad)	Dye Reaction with Amino Group Side Chains(Lys)	1μg to 100μg Protein

For more details, we suggest you read some related experimental textbooks.

【Notice】

1. This experiment is a quantitative experiment. All glass instruments must be clean and dry, and reagents must be added accurately.

2. Each tube must be mixed thoroughly after adding reagents.

3. The color of product is stable for about 1-2 hours after incubation and then slowly increases with time.

【Questions】

1. Describe the principle of Biuret Protein Assay.

2. What are the factors that interfere with this experiment?

(Deng Xiaoyan)

Experiment 3 Salting Out and Dialysis Experiment of Protein

【Objective】

1. Master the principle and operation of protein salting out.

2. Master the principle and operation of protein dialysis.

3. Understand the detection methods of ammonium ions (NH_4^+) and protein.

4. Understand the applications of salting out and dialysis.

【Principle】

As a biological macromolecule, the diameter of protein molecules ranges between 1nm and 100nm, belonging to a colloidal dispersion system. Therefore, protein solutions have the characteristics of colloidal solutions, including Brownian motion, Tyndall effect, inability to pass through semi-permeable membranes and adsorption properties. Proteins can exist in a stable colloidal form due to two stabilizing factors. First, many hydrophilic groups on the surface of protein molecules can adsorb to surrounding water molecules through hydrogen bonds, forming a hydration layer. This prevents aggregation and precipitation in the solution. Second, the dissociation of ionizable groups on the surface of protein molecules confers polar properties upon the particle surface, similarities of which induce proteins to repel each other. This phenomenon further prevents the aggregation and precipitation of proteins. In the absence of these two stabilizing factors, proteins will precipitate.

Adding a certain amount of a neutral salt solution, for example, ammonium sulphate and sodium chloride, to a protein solution can reduce the solubility of the protein, resulting in its precipitation. This phenomenon is called salting out and occurs when neutral salts destroy the hydration layer surrounding the protein that neutralizes the charge potential of the protein surface. Different proteins range widely in molecular mass, charge, and concentration of salt, which will promote salting out. However, proteins precipitated by salting out are not denatured. When the neutral salt is removed, the protein can be redissolved. Therefore, the salting out method is often used for the preliminary separation of natural proteins. Notably, in the presence of a low neutral salt concentration buffer, the solubility of protein increases. This phenomenon is termed salting in. This occurs because protein particles adsorb to the inorganic salt particles, increasing the protein surface's charge potential, enhancing the interactions between the protein and solvent water, and facilitating protein solubility in aqueous solution.

Dialysis is a process that separates substances based on their molecular weights using a semi-permeable membrane. Substances with a molecular weight lower than the cut-off molecular weight of the membrane can diffuse through the membrane to the outside, while substances with a molecular weight higher than the cut-off molecular weight of the membrane are retained inside the semi-permeable membrane. This technique commonly removes unwanted small molecules (for example, salts, reductants and dyes) but retains larger molecules, including proteins, DNA and polysaccharides). It is also frequently used for buffer exchange.

Dialysis tubing, commonly referred to as a dialysis bag, when cut into uniform lengths, is routinely prepared from nitrocellulose membranes perforated with micropores, allowing only small molecules to pass through. In contrast, larger proteins are retained within the dialysis tube. The routine protocol for salting out and dialysis involves placing a volume of protein inside an end-knotted or close-clipped dialysis bag. The dialysis bag is placed in a large beaker of water or buffer solution. Low molecular weight salt molecules (ammonium sulphate, as one example) will diffuse across the membrane into the surrounding solution, but macromolecular proteins are retained inside the dialysis bag. The internal salt ions are gradually dialysed away by continuously replacing the surrounding distilled water/buffer with fresh solution. The dialysis of proteins usually takes a long time and is usually performed at a low temperature.

In this experiment, a 50% ammonium sulfate is used for the salting out experiment to precipitate serum globulin. Then, dialysis removes salt ions from the salt-precipitated protein. The presence of protein is determined using the biuret assay, which detects ammonium ions (NH_4^+) with Nessler reagent. The sulphate ion [SO_4^{2-}] concentration can also be detected with 10g/L barium chloride solution.

【Materials and instruments】

1. Reagents

(1) Saturated ammonium sulfate solution: Weigh 800g of ammonium sulfate and add 1000ml of distilled water for heating and dissolution. After all, the ammonium sulfate is dissolved and cooled to room temperature, and it is left to stand overnight at 4℃. If crystals precipitate the next day, the saturated ammonium sulfate solution is obtained.

(2) Biuret reagent: Weigh 2.5g of copper sulfate pentahydrate ($CuSO_4 \cdot 5H_2O$) and dissolve it in 100ml of distilled water. Separately, take 9g of potassium sodium tartrate ($NaKC_4H_2O \cdot H_2O$) and 5g of potassium iodide (KI), dissolve in 500ml of distilled water, then add 100ml of 5mol/L sodium hydroxide, mix well, slowly add the copper sulfate solution, and make up to a final volume to 1000ml with distilled water.

(3) Nessler reagent: Weigh 16g of sodium hydroxide (NaOH), dissolve it in 50ml of distilled water, and cool to room temperature. Weigh 7g of potassium iodide (KI) and 10g of mercuric iodide (HgI_2), dissolve them in distilled water, then slowly add this solution to the above

50ml sodium hydroxide solution with stirring, and dilute to 100ml with distilled water. Store in a polyethene bottle and cover tightly with a rubber stopper or polyethene cap. Store in a dark place. The validity period is 1 year.

2.Serum samples

3.Equipment

(1) Centrifuge tubes, test tubes and test tube racks.

(2) 1ml pipette, pipette tips, 500ml beaker and 10ml beaker.

(3) Nitrocellulose membrane dialysis bags, dialysis bag clips.

(4) Centrifuge.

(5) Magnetic stirrer.

(6) disposable gloves.

【Procedure】

1.Add 2ml of serum to a 15ml centrifuge tube. Then, slowly add 2ml of saturated ammonium sulfate solution, mix well, and let it stand for 10 minutes to salt out.

2.Centrifuge at 4000r/min for 10 minutes, discard the supernatant and add 2ml of distilled water to dissolve the precipitate. This is the protein-precipitated dissolution solution.

3.Put the dialysis bag in distilled water and boil for 10 minutes for activation (prepared in the laboratory).

4.Wear gloves, remove one activated dialysis bag, clamp one end with a clip, and add distilled water to check for leaks.

5.After confirming that the dialysis bag is not leaking, pour out the water and add 2ml of protein-precipitated dissolution solution. After squeezing out the excess air in the bag, clamp the other end with another clip (note that the amount of liquid added should not exceed half of the capacity of the dialysis bag). Put it into a beaker containing 300ml of distilled water so the clip floats on the liquid surface and the dialysis bag is completely immersed in water. Put in a stir bar and place it on a magnetic stirrer for slow dialysis for about 30 minutes.

6.Take out the dialysis bag, open a clip in one end, and pour the liquid in the bag into a small beaker for later use.

7.Take 5 test tubes and operate as follows (Table 4-3):

Table 4-3 Salting out and dialysis protein

Solution(ml)	The number of test tube				
	1	2	3	4	5
H_2O	0.5	—	0.5	—	—
Dialysate	—	0.5	—	0.5	—
Fluid in the dialysis bag	—	—	—	—	0.5
Nessler reagent	0.5	0.5	—	—	—
Biuret reagent	—	—	0.5	0.5	0.5

8. After mixing well, observe and record the experimental results.

【Notice】

1.Wear gloves.

2.Dialysis is slow and cannot be completed quickly.

【Questions】

1.How can protein denaturation be prevented during the dialysis of protein?

2.What protein is the precipitated protein?

(Wang Ying)

Experiment 4 Plasma Protein Electrophoresis

【Objective】

1.To understand and master the basic principle and procedure of electrophoresis in general.

2.To understand the clinical significance of plasma protein components.

【Principle】

1.Introduction to Electrophoretic Technique

(1) Basic principle of electrophoresis: electrophoresis refers to the phenomena of charged particles moving in an electric field. The charged particles exposed to an electrostatic field will move toward the electrode of opposite charge. This movement is influenced not only by charge (predominant factor) but also voltage, size and shape of the molecule.

(2) The electrophoretic equipment: there is a wide range of electrophoretic equipment available and although it varies considerably in appearance, there is a common basic design.

1) An electrophoresis tank: cover, buffer solution, supporting media, electrode.

2) The power supply: a stabilized voltage supply.

(3) Typical procedure for electrophoresis

1) Preparation of supporting media.

2) Sample application.

3) Electrophoresis.

4) Staining and observing.

2.Plasma Protein Electrophoresis

Separation and detection of serum/plasma proteins is routine in medical diagnostics. The most common method is electrophoresis by using a strip of cellulose acetate membrane (CAM) as the supporting medium. Since the membrane served only to support the buffer, CAM electrophoresis can be considered as a form of free electrophoresis. Plasma proteins are negatively charged in barbital buffer at pH 8.6 and since all of the proteins pI values are lower than pH 8.6, these migrate toward anode in an applied electric field. Owing to differences in net charge, molecular weight and shape, individual protein migration velocities are distinct (Table 4-4).

Table 4-4　Proteins in blood plasma of human

Name of the protein	pI	Molecular Weight	Voltage of Mobility[$cm^2/(s \cdot V)$]
Albumin	4.88	69000	-5.9×10^{-5}
α_1-globulin	5.06	200000	-5.1×10^{-5}
α_2-globulin	5.06	300000	-4.1×10^{-5}
β-globulin	5.12	90000–150000	-2.8×10^{-5}
γ-globulin	6.85–7.5	156000–300000	-1.0×10^{-5}
Fibrinogen	5.4		-2.1×10^{-5}

The six major plasma proteins in the same barbital buffer of pH 8.6 → different charge; different size or shape; different molecular weight → different migration velocity → separated → different bands (after staining).

Following electrophoresis, protein bands will be stained in a staining solution of amido black 10B, six zones indicating fractions of albumin α_1-globulin, α_2-globulin, β-globulin, γ-globulin and fibrinogen, and then the relative dye intensities measured by scanning the combined dye of each bands(Figure 4-6). Analysis of the data will then permit identification and determination of the relative quantities of each of the proteins.

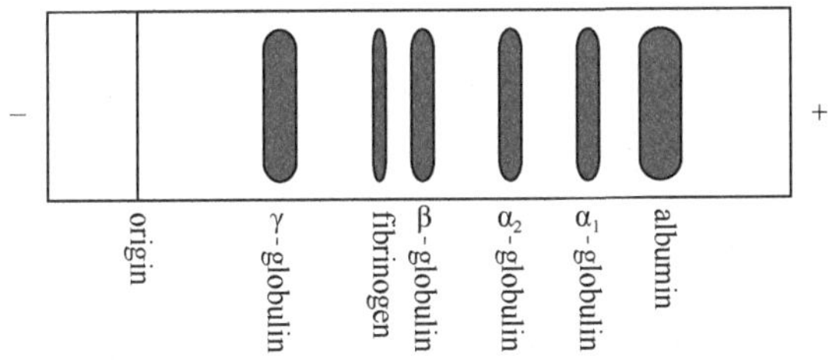

Figure 4-6　Pattern of separated plasma proteins visualized in the CAM strip

【Materials and Reagents】

1. Materials

Cellulose acetate strips, plasma sample, filter paper, tweezer, 1cm×5cm×5cm staining tank.

2. Reagents

(1) The electrophoresis buffer: 0.05mol/L barbital sodium/ barbital (pH 8.6). Take 15.45g barbital sodium and 2.76g barbital, and dissolve them in 1L distilled water (dH_2O).

(2) Staining solution: take 0.5g amido black 10B, dissolve it in 40ml dH_2O, 50ml methanol and 10ml glacial acetic acid.

(3) Washing solution: 45ml 95% alcohol, 5ml glacial acetic acid, and 50ml dH_2O.

【Procedure】

1. Preparations

Cut the cellulose acetate membrane into strips with width of 2.5cm and length of 8cm. Draw a line with pencil on the strip side to mark the site of sample application. Dip the strips into a container containing barbital buffer. Allow strips to soak for a period of time and make sure the strips are completely wet and have no dry areas(Figure 4-7). (Completed by technicians)

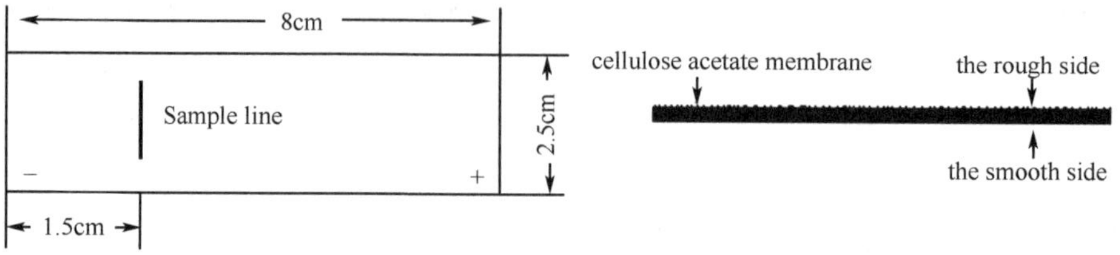

Figure 4-7 Cellulose Acetate Membrane(CAM)

2.Sample application

Take out the cellulose acetate strip from the media plate and absorb the additional buffer on the strip surface using a filter paper.

Dip a piece of X-ray film into the plasma container carefully and make sure the bottom side of the film sticked with plasma. Deliver the plasma samples from the film to the acetate strip by pressing it carefully on the marked sample line.

3.Electrophoresis

Transfer the cellulose acetate strips to the electrophoresis chamber with the loaded sides (rough side) down and ensure that the paper wicks over the support bridges make good contact with the cellulose acetate(Figure 4-8).

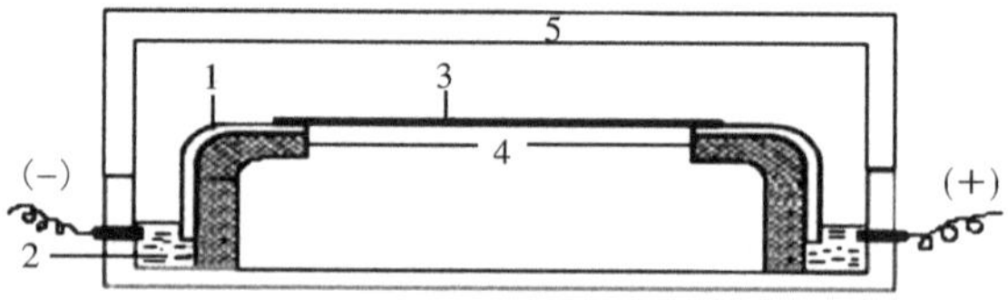

Figure 4-8 CAM Electrophoresis Chamber

1. The filter paper bridge; 2. The electrophoresis buffer; 3. CAM; 4. Membrane scaffold; 5. The electrophoresis chamber

Connect the electrophoresis chamber to a power supply and apply a voltage of 90–110 V for about 50–60 minutes.

4.Staining

After electrophoresis is completed, turn off the power and remove the strips. Immerse the strips in the staining tank containing amonoblack 10B staining solutions for 5 minutes and then transfer the strips to the washing tank. Rinse the strips for three separate rinses of at least 2 minutes each with mild agitation until it is clean and has not too much background colors. After washing away the excess dye, the plasma proteins will be visible as discrete blue bands.

5.Quantification

The percentages of the plasma proteins can be estimated by scanning with densitometry.

【Clinical Significance】

The serum proteins electrophoresis on cellulose acetate strips allows differentiation of 5 fractions: albumin α_1, α_2, β and γ-globulins. Albumin is the major protein of human serum produced by liver about 12g per day, it has two main functions: ① maintaining colloid osmotic pressure of blood; ② transportation: acting as a carrier molecule for bilirubin, fatty acids, trace elements and many drugs. The significant changes of the total and fractions of serum proteins are associated with several diseases.

(1) Decreased total protein may indicate malnutrition, nephrotic syndrome and gastrointestinal protein-losing enteropathy.

(2) Increased α_1-globulin may be seen in rheumatoid arthritis, systemic lupus erythematosus (SLE), malignancy and acute inflammatory disease; Decreased α_1-globulin may be seen in α_1-antitrysin deficiency.

(3) Increased α_2-globulin may appear in acute/chronic inflammation, nephrotic syndrome; Decreased α_2-globulin may appear in hemolysis.

(4) Increased β-globulin may happen in myeloma, estrogen therapy and hyperlipoproteinemia (such as familial hypercholesterolemia); Decreased β-globulin may happen in congenital coagulation disorder, consumptive coagulopathy and disseminated intravascular coagulation.

(5) Increased γ-globulin may be the results of multiple myeloma, SLE, chronic hepatitis, rheumatoid arthritis, hyperimmunization and Waldenstrom's macroglobulinemia (Figure 4-9).

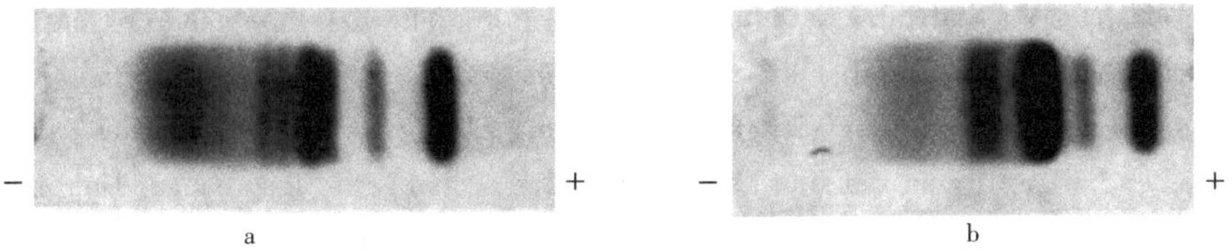

Figure 4-9　Some diseases separated serum proteins visualized in the CAM strip

a. malnutrition: Alb 32.9%; α_1-globulin 3.1%; α_2-globulin 25.0%; β-globulin 13.3%; γ-globulin 25.8%

b. nephrotic syndrome: Alb 12.1%; α_1-globulin 1.4%; α_2-globulin 62.0%; β-globulin 13.9%; γ-globulin 10.8%

The normal values in serum are 57% − 72% for albumin, 1.8% − 4.5% for α_1-globulin, 4.0% − 8.3% for α_2-globulin, 6.8% − 11.4% for β-globulin, and 11.2% − 23.0% for γ-globulin respectively.

【Notice】

1. Sample application in the rough side of the membrane, not the smooth side.

2. The way of putting the membrane on the filter paper bridge with rough side downward and sample near the cathode.

【Questions】

1. Describe the principle of electrophoresis.

2.What are the functions of plasma/serum proteins?

(Jiang Xue)

Experiment 5 Glutamic Pyruvic Transaminase Activity Assay

【Objective】

1.To understand the principle and procedure of glutamic pyruvic transaminase (GPT) assay.

2.To understand the clinical significance of GPT assay.

【Principle】

1. Enzyme Assay in General

Measurements of enzyme absolute concentrations are difficult owing to their low abundance within some organisms, the amount of enzyme can be determined (assayed) in terms of the catalytic effect it produces. Usually, an enzyme assay is used to measure the conversion of substrate to product, under conditions of cofactors, pH and temperature at which the enzyme is optimally active. Enzyme activity is usually expressed under certain conditions such as a decrease in the substrate or an increase in the product. High substrate concentrations are used so that the initial reaction rate is proportional to the enzyme concentration. Either the rate of appearance of product or the rate of disappearance of substrate is measured, often by following the change in absorbance using a spectrophotometer. If neither the substrates, nor products of an enzyme-catalyzed reaction absorb light at an appropriate wavelength, the enzyme can be assayed by linking it to another chemical or enzyme-catalyzed reaction that does involve a change in absorbance. Enzyme activity is commonly expressed by the initial rate of the reaction being catalyzed.

2. GPT Assay

Transamination is a reaction catalyzed by a family of enzymes called aminotransferases (also called transaminases). Glutamic pyruvic transaminase (GPT) is one of the most determined enzymes in the international clinical examinations. It was previously known as alanine aminotransferase (ALT).

GPT is a cytoplasmic enzyme that catalyzes the transamination of α-ketoglutarate and *L*-alanine, forming glutamate and pyruvate. This chemical reaction is reversible.

In order to determine the GPT activity, another reaction is linked to the GPT-catalyzed reaction(Figure 4-10). The 2,4-dinitrophenylhydrazine is added to react with pyruvate forming 2,4-dinitrophenylhydrazone (brown). The intensity of the product color is related to the GPT activity. Then, the spectrophotometry is used to determine the GPT activity.

The 2,4-dinitrophenylhydrazine can also react with α-ketoglutarate forming 2,4-dinitrophenylhydrazone which will interfere the pyruvate determination and GPT assay. Therefore, several measures are used to reduce the interference from α-ketoglutarate.

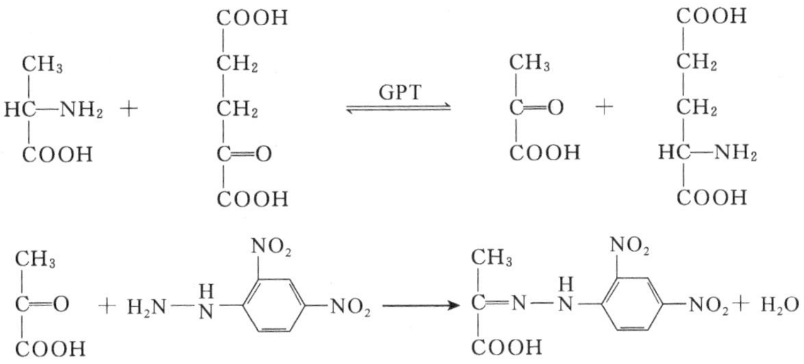

Figure 4-10 Reaction principle of GPT activity determination

GPT is an enzyme that is normally present in many tissues such as liver and heart cells. It is released into blood when the liver or other tissue is damaged. Blood GPT levels are thus, elevated with either liver, or other tissue is damaged (for example, from viral hepatitis, from a heart attack). Some medications can also raise serum GPT levels.

【Materials and Reagents】

1.Materials

Test tubes, pipettes, water bath, spectrophotometer, graph paper.

2.Reagents

(1) 0.1mol/L phosphate buffer solution (PBS).

(2) 2mmol/L pyruvate solution: accurately weighed sodium acetone 22mg, soluble in 0.1mol/L phosphate buffer (pH7.4), fixed capacity to 100ml. Sodium acetone is unstable, and its purity has a significant effect on the standard curve. If the color of sodium acetone turns yellow or tidal, it is not available. This solution should be prepared fresh before use and cannot be stored.

(3) GPT substrate solution: weighed α-DL-alanine 1.782g (or *L*-alanine 0.891g, equivalent to 200μmol/L) and α-ketoglutarate 29.2mg (equivalent to 2μmol/L), dissolved at 50ml 0.1mol/L phosphate buffer (pH7.4), the pH is adjusted to 7.4 with 1mol/L NaOH solution, and the capacity is set to 100ml with 0.1mol/L phosphate buffer (pH7.4). A few drops of chloroform can be added to prevent corrosion and can be stored in a 4℃ refrigerator for several weeks.

(4) 1mmol/L 2,4-dinitrophenylhydrazine: weighed 2,4-dinitrophenylhydrazine 19.8mg, dissolved in 7ml of concentrated hydrochloric acid, to be dissolved with distilled water to determine capacity to 100ml. Store in a dark place in a brown bottle. If crystallization occurs, it should be re-formulated.

(5) 0.4mol/L NaOH solution.

(6) Serum sample.

【Procedure】

1.Preparing Standard Curve

Set up 5 test tubes as shown in the following table (Table 4-5).

Table 4-5 Preparation of pyruvate standard curve

Reagents	Tube Number				
	1	2	3	4	5
2mmol/L pyruvate solution(ml)	—	0.05	0.10	0.15	0.20
GPT substrate solution(ml)	0.50	0.45	0.40	0.35	0.30
PBS(pH7.4)(ml)	0.10	0.10	0.10	0.10	0.10
Mix and incubate in 37℃ water bath for 5min					
2,4-dinitrophenylhydrazine solution(ml)	0.5	0.5	0.5	0.5	0.5
Mix and incubate in 37℃ water bath for 20minutes					
0.4mol/L NaOH solution(ml)	5.0	5.0	5.0	5.0	5.0
Mix and let the tubes stand at room temperature for 10min, then measure the absorbance at 520nm within 30min(zero the spectrophotometer with first tube)					
Enzyme activity(Karmen unit)	0	28	57	97	150
A_{520}					

The standard curve is drawn with the absorbance value of each tube as the ordinate and the enzyme activity as the horizontal coordinate.

2.GPT Assay

Set up 2 test tubes and perform as shown in the following table(Table 4-6).

Table 4-6 Determination of GPT activity

Reagents	Tube Number	
	Control tube	Test tube
GPT substrate solution(ml)	0.5	0.5
Incubate in 37℃ water bath for 5min		
Serum(ml)	—	0.1
Mix and incubate in 37℃ water bath for 30min		
2,4-dinitrophenylhydrazine solution(ml)	0.5	0.5
Serum(ml)	0.1	—
Mix and incubate in 37℃ water bath for 20min		
0.4mol/L NaOH solution(ml)	5.0	5.0
Mix and let the tubes stand at room temperature for 10min, then measure the absorbance at 520nm within 30min(zero the spectrophotometer with control tube)		
A_{520}		

Determine the serum GPT activity from the standard curve according to the absorbance value of test tube.

【Notice】

1.If the GPT activity in the serum is too high, it is properly diluted before being measured.

2. Blood cells also contain GPT, so hemolytic specimens should not be used.

3. In the determination of enzyme activity, in order to prevent the effect of hemolytic or other factors on enzyme activity, all utensils should be clean and dry, reagent preparation, dosage, pH, reaction time and temperature should be strictly controlled.

4. This experiment is based on the results of Karmen unit using experimental data. Karmen unit is defined as: serum 1ml, reaction temperature 25℃, wavelength 340nm, light diameter 1.0cm, volume 3ml, absorbance per minute decreased by 0.001 for 1 Karmen unit.

5. The transamination reaction is reversible. In addition to pyruvate, there are α-ketoglutarate in the reaction system. The 2,4-dinitrophenylhydrazine can act on compounds containing —C=O groups. Therefore α-ketoglutarate can also be associated with 2,4-dinitrophenylhydrazine forming 2,4-dinitrophenylhydrazone, the product in alkaline conditions also appear brown and thus interfere with the determination. The following measures are used to reduce the interference from α-ketoglutarate.

(1) When the substrate solution is made, the concentration ratio of alanine and α-ketoglutarate is 100 : 1, which promotes the reaction in the direction of producing pyruvate.

(2) When preparing the standard curve, add the appropriate amount of substrate solution (containing α-ketoglutarate) to make the determination of the standard curve consistent with the actual determination to offset the effect of α-ketoglutarate.

(3) When making measurements, select the appropriate wavelength. There is a difference absorption spectral curves of the two 2,4-dinitrophenylhydrazone. Pyruvate 2,4-dinitrophenylhydrazone has the maximum absorption peak at 450nm, α-ketoglutarate 2,4-dinitrophenylhydrazone has the maximum absorption peak at 380nm, and the two have a large difference in light absorption at 500nm to 520nm. This experiment uses 520nm for determination.

(Li Li)

Experiment 6 Factors Affecting Succinate Dehydrogenase Activity

【Objective】

1. To master the effects of some factors on enzyme activity.

2. To familiarize with the catalytic function of succinate dehydrogenase.

3. To understand enzyme activity analysis methods

【Principle】

Enzymes are biological catalysts, and their activity is influenced by various factors including, enzyme concentration [E], substrate concentration [S], temperature, pH, inhibitors, and activators.

In an enzyme-catalyzed reaction system, if the substrate concentration far exceeds the enzyme concentration, catalysis is directly proportional to the enzyme concentration, which increases further when more enzyme is added. Conversely, catalysis is reduced at low enzyme concentration.

Temperature has a significant impact on enzyme activity. At low temperatures, the reaction rate is slow but increases as the temperature is raised. The temperature at which maximum activity is attained is known as the optimum temperature for the enzyme. Above this, the enzyme denatures, and the rate of reaction is reduced. In some cases, enzyme may even lose their catalytic ability. It is noteworthy that although enzyme activity is slow at low temperatures, enzyme protein structural integrity is maintained, and activity can be recovered when the temperature is raised. This forms the theoretical basis for low-temperature anesthesia, low-temperature extraction, and preservation of enzyme products. Each enzyme displays an optimum temperature, which typically occurs between 37℃ and 40℃ in humans, although other factors, for example, the length of reaction time, also influence the rate of catalysis. In general, enzymes can tolerate higher temperatures for short periods of time.

The pH of reaction conditions plays a significant impact on enzyme activity affecting the ionization state of nucleophiles and other charged group that form non-covalent interactions with the substrate in the enzyme active site required for catalysis and enzyme three-dimensional structure. Enzymes, therefore, exhibit catalytic activity within a narrow pH range, with highest activity occurring at the pH optimum. Outside of this range, activity is reduced, and enzyme are denatured under extreme acidic or alkaline conditions. The optimal pH value is influenced by various factors including substrate properties and concentration, buffer ionic concentration and purity of the enzyme.

Some inorganic ions that act as auxiliary factors of enzymes, can accelerate the reaction rate. Moreover, some heavy metal ions can act as enzyme inhibitors.

Succinate dehydrogenase (SDH) is an important dehydrogenase required for turnover of the tricarboxylic acid cycle, with its cofactor being flavin adenine dinucleotide (FAD). SDH catalyzes dehydrogenation of succinic acid which is oxidized to fumaric acid, and two hydrogen atoms are transferred to FAD, generating the reduced form $FADH_2$. In this experiment, $FADH_2$ is used to reduce (fad) methylene blue (MB) into a colorless form, MBred. This parameter is known as the fading time and is readily applied to assess SDH activity.

【Materials, Reagents and Instruments】

1.Materials and Instrument

Animal liver, surgical scissors, tweezers, homogenizers, weighing scales, measuring cylinders, beakers, clean test tubes, graduated pipettes, pipettes, constant temperature water baths, boiling water baths and ice baths.

2.Reagents

Sodium barbiturate hydrochloric acid buffer solutions with various pH values [pH6.8 (100 ml of 0.04mol/L sodium barbiturate solution + 18.4ml of 0.2mol/L hydrochloric acid solution), pH8.0 (100ml of 0.04mol/L sodium barbiturate solution+9.39ml of 0.2mol/L hydrochloric acid solution), pH9.2 (100ml of 0.04mol/L sodium barbiturate solution+0.35ml of 0.2mol/L hydrochloric acid solution)], 0.2mol/L $HgCl_2$ solution (highly toxic), 0.2mol/L NaCl solution, 0.2mol/L succinic acid solution, 0.02% methylene blue solution, liquid paraffin.

【Procedure】

1.Preparation of Enzyme Solution

Weigh 40g of animal liver, cut it into pieces with surgical scissors, measure 400ml of distilled water with a graduated cylinder, pour the liver and distilled water into a homogenizer and homogenize. Set aside the remaining homogenate for later use. The homogenate is the crude succinate dehydrogenase solution (herein referred to as the enzyme solution).

2.The Effect of Enzyme Concentration on Enzyme Activity

(1) Take 6 test tubes, number them, and follow the steps listed in Table 4-7.

Table 4-7 Effect of enzyme concentration on enzyme activity

Reagents (ml)	Test tube number					
	1	2	3	4	5	6
Enzyme solution	—	0.2	0.4	0.6	0.8	1.0
Distilled water	1.0	0.8	0.6	0.4	0.2	—
Sodium barbiturate hydrochloric acid buffer (pH8.0)	1.0	1.0	1.0	1.0	1.0	1.0
0.02% methylene blue	0.2	0.2	0.2	0.2	0.2	0.2
0.2mol/L succinic acid solution	1.0	1.0	1.0	1.0	1.0	1.0
Mix well and add liquid paraffin	1.0	1.0	1.0	1.0	1.0	1.0
Incubate in a 37℃ bath						
Fading time						

(2) Closely observe the color changes of the solutions in each tube, and do not shake the test tube to avoid the faded methylene blue being oxidized by oxygen in air.

(3) Prepare a table of results containing the values for the fading time of methylene blue in each tube and explain the results.

3.The Effect of Temperature on Enzyme Activity

(1) Take 4 test tubes, number them, and follow the steps listed in Table 4-8.

Table 4-8 Effect of temperature on enzyme activity

Reagents (ml)	Test tube number			
	1	2	3	4
Enzyme solution	1.0	1.0	1.0	1.0
Sodium barbiturate hydrochloric acid buffer (pH8.0)	1.0	1.0	1.0	1.0
	Ice bath for 10 min	Ice bath for 10 min	37℃ bath for 10 min	100℃ bath for 10 min
0.02% methylene blue	0.2	0.2	0.2	0.2
0.2mol/L succinic acid solution	0.4	0.4	0.4	0.4

continued

Reagents (ml)	Test tube number			
	1	2	3	4
Mix well and add liquid paraffin	1.0	1.0	1.0	1.0
	Ice bath	37℃ bath	37℃ bath	37℃ bath
Fading time				

(2) Closely observe the color changes of the solutions in each tube, and do not shake the test tube to avoid the faded methylene blue being oxidized by oxygen in air.

(3) Prepare a table of results containing the values for the fading time of methylene blue in each tube and explain the results.

4.The Effect of pH on Enzyme Activity

(1) Take 3 test tubes, number them, and follow the steps listed in Table 4-9.

Table 4-9 Effect of pH on enzyme activity

Reagents (ml)	Test tube number		
	1	2	3
Enzyme solution	1.0	1.0	1.0
Sodium barbiturate hydrochloric acid buffer (pH6.8)	1.0	—	—
Sodium barbiturate hydrochloric acid buffer (pH8.0)	—	1.0	—
Sodium barbiturate hydrochloric acid buffer (pH9.2)	—	—	1.0
0.02% methylene blue	0.2	0.2	0.2
0.2mol/L succinic acid solution	0.4	0.4	0.4
Mix well and add liquid paraffin	1.0	1.0	1.0
Incubate in a 37℃ bath			
Fading time			

(2) Closely observe the color changes of the solutions in each tube, and do not shake the test tube to avoid the faded methylene blue being oxidized by oxygen in air.

(3) Prepare a table of results containing the values for the fading time of methylene blue in each tube and explain the results.

5.The Effect of Inhibitors on Enzyme Activity

(1) Take 3 test tubes, number them, and follow the steps listed in Table 4-10.

Table 4-10 Effect of inhibitors on enzyme activity

Reagents	Test tube number		
	1	2	3
Enzyme solution (ml)	1.0	1.0	1.0
Sodium barbiturate hydrochloric acid buffer (pH8.0) (ml)	1.0	1.0	1.0
NaCl solution (drops)	—	3	—

continued

Reagents	Test tube number		
	1	2	3
$HgCl_2$ solution (drops)	—	—	3
0.02% methylene blue (ml)	0.2	0.2	0.2
0.2mol/L succinic acid solution (ml)	0.4	0.4	0.4
Mix well and add liquid paraffin (ml)	1.0	1.0	1.0
Incubate in a 37℃ bath			
Fading time			

(2) Closely observe the color changes of the solutions in each tube, and do not shake the test tube to avoid the faded methylene blue being oxidized by oxygen in air.

(3) Fill the fading time of each tube in the result table and explain the results.

【Precautions】

1. When studying the effect of a certain factor on enzyme activity, it is necessary to strictly control other factors in the reaction system so as these remain unchanged and only change is the one factor to be studied.

2. $HgCl_2$ solution contains mercury and is highly toxic. Caution should be taken during operation to prevent poisoning. All vessels that have contact with this solution should be thoroughly cleaned to avoid affecting other enzymatic experiments.

【Questions】

1. Aside from the factors observed in this experiment, what other factors can influence enzyme activity?

2. Is the optimal temperature of an enzyme a characteristic constant of the enzyme? What other factors dose this relate to? What are the differences in the effects of high and low temperatures on enzyme activity?

3. What are the functions of test tubes 1, 2, and 3 set up in the experiment on the effect of inhibitors on enzyme activity?

(Yan Jianghong)

Experiment 7　Competitive Inhibition of Succinate Dehydrogenase by Malonate

【Objective】

1. Understand the concept and characteristics of competitive inhibition.

2. Learn a method to study the competitive inhibition of succinate dehydrogenase by malonate.

【Principle】

1.Introduction to Competitive Inhibition

Competitive inhibition occurs when an inhibitor molecule binds reversibly to the same site that the substrate would normally occupy and, therefore, competes with the substrate for the active site of an enzyme. While the inhibitor occupies the active site, it cannot be converted into product. Meanwhile, it prevents binding of the substrate to the enzyme and thus, inhibits the enzyme activity. Competitive inhibition displays the following characteristics: ①The competitive inhibitor and the substrate have similar structure and then compete for the active center of enzymes; ②The effect of a competitive inhibitor is reversed by increasing substrate concentration; ③The extent of inhibition depends on the affinity of inhibitor to enzyme, and the ratio of concentration of inhibitor and concentration of substrate; ④Kinetic feature shows that V_{max} unchanged, apparent K_m becomes larger. Now, many clinical drugs are competitive inhibitors of enzymes, for example, sulfonamides, 6-mercaptopurine and 5-fluorouracil.

2.Inhibition of Succinate Dehydrogenase by Malonate

Succinate dehydrogenase is the crucial enzyme of the TCA cycle that is embedded in the inner mitochondrial membrane. As such, it functions as Complex Ⅱ of the electron transport chain. The enzyme is widely distributed in myocardium, skeletal muscle and liver. Succinate is oxidized to fumarate by succinate dehydrogenase, as FAD (its coenzyme) is reduced to $FADH_2$ which can reduce the blue methylene blue (MB) to colorless methylene white (MBH_2). Malonate is a molecule that resembles succinate, can competitively combine with the active center of succinate dehydrogenase to prevents binding of succinate to succinate dehydrogenase and then inhibits succinate dehydrogenase activity. Hence, malonate is a competitive inhibitor of succinate dehydrogenase.

In this experiment, under anaerobic conditions (Because the end product MBH_2 is easily oxidized to MB by oxygen in the air), the fading time of MB reflects the activity of succinate dehydrogenase and thus, the extent of competitive inhibition by malonate.

【Materials and Reagents】

1. Materials

Homogenizer, test tube and test tube rack, water bath, liver homogenate, pipettes, measuring cylinder.

2. Reagents

0.2mol/L succinate solution, 0.02mol/L succinate solution, 0.2mol/L malonate solution, 0.02mol/L malonate solution, 1/15mol/L phosphate buffer (pH 7.4), 0.02% methylene blue, liquid paraffin.

【Procedure】

1. Preparation of Enzyme Extract

Making liver homogenate using homogenizer according to the ration of 1g liver adding 10ml phosphate buffer. The homogenate filtrate serves as enzyme extract, containing succinate dehydrogenase.

2.Operation of Competitive Inhibition Reactions

Set up 5 test tubes and perform as shown in the following table(Table 4-11).

Table 4-11　Competitive inhibition of enzymes

Reagent	Tube #				
	1	2	3	4	5
0.2mol/L Succinate solution(drops)	8	8	8	—	8
0.02mol/L Succinate solution(drops)	—	—	—	8	—
0.2mol/L Malonate solution(drops)	—	—	8	8	—
0.02mol/L Malonate solution(drops)	—	8	—	—	—
Distilled H_2O(drops)	8	—	—	—	8
Methylene blue(drops)	3	3	3	3	3
1/15mol/L Phosphate buffer pH 7.4(ml)	—	—	—	—	2
Enzyme extract(ml)	2	2	2	2	—

Mix completely, then add some drops of liquid paraffin on the top of reaction solution in order to isolate the air. Incubate in 37°C water bath, do not shake the test tubes. Observe the color change of each tube and record the fading time.

【Notice】

1. Pay attention to the concentration of substrate and inhibitor in each tube.

2. Keep watching the fading process of each tube and record immediately the fading time.

3. Do not shake tubes when incubating them in 37 ℃ water bath, or MBH_2 will be oxidized into MB.

4. Clear the liquid paraffin in tubes after the experiment.

【Questions】

1.What are the types and characteristics of inhibition of succinate dehydrogenase by malonate?

2.What is the difference of fading time between the each test tube? Why?

(Chen Quanmei)

Experiment 8　Determination of Blood Sugar by Glucose Oxidase Method

【Objective】

1.Principles of enzymatic estimation of glucose.

2.Proper use of pipette and spectrophotometer.

【Principle】

Glucose oxidase (GOD) catalyzes the oxidation of β-D-glucose present in the plasma to D-glucono-1,5-lactone with the formation of hydrogen peroxide; the lactone is then slowly hydrolysed to D-gluconic acid and hydrogen peroxide produced is then broken down to oxygen and water by peroxidase (POD). Oxygen then reacts with an oxygen acceptor such as 4-Aminoantipyrine, finally converted to a colored compound. The amount of glucose can be determined by colorimetry (Figure 4-11).

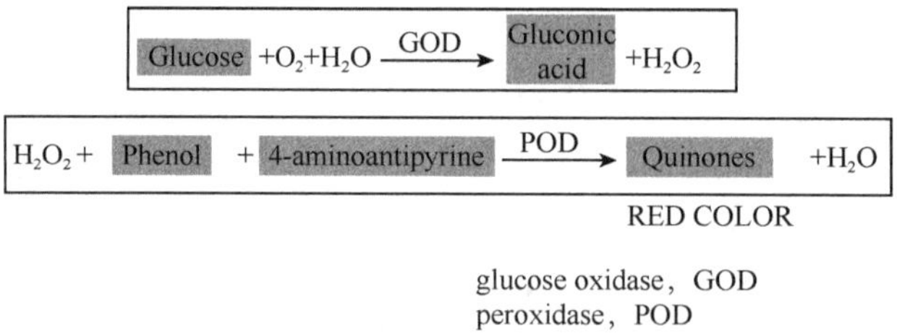

Figure 4-11 Reactions involved in glucose concentration detection

【Materials and Reagents】

1.Materials

Spectrophotometer, water bath, test tube.

2. Reagents

Serum sample, standard glucose solution (5mmol/L), phosphate buffer (pH7.0), glucose oxidase (GOD), peroxidase (POD), 4-aminoantipyrine, phenol.

【Procedure】

1. Pipette the solutions into the labeled tubes according to the following table(Table 4-12).

Table 4-12 Determination of blood glucose content

Tube	Blank(B)	Standard(S)	Untest(U)
Serum(ml)	—	—	0.02
Standard Solution(ml)	—	0.02	—
Distilled water(ml)	0.02	0.02	—
Enzyme phenol mixed reagent(ml)	3.0	3.0	3.0

2. Shake the mixture, then incubate at 37℃ for 15min.

3. Then cool it to room temperature. Read the absorbance of each tube at 505nm against tube Blank and record them.

4. Calculation of the concentration of blood sugar in a serum sample(Figure 4-12). Normal reference range: 3.9–6.0mmol/L.

$$A_1 = \varepsilon_1 \times C_1 \times L_1 \qquad A_2 = \varepsilon_2 \times C_2 \times L_2$$

$$\varepsilon_1 = \varepsilon_2 \text{—Same complex}$$

$$L_1 = L_2 \text{—Same optical length}$$

$$C_2/C_1 = A_2/A_1$$

$$\text{Thus } C_2 = (A_2/A_1) \times C_1$$

Figure 4-12　Quantitative calculation based on Beer-Lambert law

(Li Yi)

Experiment 9　Extraction and Identification of Glycogen

【Objective】

1. Master the preparation methods of tissue samples.

2. Master operation method of glycogen extraction and identification.

3. Proper use of pipette and adjustable micro liquid collector.

【Principle】

1. Glycogen Synthesis and Glycogenolysis

Tissues including, the brain, red blood cells, kidney medulla, lens and cornea of the eye and testes alongside exercising muscle, require a continuous supply of glucose as the sole source of metabolic fuel.

Liver glycogen, an essential postprandial source of glucose, can meet these needs for only 10–18 hours in the absence of dietary intake of carbohydrate.

2. Identification of Glycogen by Coloration Reaction

(1) Iodine Reagent Reaction: Glycogen is a kind of high molecular compounds. The essence of the reaction between glycogen and iodine is to form an inclusion compound (iodine molecules are wrapped in the helical structure of glycogen molecules), which changes the light absorption and performs color alteration (Figure 4-13).

$$CuSO_4 + 2NaOH = Na_2SO_4 + Cu(OH)_2 \downarrow$$

$$2Cu(OH)_2 + C_6H_{12}O_6 = 2CuOH + \text{Oxidized Glucose} + H_2O$$

$$2CuOH = Cu_2O \downarrow (\underline{\text{red}}) + H_2O$$

$$Cu(OH)_2 = CuO \downarrow (\underline{\text{black}}) + H_2O$$

Figure 4-13　Reactions involved in Bancroft reagent detection

(2) Bancroft Reagent Reaction.

【Materials and Reagents】

1. Materials

Centrifuge, Water Bath, Electronic Balance, Scissors, Tweezers, Abrasive Bowl, Test Tube, Centrifugal Tube (10ml), Pipette, Adjustable micro liquid collector (1000ml), Fresh

Rat Liver

2.Reagents

(1) 95% Ethanol.

(2) 5% Trichloroacetic acid solution.

(3) Normal saline (9% NaCl solution).

(4) Concentrated HCl.

(5) 50% NaOH solution.

(6) Iodine reagent.

(7) Bancroft reagent.

(8) 30% KOH solution.

(9) Standard glucose solution (50mg/L).

(10) 90% H_2SO_4.

【Procedure】

1.Rats were killed for liver.

2.Preparation of liver homogenate and extract the glycogen.

(1) 3ml three chloroacetic acid solution (10%) should be added for preparation of liver homogenate by grinding in the abrasive bowl. (wearing gloves)

(2) 3ml trichloroacetic acid solution (10%) and 3ml distilled water should then be added for further grinding, and homogenate will be transferred into centrifuge tube in three equal groups.

(3) Centrifugation, 2500r/min, 5min.

(4) Supernatant transfer in another centrifuge tube, add same volume ethanol (95%), by mixing and stand a while for glycogen precipitation.

(5) Centrifugation, 2500r/min, 10min.

(6) Discarding supernatant, invert the centrifuge tube onto the filter paper, glycogen will be settled at the bottom of the tube.

3.Identification of liver glycogen.

(1) 1ml distilled water should be added into the tube for preparation of glycogen solution.

(2) For Iodine Reagent detection: 2 test tubes, added glycogen solution 500μl, and distilled water 500μl, respectively; then add 2 drops of iodine solution into each tube and mixed. Observe the color changes in the tube and try to explain the phenomenon.

(3) For Bancroft reagent detection: 3 drops of concentrated hydrochloric acid were added to the remaining glycogen solution, heat in water bath (100℃) for 10minutes, then cool it, add 20% NaOH solution 500μl. Add Bancroft reagent 1ml, then heat 3min in water bath (100℃) and cool it. Observe the formation of precipitation in the tube and explain the phenomenon.

(Li Yi)

Experiment 10 Determination of Serum Triglyceride Concentration(Acetylacetone Colorimetric Method)

【Objective】

1. Understanding of the principle & procedure for the determination of serum triglyceride concentration by the acetylacetone colorimetric method.

2. Be aware of the clinical application of the determination of serum triacylglycerol concentration.

3. Understanding the calculation of serum triglyceride concentration.

【Principle】

Triglyceride (TG) is also known as neutral fat and consists of a structure made up of a glycerol skeleton bound to three fatty acids, which commonly include oleic acid, palmitic acid, linoleic acid and palmitoleic acid. Thus, the composition of triglyceride in serum is not simply a single entity with the unit of serum triglyceride concentration being quantified as molarity. The standard of therapy recommended by China's Guidelines for Control of Blood Lipids Disorders states that the normal level of serum triglyceride should be lower than 1.70mmol/L and protocols for the determination of serum triglyceride concentration include both chemical detection and enzymic methods.

Acetylacetone colorimetric method for determination of serum triglyceride concentration is a chemical detection method, which is divided into four steps: extraction, saponification, oxidation and chromogenic reaction. Firstly, triglyceride was extracted from serum with n-heptane-isopropanol. Secondly, triglyceride saponified with potassium hydroxide (KOH) then form glycerol and fatty acids obtain glycerol. Thirdly, glycerol was oxidized by periodic acid to form formaldehyde. Finally, formaldehyde reacted with acetylacetone in the presence of ammonia to form yellow compound called 3,5-diacetyl-2,6-dimethylpyridine. After the standard sample is treated with the same method, the triglyceride content in the serum sample to be tested can be obtained by colorimetric determination of the serum sample to be tested and the standard sample at the same time. The reaction processes are summarised below:

1. Saponification reaction(Figure 4-14).

$$\begin{array}{l} H_2C-O-COR \\ \quad | \\ \;HC-O-COR \\ \quad | \\ H_2C-O-COR \end{array} + 3\,KOH \longrightarrow \begin{array}{l} CH_2OH \\ | \\ CHOH \\ | \\ CH_2OH \end{array} + 3RCOOK$$

Figure 4-14 Saponification reaction

2. Glycerol oxidation reaction(Figure 4-15).

$$\begin{array}{l} CH_2OH \\ | \\ CHOH \\ | \\ CH_2OH \end{array} + 2HIO_4 \longrightarrow 2HCHO + HCOOH + 2HIO_3 + H_2O$$

Figure 4-15 Glycerol oxidation reaction

3. The chemical reaction between formaldehyde and acetylacetone(Figure 4-16).

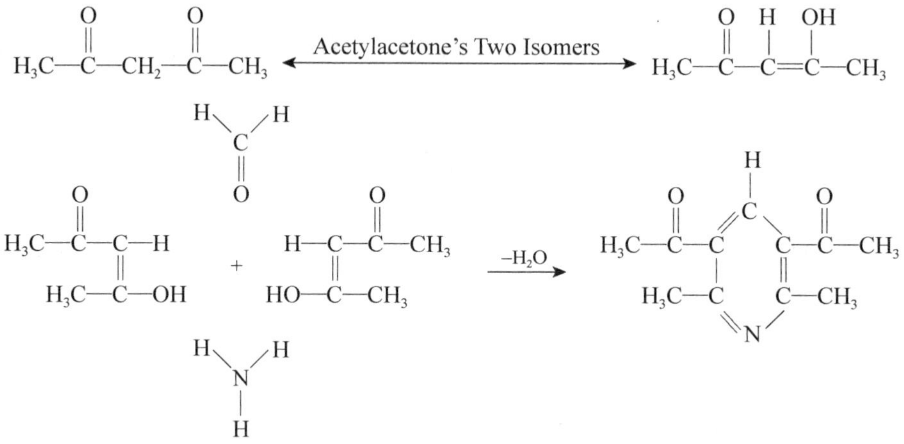

Figure 4-16 The chemical reaction between formaldehyde and acetylacetone

【Instruments and Reagents】

1.Instruments

721-spectrophotometer, water bath, test tube.

2. Reagents

(1) Serum sample to be tested.

(2) Extractant: The mixture of n-heptane and isopropanol in the ratio of 4 : 7 (*V/V*) was kept away from light and stored at room temperature.

(3) Sulfuric acid solution (0.04mol / L): Dilute 2.24ml concentrated sulfuric acid with distilled water to 1000ml.

(4) Isopropanol (analytical reagent).

(5) Saponification agent: Potassium hydroxide (KOH) 6.0g, dissolved in 10ml distilled water, add isopropanol to 10ml, mix well, and take supernatant after stewing.

(6) Oxidant: 65mg sodium periodate is dissolved in 50ml distilled water, 8g ammonium acetate and 6ml glacial acetic acid are added, distilled water is added until the total volume is 100ml, and stored at room temperature in dark.

(7) Acetylacetone reagent: 4ml acetylacetone, add isopropanol to 1000ml, keep away from light.

(8) Standard solution (1mg / ml, 1.56mmol/L): Take 0.5g Trilaurin and dissolve them in 500ml extractant. Store at 4 ℃ for use.

【Procedure】

1.Take three clean dry test tubes and mark them blank (B), standard (S) and test (T), respectively. Add all reagents to the three tubes as shown in the following table (Table 4-13), and then shake them violently for 15 seconds to mix each ingredient well. Allow tubes to stand on a test tube rack for at least 3minutes at room temperature until the solutions become layered.

Table 4-13 Determination of triglyceride content (unit: ml)

Reagent	Blank(B)	Standard(S)	Test(T)
Serum	—	—	0.2
Standard solution	—	0.2	—
Distilled water	0.2	0.2	—
Extraction agent	2.5	2.3	2.5
0.04mol/L H_2SO_4	0.5	0.5	0.5

2. Use another three clean dry test tubes and label as blank (B), standard (S) and test (T). After the solution is layered, remove 0.3ml of the top liquid layer of each sample into the corresponding tube. Then add 1.0ml isopropanol and 0.3ml saponification agent into the three tubes in turn. After shaking tubes to mix solution well, place tubes in a 56℃ water bath for 5min.

3. Add 1.0ml oxidation reagent to each tube and mix, and then add 1.0ml chromogenic agent to each tube and mix again. After putting tubes in a 56℃ water bath for 25min, the reaction products were obtained.

4. After the tubes is cooled to room temperature, use a spectrophotometer to measure the absorbance of three samples at the wavelength of 420nm. Zero the instrument on the blank (B) sample and then measure and record the absorbance of the standard (S) and test (T) samples.

5. Calculation

$$\text{Triglyceride content (mmol/L)} = A_t / A_s \times C_s$$

Equation: A_t, absorbance value of the solution in the test (T) tube; A_s, absorbance value of the solution in the standard (S) tube; C_s, concentration of the standard solution (mmol/L).

【Notice】

1. There are many steps in this experiment, so special attention must be made to the volume and sequence of adding reagent.

2. When taking the top liquid in Step 2, avoiding inhale the lower liquid to prevent the influence on the detection accuracy.

3. The reaction product should be colorimetric as soon as possible, so cold water can be used to cool the reaction product after the end of the reaction, so as to shorten the cooling time and improve the detection accuracy.

4. When the concentration of serum triglyceride is below 3.39mmol / L, the absorbance value has a linear relationship with the concentration. If the content of triglyceride in the sample is high, the reaction product should be diluted multiple times before determination.

【Questions】

1. What is the clinical significance of triglyceride concentration determination?

2. Describe the principle and four basic steps for the determination of serum triglyceride concentration by the acetylacetone colorimetric method.

(Li Na)

Experiment 11 Extraction and Identification of Plasmid DNA

【Objective】

1.To learn the characteristics of plasmids and their application.

2.To master the principle and experimental method of extracting plasmid DNA by alkaline lysis method.

3.To master the principle and experimental method of extracting plasmid DNA by kit method.

4.To master the principle and experimental method of agarose gel electrophoresis to detect plasmid integrity.

5.To master the principle and experimental method of determination of plasmid DNA concentration and purity by spectrophotometer.

【Principle】

Plasmids are small circular double-stranded DNA molecules that exist in bacteria independently to the bacterial chromosome. The size of plasmids varies between 1 kb to 250 kb and each carries its own origin of replication and so can replicate independently. Plasmids often carry some special genes, such as those that confer antibiotic resistance and endow bacteria with corresponding phenotypes. At present, plasmid constructs have been widely applied in molecular biology. In addition to retaining their original basic characteristics such as autonomous replication and resistance genes, multiple cloning sites with a single restriction endonuclease recognition site were added to facilitate the insertion of exogenous DNA fragments. Compared with viral and other vectors, plasmids have the characteristics of low molecular weight and simple operation, thus becoming widely used.

Owing to the unique characteristics of plasmids, strategies of plasmid extraction are also obviously different to those for conventional genomic DNA and total RNA. Separation of plasmid DNA from the bacterial chromosomal DNA is the main process with bacterial protein being removed at the same time. Common methods for plasmid extraction include alkaline lysis, boiling, cesium chloride density gradient centrifugation. And plasmids prepared by alkaline lysis can be used in the molecular biology experiments such as digestion, ligation, transformation, sequencing, PCR.

Extraction of plasmid DNA by alkaline lysis is based on the differences of denaturation and renaturation between bacterial chromosome DNA and plasmid DNA. Bacteria are firstly suspended in solution I (glucose isosmotic solution), then lysed by adding a very strong alkaline solution containing SDS (solution Ⅱ). This allows denaturation of chromosomal DNA and plasmid DNA under alkaline conditions (pH 12.6). At this time, the hydrogen bonds between double stranded DNA of bacterial chromosome DNA are broken and the double helix structure is denatured. Most hydrogen bonds of plasmid DNA are also broken, however, the two complementary chains of superhelix form covalent closed loops which are not completely separated. Then add solution Ⅲ

(pH4.8 buffer with high salt) to adjust the pH to neutral. The two strands of plasmids DNA can be renatured and restored to the original conformation, but the two strands of bacterial chromosomal DNA can not be renatured because they twist around each other and bind to denatured proteins to form macromolecular complexes. By centrifugation, bacterial chromosomal DNA-proteins complex can be precipitated whereas plasmid DNA remains in the supernatant. The RNA can be removed by RNase digestion and protein and lipids can be removed by phenol / chloroform extraction. Finally, the purified plasmid DNA can be precipitated by ethanol.

In recent years, many biotechnology companies at home and abroad have developed their own commercial plasmid DNA extraction and purification kits. These kits, with the characteristics of higher efficiency, fast and convenience, have been widely used in molecular biology research. These kits are mainly based on the traditional SDS alkaline lysis method and special materials such as silica gel membrane or resin are used to purify plasmid DNA.

In this experiment, the principle and method of extracting plasmid DNA by kit method (some company) are introduced. Firstly, precooled Solution Ⅰ and Solution Ⅱ with strong high pH and SDS are added to bacterial pellets to lysis and denature bacterial DNA chromosomes and plasmid DNA. The solution is adjusted to neutral after adding Solution Ⅲ. Then plasmid DNA is renatured and restored to its original conformation. By centrifugation, bacterial chromosomes DNA-proteins complex are precipitated, while plasmid DNA is present in supernatant. Then, transfer the supernatant containing plasmid DNA to a centrifuge column containing silica gel membrane. Silica gel membrane has the characteristics of "high salt combination, low salt elution" that is in Buffer WA and Buffer WB with high salt, plamid DNA binds to the silica gel membrane, while in Elution Buffer /water with low salt, plasmid DNA elutes from the silica gel membrane. High purity plasmid DNA extracted from this kit, can be directly used for conversion, DNA sequencing analysis, in vitro transcription, restriction digestion, and various other enzymatic reactions.

The concentration, purification, size and integrity of plasmid DNA are also measured and confirmed by spectrophotometry and agarose gel electrophoresis before they could be used in the next experiment.

【Materials and Reagents】

1.Instruments

constant temperature rocker, high-speed centrifuge, ultraviolet spectrophotometer, electrophoresis apparatus, gel imaging system etc.

2.Materials

10ml centrifuge tubes, 1.5ml centrifuge tubes, pipette tips, conical bottles, microwave oven.

3.Strain

Escherichia coli strains carrying suitable vectors such as DH5α or JM109.

4.Extraction of Plasmids DNA kits bought from some company. The kit includes RNase A (10mg/ml), Solution Ⅰ, Solution Ⅱ, Solution Ⅲ, Buffer WA, Buffer WB, Elution Buffer reagent and matching Spin Column.

5.Reagents

(1) LB medium: 10g of peptone, 5g of yeast extract, and 10g of NaCl, dissolve in 900ml of deionized water. Stir to dissolve the solute completely. Regulate the medium to pH 7.0 with 5mol/L NaOH (approximately 0.2ml). Add water to volume of 1 L. Sterilize by high pressure steam. When the solution cools, appropriate amount of antibiotics such as ampicillin are added. Store in 4℃.

(2) LB solid medium: 10g of peptone, 5g of yeast extract, 15g of Agar and 10 g of NaCl, dissolve in 900ml of deionized water. Stir to dissolve the solute completely. Regulate the medium to pH 7.0 with 5mol/L NaOH (approximately 0.2ml). Add water to volume of 1 L. Sterilize by high pressure steam. When the solution cools to about 55℃, appropriate amount of antibiotics such as ampicillin are added. Mix immediately, pour it into prepared petri dishes in a super-clean bench. When the medium solidifies, the dishes should be stored upside down in 4℃.

(3) Ampicillin (Amp): Storage solution with 100mg/ml, store in −20℃. Working concentration 50 −100μg/ml.

(4) Solution Ⅰ: 50mmol/L of glucose, 25mmol/L of Tris · Cl (pH 8.0), 10mmol/L of EDTA, store in 4℃ after high pressure sterilization.

(5) Solution Ⅱ: 0.2mol/L of NaOH, 1% of SDS, the solution should be prepared freshly. Note: 0.4mol/L NaOH and 2% SDS solution can be prepared and stored in the lab. Equal volume of two solutions are mixed before use.

(6) Solution Ⅲ: 60ml of 5mol/L KAc, 11.5ml of glacial acetic acid and 28.5ml of water are mixed together.

(7) Phenol: equilibrated with 0.5mol/L Tris · Cl (pH 8.0) after fumigation.

(8) 24 : 1(V/V) chloroform: isopentanol.

(9) TE buffer (pH8.0): 10mmol/L Tris · Cl (pH8.0), 1mmol/L EDTA (pH 8.0).

(10) 5×TBE electrophoresis buffer: 54g of Tris base, 27.5g of Boric acid, 20ml of 0.5mol/L EDTA (pH 8.0), are dissolved in 800ml distilled water. Add water to total volume of 1 L.

(11) RNase A: 10mg/ml, −20℃ storage.

(12) Other reagents: ethidium bromide solution (10mg/ml), chloroform, isopentanol, agarose, 95% ethanol, 75% ethanol, 1kb molecular weight marker, loading sample buffer, 3mol/L sodium acetate, etc.

【Procedure】

1.Extraction of Plasmid DNA (alkaline lysis)

(1) Pick single colony containing plasmid on LB plate to 1−4ml LB medium (including Amp 100μg/ml), 37℃ oscillation culture overnight (usually 14−16h).

(2) Take 1−4ml medium into 1.5ml centrifuge tube, 12000r/min for 2min at room temperature. Abandon the supernatant.

(3) Resuspend bacterial pellets in 100μl of precooled solution I by micropipette up and down several times.

(4) Add 200μl of freshly prepared solution Ⅱ. Gently reverse the centrifuge tube for 4–6 times. Make the bacteria lysed enough. Place the tube in ice for 2–5 minutes.

(5) Add 150μl of precooled solution Ⅲ. Gently reverse the centrifuge tube immediately for 5–10 times. The solution changes from clear to muddy with white flocculent deposits. Place the tube in ice for 2–5 minutes. At this time the plasmid DNA complex renatured to supercoil, whereas bacterial chromosome DNA and proteins form insoluble complexes. K^+ help these SDS- protein-bacterial chromosome DNA complex precipitated.

(6) Centrifuge at 12000r/min for 10min in 4℃. Transfer the supernatant to a new sterile 1.5ml centrifuge tube.

(7) Add RNase A (working concentration 20μg/ml), and keep the tube in water bath of 50℃ for 30 minutes.

(8) Add phenol: chloroform (1 : 1), and shake completely. Centrifuge at 12000r/min for 10 minutes at room temperature. Transfer supernatant to another new tube.

(9) Add chloroform: isopentanol (24 : 1), shake completely. Centrifuge at 12000r/min for 10 minutes at room temperature. Transfer supernatant to another new tube.

(10) Add 1/10 volume of 3mol/L NaAc (pH 5.2), and double volume of precooled anhydrous ethanol. Place the tube for 2–5 minutes at room temperature.

(11) Centrifuge at 12000r/min for 10minutes at room temperature. Discard the supernatant. The precipitant is washed once with 70% ethanol. Dry the precipitant in the air.

(12) The plamid DNA is dissolved in 20–50μl of TE buffer. Save at –20℃ or 4℃ after concentration measurement.

2. Extraction of Plasmid DNA (kit method) (based on kit instruction, slightly changed)

(1) Pick single colony containing plasmid from LB plate to 1–4ml LB medium containing Amp 100μg/ml, 37℃ Oscillation culture overnight (12–16h). Notice, Try to pick the monocolony with clear edge from the LB plate. Bacteria grow for not more than 16 h.

(2) Take 1–4ml of medium with bacteria to 1.5ml centrifuge tube. Centrifuge at 12000r/min for 2 minutes. Discard the supernatant.

(3) Add 250μl of precooled Solution Ⅰ containing RNase A. Suspend the bacterial precipitation with pipette up and down or vortex oscillator. Make sure the precipitation completely suspended.

(4) Add 250μl of Solution Ⅱ. Gently reverse the centrifuge tube for 5–6 times. Make the solution transparent. Place the tube in ice for 2–5 minutes. No violent shocks, otherwise the bacterial DNA will be cut down and contaminate plasmid DNA.

(5) Add 350μl precooled Solution Ⅲ. Gently reverse the centrifuge tube immediately for 5–6 times. The solution changes from clear to muddy with white flocculent deposits. Let the tube stand for 2min at room temperature. At this time the plasmid DNA complex renatured to supercoil, whereas bacterial chromosome DNA and proteins form insoluble complexes.

(6) Centrifuge at 12000r/min at room temperature for 10 minutes. Keep the supernatant.

(7) Place the Spin Column in the kit on the Collection Tube.

(8) Transfer the supernatant from step 6 to the Spin Column. Centrifuge at 12000r/min for 1 minutes. Discard the flowthrough.

(9) Add 500μl of Buffer WA to the Spin Column. Centrifuge at 12000r/min for 1 minutes. Discard the flowthrough.

(10) Add 700μl of Buffer WB to the Spin Column. Centrifuge at 12000r/min for 1 minutes. Discard the flowthrough. Please confirm that the specified volume of ethanol has been added to the Buffer WB.

(11) Repeat step 10.

(12) Relocate Spin Column to Collection Tube. Centrifuge at 12000r/min for 1 minutes to remove the residual buffer on the Spin Column. Place the Spin Column on a new 1.5ml centrifuge tube. Place 50–100μl of sterilized distilled water or Elution Buffer at the center of the Spin Column membrane, and let it stand for 1min at room temperature. Notice, Heating sterilized distilled water or Elution Buffer to 60℃ is beneficial to improve elution efficiency.

(13) Centrifuge at 12000 r/min for 1minutes to elute DNA. The plasmid can be stored at −20℃ or 4℃.

3.Measurement of Plasmid DNA Concentration and Purity

The concentration and purity of plasmid DNA were detected by UV spectrophotometer Nanodrop 2000. Take 1–2μl of plasmid DNA (Elution Buffer as the blank control) on the probe of Nanodrop 2000, and measure the values of A_{260} and A_{280}. Write down the concentration of plasmid DNA. And the concentration can also be calculated according to following formula:

$$\text{plasmid DNA concentration (ng/μl)} = A_{260} \times 50$$

The purity of plasmid DNA is measued by A_{260}/A_{280} ratio. The A_{260}/A_{280} ratio should be between 1.7–2.0. If the ratio is higher than 2.0, it means the plasmid DNA is contaminated by RNA. If the ratio is lower than 1.7, it indicates that the protein is not effectively removed.

4.Agarose Gel Electrophoresis of Plasmid DNA

(1) Preparation of agarose gel: Add 0.8 g of agarose powder into 100ml of 1 ×TBE electrophoresis buffer. Dissolve the agarose by heating at 98℃ with a boiling-water bath or a microwave oven. Cool down the solution at 50℃ and add ethidium bromide (EB) to a final concentration of 0.5μg/ml. Put the comb on the tank, and the teeth of comb will form the sample wells in the position near one end of the gel. Pour the warm agarose solution into the tank. After the gel is completely set, carefully remove the comb. Add just enough1 ×TBE electrophoresis buffer to cover the gel to a depth of about 1mm.

(2) Load the sample: Mix 2μl of 6 ×loading buffer with 10μl of the DNA samples. Take the samples with loading buffer into the wells.

(3) Electrophoresis: Cover the lid of the tank. Turn power on with 80–100V. DNA moves from cathode to anode poles. After 30–60 minutes, observe ethidium bromde-stained bands in gel using a UV transluminator. Some bright orange bands will be visible.

(4) Take a picture if necessary.

(5) Quality determination of plasmid DNA: Plasmid DNA is a circular double-stranded DNA

molecule, and exist usually in three configurations: the first is a covalently closed loop DNA, usually in a superhelix configuration; the second is an open loop DNA, one of its double strands remains intact, and the other has one or more incisions ; The third is linear DNA, the double stranded DNA breaks make this plasmid linear. Different configurations of plasmid DNA have different migration rate in agarose gel electrophoresis. The fastest is superhelix configuration, the second is linear configuration, and the slowest is open loop configuration. Therefore, the extracted plasmid DNA were separated by electrophoresis and EB staining, and three bands could be observed under ultraviolet lamp, which were superhelix, linear and ring-opening plasmid DNA. The plasmid DNA with superhelix configuration was the best. Therefore, the quality of plasmid DNA can be determined according to the map of agarose gel electrophoresis.

【Notices】

1.1−4ml of bacteria is recommended. More bacteria will affect the efficiency of lysis and the purity of plasmid DNA.

2.Solution Ⅱ: The Solution Ⅱ is a solution with pH12.6. Denatured DNA is easy to be sheared by force, so the centrifuge tube should be gently reversed for 4−6 times. No vortex.

3.Solution Ⅲ: Denatured plasmids DNA will be renatured to supercoil after adding of Solution Ⅲ. So after adding this solution, immediately and gently reverse the centrifuge tube 5−6 times. After centrifugation, The flocculent settles at the bottom of the centrifuge tube. If the precipitate is still suspended after centrifugation, please turn the centrifuge tube up and down several times and centrifuge at high speed for 3−5 minutes.

4.Transfer supernatant: After centrifugation, clear supernatant should be transferred to a new centrifugate tube. Be careful and avoid transfering of flocculent precipitation.

5.If there is precipitation in Solution Ⅱ and Solution Ⅲ, take the solution in 37℃ constant temperature water bath.

6.Close the lid of Solution Ⅱ immediately after use because NaOH will react with CO_2 in the air.

7.It should also be noted that before the first use of the kit: Add RNase A to the Solution Ⅰ which should be kept in 4℃; Add 56ml of ethanol to the Buffer WB; When purified plasmids DNA is used for DNA sequencing analysis, sterilized distilled water are suggested to elute plasmid DNA; If DNA plasmid needs long - term preservation, Elution Buffer is recommended.

8.Preservation of plasmid DNA: plasmid DNA dissolved in TE buffer can temporarily preserved in 4℃ or long-term preserved in −20℃. Plasmid DNA can also be preserved in bacteria strain. The strain growing on the LB plate is placed in 4℃ for about 1month. However, for long - term preservation, 15% (*V/V*) of sterilized glycerin is added to the medium which need be stored in −70℃.

9.The usage of plasmid DNA: the plasmids can be used in downstream experiments such as digestion, ligation, transformation, sequencing, and PCR. However, for some experiments such as eukaryotic cell transfection and microinjection, high-quality of plasmid is needed and can be prepared by other kits from some companies.

【Questions】

1.Why plasmids can be used as vectors? What are the advantages and disadvantages of plasmid compared to other types of vectors?

2.How to detect the the integrity of plasmid DNA?

(Zhu Huifang)

Experiment 12 Restriction Endonuclease Digestion and Agarose Gel Electrophoresis Detection of Recombinant Plasmid DNA

【Objective】

1.To be familiar with the concept and application of restriction endonuclease digestion of plasmid DNA.

2. To master the fundamental principles and methods for DNA electrophoresis.

【Principle】

1. Function of Restriction Endonucleases

Restriction endonucleases (restriction enzymes) recognize short stretches of DNA that contain specific nucleotide sequences called restriction sites, and then cleave DNA into fragments at or near restriction sites. These enzymes are found in prokaryotes, and provide a defense mechanism against the invasion of exotic DNA. Restriction enzymes selectively cut up foreign DNA, meanwhile, host DNA is protected by a modification enzyme (a methyltransferase) that modifies the prokaryotic DNA and blocks cleavage. Now, more than 2000 kinds of restriction enzymes were extracted from bacterial and many of them have been commercialized. These enzymes have been widely used for DNA modification and DNA recombination, which have promoted the rapid development of bioengineering technology.

2. Types of Restriction Endonucleases

Restriction endonucleases are categorized into three groups (Types Ⅰ, Ⅱ and Ⅲ), according to their composition and enzyme cofactor requirements, and the position of DNA cleavage site relative to their recognition sites. The most commonly used is type Ⅱ enzyme, which have highly specific base recognition sequence and cutting point. The recognition sequences can also be classified by the base number of recognition sites, usually between 4 and 8 bases, most of them are palindromes, that is , they exhibit twofold rotational symmetry. This means that, within a short region of the double helix, the nucleotide sequence on the two strands is identical if each is read in the 5′→3′ direction. Recognition sequence and cutting point of each restriction enzyme show significant different, producing different ends, such as sticky-ends (5′ end or 3′ end) and blunt-ends. For example, *Eco*R Ⅰ form staggered cuts that produce sticky-ends, that is, the resulting DNA fragments have single-stranded sequences that are complementary to each other (Figure 4-

17). Hae Ⅰ produce fragments that have blunt-ends that are double-stranded .

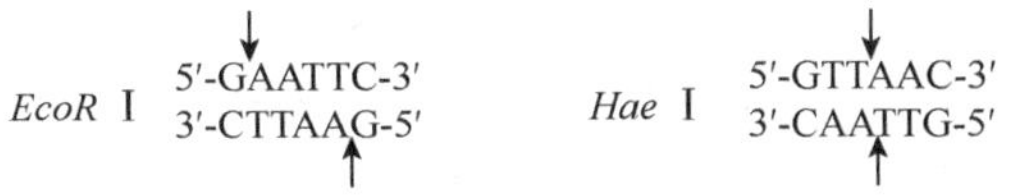

Figure 4-17 EcoR Ⅰ and Hae Ⅰ recognition sequence and cutting site

3. Recombinant Plasmid DNA Digestion by Restriction Enzyme

In this experiment, the recombinant plasmid pTA2-TP53 was constructed using molecular cloning technology. Now, we need to verify whether the *TP53* gene is successfully inserted into the pTA2 vector, which map is shown in Figure 4-18a. Analysis of the pTA2-TP53 recombinant vector map (Figure 4-18b) , there are two EcoR Ⅰ enzyme recognition sites at both ends of *TP53* gene. Hence, the pTA2-TP53 plasmid can be digested by *Eco*R Ⅰ , producing two DNA fragments, one is linear pTA2 vector, the other is *TP53* gene (1179 bp). The enzyme digestion DNA fragments can be exhibited by agarose gel electrophoresis, according to the size of DNA fragment, we can judge whether the pTA2-TP53 recombinant plasmid is constructed successfully.

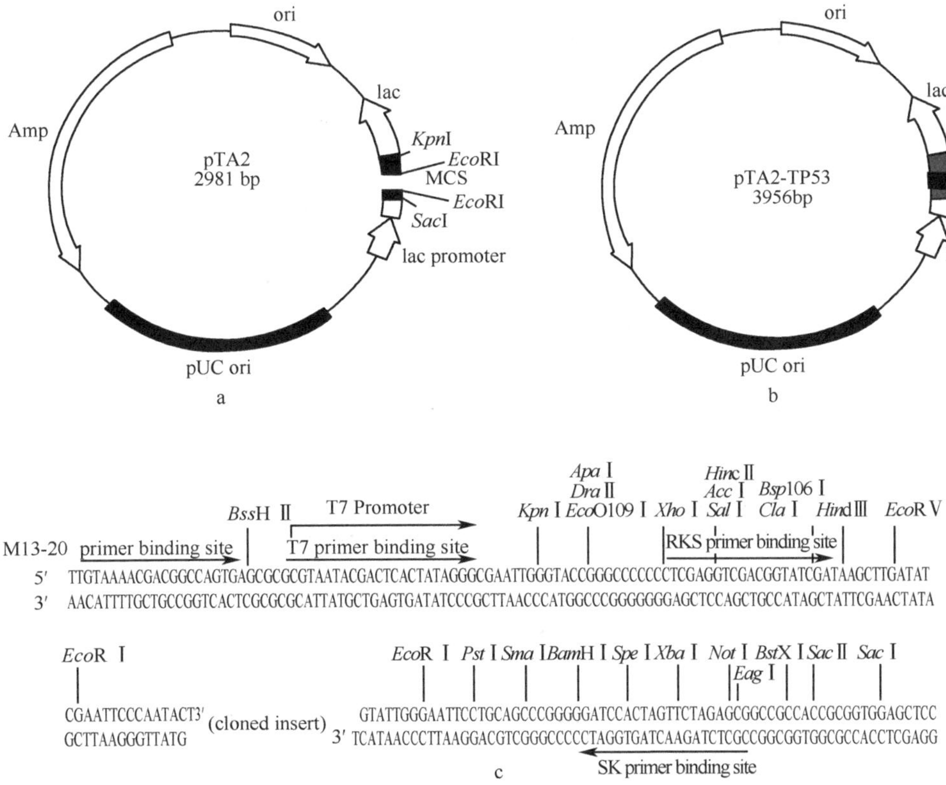

Figure 4-18 pTA2 vector map and pTA2-TP53 recombinant vector map

a. pTA2 vector map, b. pTA2-TP53 recombinant vector map, c. Restriction map of polyclonal sites of pTA2 vector

4. Agarose Gel Electrophoresis

Gel electrophoresis is a method for separation and analysis of macromolecules (DNA, RNA and proteins) and their fragments, based on their size and charge. Nucleic acid molecules are separated by applying an electric field to move the negatively charged molecules through a matrix of agarose, which is composed of long unbranched chains of uncharged carbohydrate with cross links resulting in a gel with large pores. Shorter molecules move faster and migrate farther than longer ones because shorter molecules migrate more easily through the pores of the gel.

【Materials and Reagents】

1.Materials

Water bath, Electrophoresis apparatus: microwave oven, tank, power source, Gel imaging system, Micro-pipette and tips, tubes, pTA2-TP53 plasmid(200ng/μl).

2.Reagents

Restriction enzyem: EcoR Ⅰ (8-20U/μl), 10×buffer, Agarose, 0.5 ×TBE buffer, DNA ladder, Goldview^{TM}(25000× in stock), 6 × loading buffer.

【Procedure】

1.Enzyme Digestion: Add the solutions as following in the micro-centrifuge tubes(Table 4-14).

Table 4-14 Enzyme digestion

Reagent	Enzyme digestion	Control
pTA2-TP53 plasmid	10μl(≤1μg)	10μl(≤1μg)
ddH_2O	7μl	8μl
10×M buffer	2μl	2μl
*Eco*R Ⅰ (8-20U/μl)	1μl	0μl

Mix completely in micro centrifuge tube, spin down, and incubate for at least 30min in 37℃ water bath.

2.Preparation of Agarose Gel: 0.2g agarose powder was added to 20ml 0.5×TBE buffer, heated and melted using microwave oven; After the temperature dropped to about 60℃, 0.8μl Glodview^{TM} dye was added and mixed; then slowly poured into gel frame with comb to create wells for loading samples; The gel should be completely set before use.

3.Loading of Samples: Once the gel has set, the comb is removed, leaving wells where DNA samples can be loaded. Mix 1μl 6×loading buffer with 5μl enzyme digestion product, and then loading 5μl mixture into the wells.

4.Electrophoresis: Setting the voltage as 120 V, time as 30 minutes.

5.Visualization: DNA fragments are visualized using an ultraviolet (UV) transilluminator.

【Notice】

1. We should discard tips immediately to avoid contamination.

2. Purified plasmids are used in this experiment.

3. Half of an hour to an hour are suggested enzyme digestion time. Longer time will lead to unspecific digestion.

【Questions】

1.If the digestion time is not enough, what will be the result?

2.What is star activity? How to avoid star activity?

(Chen Quanmei)